シリーズ〈行動計量の科学〉
日本行動計量学会【編集】

5

国際比較データの解析

意識調査の実践と活用

吉野諒三　林　文　山岡和枝
［著］

朝倉書店

序
— 実理一体の統計学 —

「日本は好きか？」と尋ねると，多くの調査で世界のおおよその国々が好感的な回答を示すのに，中国と韓国の「反日」の回答は著しく目立つ．ところが，「もし，生まれ変われるとしたら，自分の国以外の東アジアの国ではどこがよいか？」と尋ねると，韓国は一番が「日本」で，中国も「日本」という回答が決して低くはない（吉野編，2007d）．

また「科学技術」については，多くの国で大半の人々が「重要」と答える．しかし，「霊魂がいる，いるかもしれない」，「UFO や超能力の存在を信じる，いたら面白い，こわい」などの「非合理派」が少ないわけではない．そのような人々が非合理的，非論理的というのではなく，むしろ，科学の狭い範囲を越えたホンネを表しているのであり，経済や環境にせよ，医療の問題にせよ，そういった人々の深層意識を考えに入れない政策立案は危うい．

人々の意識は表面的な質問の回答では測りがたいが，調査やデータ分析を工夫することによって，現実のさまざまな側面を浮かび上がらせることもできよう．

本書は「シリーズ〈行動計量の科学〉」の一つであり，特に「意識の国際比較調査」の実践マニュアルとなることを意図している．

これまで，統計数理研究所を中心とした国際比較調査グループは「データの科学」と称した統計哲学を，各種の世論調査や社会調査の企画から，標本抽出計画，予備調査，本調査，データクリーニング，データ解析までの一連の過程において，具現化することに努めてきた（林，2001；吉野，2001；林文・山岡，2002）．本書は，国際比較調査研究における多次元データ解析の手法など，各種の統計手法の具体例を示すことで，その実践哲学の真髄に触れようとするも

のである．

　国内外の他の研究者たちにも「データ科学」や「データ・サイエンス」を唱える者もあるが，われわれの「データの科学」は，統計数理研究所の林知己夫や水野坦をはじめとする諸先輩が戦後の早い時期から，現実から遊離した数理統計学に反発し，ときに「統計数理」と呼び，また1970年代には「行動計量学」，80年代は「多次元データ解析」，「調査の科学」と称した，現実を重視する統計哲学の発展を志向している．

　数学的には同様であるが，エンジニアたちが扱う「多変量解析法」とはあえて区別し，「多次元データ解析」と称したところにも，机上の論理を弄ぶのではなく，常に現実社会の問題解決を目指す統計学者の誇りが現れている．理論の発展において，しばしばモデルや理論の数学的精密化に走りがちであるが，「データの科学」を志向する者にとっては，現実の社会で人々の生命を救い，人々が豊かで平和になることに資することが肝要であり，その目的が達せられればフィクションにすぎない数学的理論の精密化などどうでもよいのである．

　筆者のうち，吉野は，本来，数理心理学の分野の出身である．心理学では，複雑な現象を扱い，観測や実験によりデータ収集を行う．そのようなデータに対して，尤もらしいパラメーターを次々と導入し，当てはまりのよい数式モデルを作り上げても，少しの条件の変化でかなりデータが変動することもあり，その都度パラメーターを修正して対処するような方法では，結局，予測や制御の役には立たない．実際，これが1940年代から50年代の心理学においてみられた数理モデル構成のアプローチの失敗であった．

　現代の数理心理学は，この失敗から学び，データに対する数式の当てはめなどではなく，「現実」を理解するために用いる「規準」としての広い意味での数理モデルを創り上げることを目指している．たとえていうならば，「現実」が複雑な曲線である場合に，その着目点に「接線」という単純な直線を引き，それを「規準」とみて現実のどの側面がどれほどその規準から離れているかを測るという方法論をとるのである．このとき「接線」は現実の近似モデルというよりは，比較のための「規準」としてとらえられる（吉野ほか，2007参照）．

　この考えは，心理学のみならず，科学一般の方法論につながっているのではないか．これを，図1のように「観測対象」と「観測者」とその「表現」の間

序―実理一体の統計学―

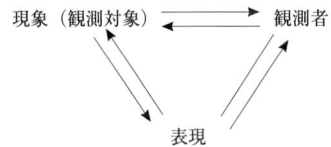

(世界観，パラダイム，数理モデル，理論，統計，グラフ，表，ほか)

図1

の相互規定の関係の中でとらえるのが適当に思える．この「表現」には広く世界観から数理モデルや理論，図表の表示などまで含まれる．どのような「表現」をとるかにより，現象の理解が促進される一方で，制限も受けることに注意が必要である．自らの不用意な「表現」の採用に原因があるのに，データと理論の矛盾やパラドクスを発見したと騒いでいる人々も少なくないのである．

　本書で主として取り扱う社会調査では，調査員が各回答者を個別に対面調査することによって，各質問項目に対する回答データを収集する．これは図1の中では，回答者という観測対象が，調査員という観測者の提示する調査票の質問項目に対し回答するという「表現」の枠組の中で考えることができる．この場合，調査したいのは「回答者の心」であろうが，実際に観測されるのは「質問という刺激に対する反応」である．回答者は，調査員からの質問を頭の中で解釈し，関連する記憶情報を検索し，回答を作り出そうとし，またその回答を目前の調査員にそのまま答えてよいか，いわば自己検閲した後に，口頭で答える．この間わずか数秒であろうが，複雑な認知プロセスが遂行されるのである．しかし，「回答」はその複雑な認知を直接に表すのではなく，飽くまでも回答者の「反応」という行動のレベルでのデータである．つまり，これは回答者の意識や心そのものではなく，外に表明された意見や態度，価値観なのである．

　この「ホンネ」と「タテマエ」の区別をおさえてデータ解析がなされなければならない．「タテマエ」は嘘だから，そのようなものを調べるのが役に立たないというわけではない．政治はタテマエ，大義名分で動くものであり，それを動かす世論調査は「タテマエ」の調査として重要である．一方，医療，生命，宗教にかかわる人々の心の奥底まで入り込まなければならないテーマは，「ホンネ」，あるいは本人すら明確には意識できていない心の深層に迫る調査を目指す必要がある．

今日では，政治，経済のみならず，医療や保健，宗教，教育，環境など多様な分野で国際比較調査が遂行されてきている．しかし，そのデータの収集方法や比較方法をつぶさに調べると，そもそも「データの一般性（バイアスのないことなど）」や「国際比較可能性」が担保されているのか疑義があるものも少なくない．そのような怪しい比較データをもとに，国や世界の政策が計画，決定される危惧がある．実証的証拠に基づく政策立案（evidence-based policy making）が唱えられて久しいが，その基礎にあるべき，信頼できるデータが確保できているのか，そもそもデータの信頼性や比較可能性の判別に無頓着になっていないか，反省が必要である．

一般の人々を対象とする社会調査では，人々に容易にわかるような質問を取り扱い，その結果も容易にわかる形で集計する．そのため，表面上は，単純な集計数字が取り扱われるだけで，調査は素人でもできそうな仕事にみえ，また実際にそのような仕事も多い．しかし，責任をもって社会に活用できる情報を得て，データの中に潜む重要な情報を浮き上がらせるためには，まず信頼できるデータを収集する方法を知ること，そして現実に収集されたノイズの多いであろう複雑なデータを読み解く能力をもつこと，すなわち，「データ収集リテラシー」と「データ解析リテラシー」が要求される．

本書では，われわれが国際比較調査におけるデータの「比較可能性」を追求してきた成果の一部に触れているにすぎないが，単なる机上の理論ではなく，現実のデータ収集と解析の方法論を取り扱う中で，個と集団の心を計測するデータ科学を具現していることが了解され，読者の方々が，各々の調査の実践において，データの科学のリテラシー向上に資することがあれば，幸いである．

最後になったが，本書は統計数理研究所を中心として，戦後，半世紀にわたる社会調査研究の基盤の上にあり，特に，文部科学省や日本学術振興会の科学研究費補助金や機関研究に対する助成，トヨタ財団，笹川財団の御支援によって得られた成果である．関係各位に深く感謝する次第である．

2010年5月

吉野諒三・林　文・山岡和枝

本書の構成と概要

　本書のPart Iでは，われわれの国際比較の歴史的背景と実践について語り，Part IIでは，吉野，山岡，林の各々が具体的なデータの解析例を，用いる統計手法の解説とともに示す．一部には共有するデータを解析する考え方に相違がみられようが，それも多様な解析の視点の例示となろう．

　本書は「意識の国際比較調査のマニュアル」を意図しているが，既成の理論を皮相的に整理したものではなく，実践上で得られた知見や出会ったエピソードを交え，繰り返し「歴史と理論と実践」の緊密な関係を強調し，単なる机上の理論とは一線を画す統計学を志向している．統計学の理論自体はフィクションであり，現実の社会の課題解決という試練の場を経て，はじめてリアリティを得るものであることを，重ねて強調する．

　われわれの「データの科学」についての参考文献は，朝倉書店「シリーズ〈データの科学〉」の『データの科学』(林, 2001)，『心を測る』(吉野, 2001)，『調査の実際』(林文・山岡, 2002)，および勉誠出版の『東アジア国民性比較 データの科学』(吉野編, 2007d)やそれらの参考文献表を参照されたい．

　また，本書の一部は，出光書店『国民性論』(吉野訳, 2003)の付章(吉野執筆)，『行動計量学』32巻2号「東アジア価値観国際比較」特集号(吉野, 2005a, b)，新情報センター『いんふぉるむ』(吉野, 2007)などに発表した論文や記事，その他の著作に，その後の進展を加味し，さらに国際比較で多用する多次元データ解析法を具体的に取り入れ，まとめたものである．

　なお，「序」とここに掲載した文献は89ページの「Part I参考文献」に示した．

目　次

Part I　意識の国際比較調査の実践と概要

1. 歴史とパラダイム―歴史と理論と実践の三位一体―……（吉野諒三）… 2
   - 1.1　統計的「国民性」研究の系譜………………………………………… 2
     - 1.1.1　日本人の読み書き能力調査………………………………… 2
     - 1.1.2　民主主義と世論調査………………………………………… 7
     - 1.1.3　「日本人の国民性」調査の開始（日本人の意識の特徴）………… 9
   - 1.2　意識の国際比較調査―日本人調査から国際比較調査へ―………… 16
     - 1.2.1　「国民性」という言葉………………………………………… 19
     - 1.2.2　日本人の中間回答傾向……………………………………… 20
   - 1.3　国際比較のパラダイム―計量的文明論の確立に向けて―………… 23
     - 1.3.1　連鎖的方法論（CLA）……………………………………… 24
     - 1.3.2　文化多様体解析（CULMAN）……………………………… 28
     - 1.3.3　調査データ解析における「相補性原理」………………… 32
     - 1.3.4　「東アジア共同体」から「東アジア多様体」へ………… 33

2. 国際比較の方法論―「国際比較可能性」の追究―………（吉野諒三）… 37
   - 2.1　統計的比較可能性……………………………………………………… 37
   - 2.2　国際比較調査の実践的手続きの概要………………………………… 39
     - 2.2.1　ステップ1．日本語調査票の作成………………………… 41
     - 2.2.2　ステップ2．国際比較可能な外国語調査票の作成……… 48
     - 2.2.3　ステップ3．標本調査法の確定…………………………… 52
     - 2.2.4　ステップ4．調査機関の選定……………………………… 55
     - 2.2.5　ステップ5．小標本による予備調査……………………… 56

2.2.6	ステップ 6. 調査実施とデータ回収	58
2.2.7	ステップ 7. データ解析と報告書作成	59
2.2.8	補遺：調査実施上の注意事項	66

2.3 種々の統計的ランダム・サンプリング ································ 70
 2.3.1 名簿を活用する統計的無作為抽出法 ························· 70
 2.3.2 ランダム・ルート・サンプリング ····························· 72
 2.3.3 エリア・サンプリング ··· 73
 2.3.4 割当法（クォータ法） ··· 75
 2.3.5 海外の標本抽出面接調査の現実 ································ 76
 2.3.6 米国の調査の事情 ··· 78
 2.3.7 調査文化 ··· 80
2.4 調査票の翻訳・再翻訳（バック・トランスレーション） ······ 81
 2.4.1 国際比較調査における言語の差について ·················· 81
 2.4.2 質問文翻訳検討の手順 ··· 82
 2.4.3 一般的な問題点や注意 ··· 83
 2.4.4 具体例 ··· 84
 2.4.5 比較実験調査 ·· 86
 2.4.6 数量化 III 類によるパターン解析 ····························· 88

Part II　調査データの実践的解析

3. 自然観と生命観 ―「オバケ調査の国際比較」にみる生命観の深層―
 ·· （吉野諒三）··· 98
3.1 国際比較調査における「数量化」と「データの科学」 ········ 98
3.2 オバケ調査「合理と不合理の間」―日本人の深層意識と生命観―
 ··100
 3.2.1 WHO の「健康」の定義 ··101
 3.2.2 宗教心 ··101
 3.2.3 自然観 ··102
 3.2.4 自然と人間の関係についての意識 ···························103

3.2.5　森林に対する意識……………………………………105
　　3.2.6　オバケ調査……………………………………………106
　　3.2.7　一般的回答傾向………………………………………108
　　3.2.8　日本人の非自己開示性………………………………108
　　3.2.9　苦痛の性差……………………………………………111
　3.3　「オバケ調査」の国際比較………………………………111
　3.4　がんの告知……………………………………………………118
　3.5　告　　　白……………………………………………………121
　3.6　実証的証拠に基づいた政策立案へ………………………124

4. 健康と心―ロジスティック回帰分析―………………（山岡和枝）…127
　4.1　ロジスティック回帰分析……………………………………127
　　4.1.1　ロジスティック回帰モデル……………………………127
　　4.1.2　ロジスティックモデルのデータ形式，オッズ比の計算と解釈…132
　　4.1.3　モデルの評価……………………………………………132
　　4.1.4　変数選択…………………………………………………134
　　4.1.5　実際の解析例……………………………………………135
　4.2　医療・保健における調査データ解析―東アジアの人々の健康―…137
　　4.2.1　医療・保健分野における文化・社会的要因の分析…138
　　4.2.2　ソーシャルキャピタル…………………………………139
　　4.2.3　ソーシャルキャピタルと健康…………………………140
　　4.2.4　東アジア地域の分析……………………………………142

5. 宗　教　心……………………………………………（林　文）…164
　5.1　数量化法と日本人の国民性…………………………………164
　　5.1.1　数量化理論………………………………………………164
　　5.1.2　数量化Ⅰ類………………………………………………165
　　5.1.3　数量化Ⅱ類………………………………………………167
　　5.1.4　数量化Ⅲ類………………………………………………170
　5.2　国際比較調査データの数量化Ⅲ類による分析……………177

5.2.1　調査企画と分析……………………………………………177
　　5.2.2　ハワイ日系人調査における活用例…………………………180
　　5.2.3　QOL 尺度の例………………………………………………183
　　5.2.4　質問群の尺度化………………………………………………186
　　5.2.5　単純集計の比較………………………………………………187
　5.3　宗教・非科学的なものに対する意識………………………………189
　　5.3.1　「お化け」調査―本音と建前―……………………………189
　　5.3.2　「お化け」に対する感情の国際比較…………………………192
　　5.3.3　合理-非合理の考え方と不思議なものに対する感情…………193
　5.4　宗教と宗教的な心……………………………………………………194

結びにかえて―信頼の世紀に―………………………………………………199

索　　引……………………………………………………………………………203

Part I
意識の国際比較調査の実践と概要

　Part Iでは，われわれの国際比較の歴史的背景と実践について語る．

　第1章では，本研究の源である「日本人の国民性」調査，その拡張としての「意識の国際比較」調査について概説し，それらの延長上に近年の「東アジア価値観国際比較」や「環太平洋（アジア太平洋）価値観国際比較」があり，これが「文化多様体解析（CULMAN）」というわれわれの研究方法論へと結びついてきたことを概説する．ここでは，狭量なグローバル・スタンダードで世界のすべてを理解しようとするのは適切ではなく，各文明圏・文化圏ごとに比較の尺度（ものさし）を工夫し，各文明・文化圏の間での尺度変換や，いくつかの文明・文化圏を包摂する範囲に応じた尺度の精密さの程度を考えることを強調する．

　第2章では，国際比較可能性を追求する中で得られた方法論や解析結果を概説する．前章で示された調査の歴史的意義や数学的理論に基づく方法論が，実践でいかにして展開されるかが示されよう．この部分は狭義の「国際比較調査のマニュアル」になるが，決して安易な手続きの羅列ではなく，各調査研究者がこれを参考に，各自の方法論を，理念としても，実践的手続きとしても確立していくことを期待する．

1

歴史とパラダイム
―歴史と理論と実践の三位一体―

　本章 1.1 節では，統計数理研究所の調査研究の源である「日本人の国民性」調査について，1.2 節では，その拡張としての「意識の国際比較」調査について概説し，さらに近年の「東アジア価値観国際比較」調査や「環太平洋（アジア・太平洋）価値観国際比較」調査がそれらの延長上に位置づけられることを説明する．最後に 1.3 節において，それらの調査研究の過程で確立してきた「文化多様体解析（CULMAN）」と称する調査の方法論について簡単に説明しよう．

1.1　統計的「国民性」研究の系譜

1.1.1　日本人の読み書き能力調査

　統計数理研究所では，1953 年以来，半世紀以上にわたり，5 年ごとに成人男女を対象に「日本人の国民性」に関する調査を続けている．2008 年には，12 回目の調査が遂行されている．日本の気候を考えると，10 月頃が最も面接調査に適しているといわれ，「日本人の国民性」調査も，その他の面接調査も，その時期を中心に遂行されていることが多い．

　この調査の先駆として，戦後の占領下（1948 年）において遂行された「日本人の読み書き能力調査」がある．これは，当時，米軍総司令部でもあり連合国総司令部でもあった GHQ/SCAP の指示で，文部省のもとで，統計数理研究所，国立教育研修所，後の国立国語研究所のスタッフとなる研究者たちを含め，日本全国の社会学，心理学，言語学，統計学，その他の関連分野の研究者が集合し遂行されたものであった．これは現実の社会の課題解決のために各分野の人々が集合した，先駆的な学際的事業であった．その報告書は，東京大学出版

会から出版されている（読み書き能力調査委員会，1951）．

　この20年ほどであろうか，大学などの研究で盛んに文理融合の「学際研究」を強調する組織やプロジェクトが登場したが，それらの多くは表面上の目新しさや文部科学省からの予算獲得のためだけであって，地に足のついていないものも少なくない．異なる分野の才能がただ集まっただけでは，新しい成果は生まれない．現実の社会的課題の解決のために，広い分野から関心のある人々が集まり，そのプロセスの中で新たな成果や技法が生まれ，逆に，それらが既存の分野へ還元されていくのである．この意味で「日本人の読み書き能力調査」は学際的研究の数少ない成功例となり，いまでも，学ぶべき点は多い．

　この「読み書き能力調査」の背景には，漢字使用が日本人の初等・中等教育に困難を生じ民主主義の発展を阻害しているのではないか，日本の公用語をローマ字化すべきではないかという議論があり，この問題に関連して米国から教育視察団が訪れて報告を出したことがあった（村井訳，1979）．しかし，当時の占領軍は彼らの考えをただちに押しつけたのではなく，現地の実態と住民の意向を尊重してことを進めるという方針をとった．それが民主主義の大義であった．このような流れで，実際に日本人の読み書き能力を調べてみることになり，この調査プロジェクトが開始された．

　国勢調査のように日本人全体を調べるのは，費用も時間もかかり，すぐに政策立案の資料とするためには現実的ではない．そのため，統計学を利用して，男女や年齢，職業，学歴，居住地などが偏らずに，日本人全体の縮図となるように，人々の集団（標本，あるいはサンプルという）をたとえば1万人選び出し，その集団の調査結果から，日本人全体の様子を推定する．この方法を「統計的無作為標本抽出法」（統計的ランダム・サンプリング）という．「ランダム」という言葉は日常，「でたらめ」とか「手当たり次第」と訳されるので誤解が多いが，「統計的ランダム・サンプリング」とは調査主体の恣意性を排除し，数学的に厳格に偏りがなく人々を選び出す方法である．このとき，少なくとも理論上は，その1万人の調査結果から日本人全体の真の値が精度つきで推定できるのである．たとえば1万人の調査結果で内閣支持率が60%と出たら，本当の日本人全体の内閣支持率は「60%±2%程度と推定される」などと表されるのである（標本誤差や非標本誤差については本節最後の注釈を参照）．

a. 標本抽出理論と実践

「日本人の読み書き能力調査」に携わった人々は，GHQ/SCAP の中の CIE（民間情報教育局）から入手した本を勉強しながら，日本の事情に則した標本抽出計画を練った（木田，2001；高倉，2004；柳原，1998）．

その「理論」を検証するために，神奈川県小田原市で住民を公民館などに集合させて，重病人などを除き，成人の全員を調べた（全数調査）．そして，その回答者全体の調査票の束から一部を無作為に取り出し，それから計算される「推定値」と，本当の「全体の値」とを比べ，推定された誤差の範囲に確かに収まっているのをみて，標本抽出理論の有効性を確認したという．

後にわかったことであるが，実は，統計の「標本抽出理論」自体は戦前，すでに 1924 年亀田豊治朗の先駆的研究により，単純ランダム・サンプリングの誤差計算がなされ，日本で開かれた世界統計学会の大会でも報告されていた（高橋，2004，p. 109）．しかし，当時，これは世論調査の実践に結びつかず，すでに述べたように，戦後に米国から逆輸入されるという形になってしまった．どんなにすばらしい理論でも，世の中の問題を解決しようとする実践に結びつかない机上の理論では発展しないという重要な教訓を示している．

全国での調査結果の解釈については，はじめは意見が分かれたが，結局，統計学者の分析で，日本人は十分に読み書きの能力（平均 14 歳程度の学力）があるのが確認され，人々は新聞を読むくらいの学力は十分にあり，民主主義を発展させるのに問題はなく，「日本語のローマ字化」の話は収まったといわれる．

この成果は，さらに戦後民主主義を発展させるための基盤として，日本人全体を偏らないようにカバーして，人々の意見を集約するという意味で，政府やマスコミが統計的な無作為標本抽出法に基づく「科学的」世論調査を推進させることにもつながっていった（林，1990；今井，1996a, b, 1997）．

他方では，「一部の調査データ」から全体を推察するという，実践的標本抽出方法を活用して，1953 年には統計数理研究所の「日本人の国民性」調査が開始されることになる．これは，やがて米国の一般社会調査（GSS），ヨーロッパの欧州社会調査（ESS）やユーロ・バロメーター（EU 全体の比較調査）など，諸外国が同じような時系的調査を始める刺激となった．その意味では，「日本人の国民性」調査は，人文社会科学の分野では数少ない日本の独創である．

b. 調査と政策

　これまで述べたのは，表の話である．実は現在の視点で当時の世界の流れを眺めると，戦前，戦中，戦後にわたり，米国では戦争相手国の「国民性」や「読み書き能力」が戦略や占領政策立案のための大きなテーマとなり，各国，各地で関連する研究が遂行されていたことがわかる（Inkeles, 1996）．

　戦中の米軍は太平洋諸島において，日系人兵士による日本人捕虜の尋問を行い，その成果により，戦略を大幅に効率化できただけではなく，また戦後の占領政策の骨子作成に利用するための重要な情報を収集することに成功している．たとえば，山本（2001）の著書『日本兵捕虜は何をしゃべったか』の表（p. 181）には天皇，軍部，マスコミ，政府に対する信頼感のデータが示されている．天皇への不信は0%，軍部への不信は高く（米国の進攻で，いち早く逃げ帰った上官を，置き去りにされ捕虜となった部下が，よくいうわけはない），マスコミへの信と不信の拮抗など，わずかこれだけの限られたデータだが，戦後の天皇の位置，軍部の処置，政府やマスコミの改革など，占領政策立案に見事に反映されていったのではないかと，思われる．

　また，戦後には各国や各地で，民主主義発展の必要条件としての読み書き能力（一部のリーダーに盲目的服従をしない条件としての基礎学力）や住民の意識が調査されていった．日本人の読み書き能力調査の背景には，1932年のトルコの国字改革に携わり学位を得て，さらに日本での検閲の簡便化を検討していた R. K. Hall が関与していたことがある（アンガー，2001, 4章）．

　しかし，当時の彼らが卓見であったのは，調査遂行を現地の信頼できる研究者（統計学者，文化人類学者）に任せたことである．調査主体（占領軍側）が本当の目的を日本側には知らせなかったために，日本人の現地調査監督者や調査員にバイアスのかからない調査ができ，結果として，現地の実態や住民の意向を的確に調査できたといわれる．情報収集者と分析者の明確な役割分担がなされたということである．それらの調査に関与した人も，当時すぐには自身が関与した仕事の本当の意味（米国側の目的）は知らず，後になって，真の目的が理解できたと告白している．このあたりのことは，米国側の責任者の回顧録（パッシン，1981）などによって，推察できよう．

　現実には，米国側の内部にも日本語のローマ字化にはさまざまな議論や思惑

（暗号解読や検閲，占領政策と関連するか）があったようだが，形としては先の「読み書き能力調査」の結果を受けて，日本人の十分な能力を確認し日本語は生き残ることになった（ただし，その後も，漢字の簡易化やローマ字教育は国語研究者や教育者の間で検討が続き，試行錯誤されながら進んでいった）．

　実は，戦後，米軍のアジア戦略上の要地であった奄美大島，琉球などでも住民調査が遂行され，その報告書が米国本土へ送付されている．たとえば，Hall から米国オハイオ大学の日系人 Iwao Ishino に秘匿された奄美調査報告が送られている．その種の報告書や手紙は POSR（Division of Public Opinion Survey Research）文書として 1990 年前後に機密解除後，日本側に返還され，日本世論調査協会が保管していたが，現在は早稲田大学の図書館に寄託されている．

　この Hall の手紙の中には，「現地の優秀な若手の統計学者と 2 人の文化人類学者の助力を得て調査を遂行した」という主旨の記述がある．この若い統計学者とは，草創期の統計数理研究所の所員であり，世論調査の実践的方法や「数量化理論」と呼ばれる統計の理論を盟友の林知己夫とともに創り上げ，後に総務省統計局の参事となった，水野坦（ひろし）のことである．

　当該の調査結果は，奄美の人々はほとんどが日本への復帰を望み，他方で，戦中の日本軍との関係のためか，琉球の人々は日本への復帰を望む人びとは奄美ほどではなかった（米国に帰属したいとも思わないが，日本への帰属は躊躇するということであろうか）．現実には，住民運動や政府間の裏交渉など複雑な政治の駆け引きがあったのだが（エルドリッヂ，2003），いずれにせよ，形としては住民調査の結果を受けて奄美は戦後比較的早い時期に日本へ返還されたが，沖縄の返還は 1972 年まで延ばされるという運命をたどることになる．

　2003 年からのイラク戦争では，日本の識者が米軍による戦後の「日本占領モデル」がイラクでも適用可能かと問われ，多くは「明治以降，民主主義の歴史のあった日本とイラクとは異なる」と回答したそうである．しかし，それは正解の半分であろう．戦前，戦中の慎重な調査研究，戦後の日本では信頼のできる現地人によるバイアスのない調査を遂行し，それを施策の基盤とした「米国モデル」の重要さを米国自身が十分に認識していれば，今回のイラクでもはるかに適切な対応ができたであろう．米国は失敗を続けた後，ようやく，現地

の人々を雇用することにより味方につけるという，日本における戦後の「米国モデル」へ進み始めたが，特定のイデオロギーに強いバイアスを受けた調査情報に基づく初期の混乱は，現在まで長い尾を引いている．

いずれにせよ，「読み書き能力調査」は戦後の民主主義を発展させるために民意を偏らず広く汲みあげるための「世論調査」を整えるきっかけともなった．戦後の物資不足の時代，用紙の配給を GHQ が握っていたこともあり，新聞各社は GHQ の指示により，統計数理研究所の指導を受けながら，統計学的に厳密な世論調査の方法を確立していった（今井，1996a, b, 1997）．米軍は日本の政治や経済に関する広い分野の情報のみならず，日本の人材についてもかなり詳細な情報をつかんでいたらしく，各テーマに関する統計の専門家がどこにいるかも承知していたということである．

こういう経緯もあり，戦時中にできた研究所が次々と廃止されていく中で，統計数理研究所（開所 1944 年）は，戦後民主主義の科学的基盤を支える使命を担い，新たに出発したのであった（吉野，1997）．

戦前，戦中，戦後 1950 年ごろまでの社会調査については，雑誌『民族学研究』（17 巻 1 号，1952）で繰り広げられた各方面の社会調査研究者の誌上座談会も参考になろう．また，世論調査と異なり，国勢調査では標本調査ではなく，悉皆調査を続けてきたのには理由があるらしい．日本の QC（品質管理）に関する指導で著名な W.E. デミングの申言にもかかわらず，当時の国勢調査の担当で，後には東京都知事になる美濃部亮吉らの経済統計学者たちの無理解で，標本抽出理論は採用されなかったとされる（徳丸，1999, pp. 185-187）．長年にわたり多大なコストを要する悉皆調査を続けてきた国勢調査であるが，最近では政府の調査ですら協力拒否が増えているため，標本抽出調査の可能性が検討されているという．科学として統計と，イデオロギーとしての統計の差の歴史である．

1.1.2 民主主義と世論調査

民主主義発展のための世論調査は，GHQ のもとで開始されたが，世界で，整備された住民基本台帳や選挙人名簿が活用できる日本以外では統計理論上からは理想に近い標本抽出が可能な国は少ない（2.2 節参照）．統計的に乱数を発生

させて，それらの名簿の掲載順に応じて，たとえば1万人選び出す．結果として，調査する者の恣意性を排除して，なおかつ，性別，年齢，職業，学歴，収入などの外的属性，知能，性格などの内的属性を含め，あらゆる属性について特定のタイプの人々に偏らないように選び出せるのである．また，標本誤差と呼ばれる，調査結果と真の値（日本人全体の本当の様子）との差も推定できる．

　実際には，コストを考えて，まず，全国を統計的に偏らずに人口比例で調査地点をたとえば400地点選んでから，各地点で住民基本台帳や選挙人名簿から25人ずつ，統計的に無作為に選び出すような2段抽出（さらに多段抽出）などが行われるが，その詳細については，昭和20年代以降，理論的にも実践的にも，世論調査研究者の間で慎重に検証されてきた．

　戦後，長年にわたり「日本の民主主義は民主主義ではない」という欧米からの批判（日本異質論）があったが，米国を含め，他の多くの国々では，割当法やランダム・ルート法など，統計学上は望ましくない標本抽出方法に甘んじているが，これはそれぞれの国で世論調査が発展してきた歴史と関係があろう．

世論調査の検証―選挙結果の予測―

　世論調査の結果は，直接には検証できない．ある回答者のいくつかの質問で矛盾するような回答があるといって，ただちにはそれが間違いにはならない．回答者の回答が論理的に一貫しているという保証はどこにもない．むしろ，そのような矛盾を浮き彫りにして，回答者のホンネや心の奥深いところ，深層構造を浮き彫りにするのが，老練な調査研究者の技量である．

　また，同時期に行われた複数の似たような調査で結果に差が出ても，それらのどれが間違いであるということもできない．内閣の支持率の調査でも，NHK，朝日新聞，読売新聞，毎日新聞で少しずつ差があるのが普通である．理論的には全く同じ調査方法を使ったとしても，それぞれの調査機関のくせが出る．しかし，だからといって，調査結果が信頼できないというのではない．たとえば内閣支持率調査を繰り返していくと，明確な上昇傾向，下降傾向などの変化の傾向はどの調査機関のデータも一致していることが多い．また，それらの傾向すら一致していない場合は，実態そのものが不安定な状態にあるか，上昇，下降の急な変化をみせはじめた兆候である可能性が高い．

　いずれにせよ，一機関の一回の調査結果からだけでは，その結果を検証しが

たいものなので，それゆえに，世論調査は統計的な方法に厳密にしたがわなければならないことを強調するのである．

　しかし，間接的には，世論調査の方法が正しいか否かを調べることができる．その方法の一つが，選挙予測である．選挙の投票結果の予測は，数理的なモデルを用いたり，政治専門家の意見だけを集約したり，必ずしも，政党支持や候補者支持について有権者全体に対する事前の調査を使用しないこともありうるが，統計的に信頼できる世論調査ができる国では，専門家の意見や数理モデルとともに事前の世論調査データを活用することが多い．

　世論調査では日本人の有権者全体を対象にするが，これは実際に投票にいく人全体とは一致しない（母集団が異なる）．したがって，回答してくれる世論調査の結果をそのまま選挙の結果の予測とするのではなく，たとえば，世論調査の「自民党支持率」は選挙結果予測では低めに，共産党は逆に高めにみる，あるいは投票にいく人のタイプを調べるなど，過去のノウハウをさまざまに活用して，予測する．その予測を現実の当落結果と対照させ，予測の根拠となった世論調査の方法や予測の数理モデルの検証や修正ができるのである．

　世論調査データに基づく選挙予測で，米国の2000年大統領選挙や2002年中間選挙のマスメディアによる予測失敗は，象徴的であった．まず，そもそも米国の世論調査の方法論（割当法など）に問題が少なくないこと，さらには当時の米国のマスコミ各社が調査コストを削減するために各機関の個別の調査をやめ，特定の調査機関に一本化したことなど，民主主義の大儀と世論調査との関係を忘れたのが失敗につながったようにみえる．さまざまな機関が，独自に真摯に科学的な調査を行い，公明に発表しあう．ある調査結果が偏った調査の結果なのか，どのような調査でも安定して得られる一般的な結果なのか，それらの全体を国民，政策立案者が判断できるようにしておかなければならない．この意味では，世論調査の方法に限っていえば，日本が最も民主主義的で科学的に見える．

1.1.3　「日本人の国民性」調査の開始（日本人の意識の特徴）

　「読み書き能力調査」で開発された方法を活用し，1953年に統計数理研究所による「日本人の国民性」調査が開始された．今日では，「日本人の国民性」

調査は，内閣府政府広報室の「社会意識に関する世論調査」，NHK の「生活時間調査」とともに日本の三大標本調査として有名になっている．

a. 伝統と近代の対立軸

「日本人の国民性」調査は半世紀にわたって継続されてきたが，この調査や次節で述べる国際比較で明確に浮かび上がってきた日本人の特徴は，たとえば次のようなことである．

一つには，長年，日本人の意識には「伝統と近代」の対照軸があり，価値観や態度の種々の側面をこれに関連づけることができた．欧米流の「近代化理論」(富永，1999) で各国の発展が論じられてきたが，特に，日本の場合，「伝統」と「近代」が必ずしも対立するのではなく，矛盾なく併存している側面があった．これは，明治以来の欧化政策，「和魂洋才」を経てきた結果でもあろうか．

しかし，この対照軸も，オイル・ショックやニクソン・ショックがあり，環境問題が大きくなってきた 1973 年頃に，若年層から徐々に崩壊の兆しをみせはじめ，さらに 1990 年代からは全体として混沌とした様相を見せている．おそらく，世界経済の一翼を担うようになった日本が参考にすべき先行モデルのない状況で，伝統的産業社会から高度情報化社会への移行期における人々の意識の混乱があり，また「失われた 10 年」という言葉で象徴される経済混迷も，経済のみならず，日本人としての自信を含め，人々の意識のさまざまな側面に負の影響をあたえているかとも思われる．

たとえば，人間関係の信頼感にも混乱がみられるようになった．しかし，これは，人々の信頼感が損なわれているということではなく，NPO などのボランティア活動は，かつてないほどに盛んになってきた（林・入山，1997）．おそらく，社会の再構築の混乱の中で，人々の善意のエネルギーが新たな場に流れ込んでいるのではないであろうか（Yoshino, 2002；吉野，2003, 2005b）．

b. 基本的な人間関係

日本人固有の人間関係を表すといわれる「義理人情」的態度は，半世紀にわたりほとんど不変であった．

国民性に関する諸側面では，たとえば政治・経済に関係する側面は比較的短期の変動もみられる．たとえば，1990 年代からの経済的低迷のもとで，日本人の科学技術に対する自信も低下がみられるし，政治に対する期待や信頼も混

迷を深めている．しかし，人間関係における態度や意識は，日本人のみならず，一般に長期にわたり変化しにくいものである．これは海外移民や，政治・経済体制の変化に伴う「文化変容」について考える場合にも重要である．たとえば，共産国の崩壊，「社会主義」中国の急激な変化について，社会体制と各国民の意識や態度の相互関係というような社会学の大問題を考える際には重要であろう．

他方で，この十数年ほどの「グローバリゼーション」と称するアメリカナイゼーションの波で，政治や経済の制度も変革された部分が少なくないが，本来，急変すべきではない職場や学校，ひいては家庭での基本的人間関係をも崩すような変革が行われてきたのが，今日の混迷の主要因であろうかと思われる．

一つ，国民性調査において注意が必要である．米国のスタンフォード大学の名誉教授であり，国民性研究の世界的権威でもあるアレックス・インケルス(Inkeles, 1996：吉野訳, 2003)は，常々，政治や経済に関する側面は，国民性としては考えるべきではないと強調している．しかし，人々に生活満足感や幸福感を尋ねる調査の結果で，たとえばフランス人はかなり経済状態がよくても悲観的であり，ブラジル人は世界最大の債務国であったときも，欧米よりも楽観的であったというようなこともある．また，1980年代の日本は経済的には世界のトップクラスに踊り出たにもかかわらず，日本人の満足感や幸福感はそれほど高く示されなかった．それをみて，欧米諸国は不思議がった．一方で「失われた10年」と呼ばれた90年代からの不況時には，むしろ満足感は高く示されているというパラドクスも報告されている．したがって，政治・経済も国民性と分離できない側面がある．

これについては，筆者は，統計数理研究所の客員教授や共同研究者でもあったインケルスと直接議論したことがある．結局，同じ状況に対しての反応は国民によって異なるのは確かであろうが，政治・経済状況の各国での客観的差異を割り引いて考慮すべきという結論では一致した．これは，序でのべたように，「測定」が「測定者（調査側）」と「測定対象（回答者）」と「表現（面接質問のモードなど）」の相互作用として成立していることを再認識させよう．

満足感や幸福感に関して補足すると，個人としての「絶対的」満足感や幸福感と，身近な周りの人やマスコミで騒がれている人たちと比べての「相対的」

満足感や幸福感とは異なるかもしれない．しかし，通常はそれらの両方ともが心の中では分離されていないということもあろう．国際比較の質問としては，「あなたは今の生活に満足していますか？」などと単純で，翻訳の問題もあまりなく，見かけ上は，グローバルな国際比較も簡単に見えるが，その結果の解釈は慎重でなければならない．人々の回答を，各社会状況と人々の心の相互作用として考える必要がある．さらに，満足感の回答分布は，調査票の他の質問や全体の流れに影響されやすいという観察もある．

c. 宗教心

宗教的な態度については，政府の宗務院の統計では各神社，宗教団体の信者の総数は長年にわたり，2億弱で日本人の人口を大きく越えている（水野ほか，1992，3.3節）．これは，修学旅行の学生が神社見学の際に記帳したような場合や，複数の宗教を信仰する人々などのためといわれる．

「日本人の国民性」調査では，日本人の約1/3が実際に信心をもち，年齢を重ねるうちに信心をもつようになっていく傾向がある．また，信心していない人々も含めて，全体の6～7割もの人々が「宗教心は大切」と回答している．これらの傾向も約半世紀にわたり，ほとんど不変であった．欧米一般と比べて，これらのどれも日本人が欧米人とは異なる点として浮かび上がっている．ちなみに，オランダ1993年調査でも年齢の高いほうが信心している率が高かったが，これはコホート効果で年齢効果ではなかった．

ただし，日本人にも「コホート効果」があり，戦中から戦後の時代に社会や学校教育での大きな変化を直接経験した世代の人々は，それ以前の世代，それ以降の世代の人々とはさまざまな面でかなり異なる意識をもち，宗教においても「年齢が高くなるにつれて信心をするようになるという」日本人一般の傾向からは外れている．現在では，そのコホートの効果のためか，あるいは現在，宗教離れ（世俗化）が世界の流れとなっているせいか，近年では日本人全体で信心している人の率も若干下がり気味である．しかし，日本人の宗教離れは，一方で既存の宗教団体への警戒を示しているが，他方で宗教的な心の持ち方への否定にはつながってはいない（吉野，2005b）．

なお，海外（ハワイ，ブラジル，米国西海岸）の日系人についても，宗教心および人間関係（義理人情的態度）については，日本にいる日本人と同様の傾

向が確認されている．ここでいう「義理人情」とは，恩人に対する態度を実の親に対する態度と対照させて，複雑な心の葛藤を浮き彫りにする質問項目で扱われてきたものである（水野ほか，1992, pp. 335-338）．これは，欧米人に「義理人情」と呼ぶべき側面がないといっているのではない．日本人が「義理人情」を感じる固有の場面での意識や態度と比較した結果であり，他の場面や状況では各国の人々もそれぞれの形での「義理人情」を示すのかもしれない．

d．男女の生まれ変わり

「日本人の国民性」調査は日常の生活に関する多様な側面の意識を尋ねているのだが，その中でも，戦後の日本人の意識の不変な側面と大きく変わった側面の双方を端的に示しているのが，「生まれ変われるとしたら，今度は男と女とどちらがよいか」という質問である．

結果は，男性はこの半世紀にわたりほとんど不変で，約9割がまた「男に生まれたい」という回答である．一方で，女性は1958年には「男に」が64%で「女に」が27%であったのが1968年に逆転し，さらに着実に変化し，ついに1993年には「男に」が28%で「女に」は67%となり，その後もほぼそのパターンが続いている．これは，男女共同参画が唱えられる時代に，象徴的なデータでもあろう．しかし，筆者には，これは単に「男女の問題」だけではなく，戦後日本のさまざまな変化を象徴しているようにも思える．

さらに詳細は，第1～第5『日本人の国民性』（至誠堂，出光書店），あるいは林（2001），吉野（2001, 2005a, b），林・桜庭（2002）を参照されたい．

e．標本誤差や非標本誤差についての注釈

1）母集団とユニバース　世論調査などで，日本人の有権者全体を調査対象にするとき，通常，その全体を「母集団」という．厳密にいうと，特定の質問項目に対して日本人の有権者全体の人々の回答の集合を「ユニバース」といい，それに確率計算ができるような構造（確率空間）を入れたのが母集団である．確率空間の導入の仕方は複数ありうるので，それに依存して得られる計算結果は異なることもある．

通常の世論調査などでは，長年，広く社会に共有されてきたモデルのもとで調査が遂行され解析されているので，そのようなことは意識していないようであるが，場合によっては，これが問題となり，誤解を生じることもある．たと

えば，市場調査でも，特定の顧客層にのみ焦点を当てるのではなく，世論調査のように「日本人全体の回答を対象」とすることもあろう．しかし，日本人全体の回答の集合を「対象」とすることと，それを「母集団」とすることは，ユニバースは同じでも，意味が異なる．市場調査の場合，最終的には，性別，年齢層，居住地区などの外的属性で特定される集団の傾向を見いだすことで市場の戦略に結びつけるのであるから，その市場に関して主要因となる属性について無作為に抽出されていれば十分である．そのため割当法などが用いられることも多いし，また，無作為抽出標本ではない場合も，属性に関するウェイト調整，さらには傾向スコアによる推定などが用いられる．

しかし，世論調査の場合は，外的属性のみならず，直接には観測しがたい性格，知能，血液型などの内的属性を含む，すべての属性について，確率理論上は偏らない標本抽出が基本である．したがって，割当法は望ましくない．もし，割当法を採用する場合は，指定する属性のみが当該の調査項目に対する回答分布に効く主要因であるという前提を確認し，あくまでも近似として用いるべきであろう．

2) 「アンケート調査」と「標本抽出調査」の区別　　日本の社会調査の専門家の中では，これらの言葉は厳密に区別されてきた．アンケートを用いた調査だから「アンケート調査」というのではなく，標本抽出理論に基づいて回答者を選んだ調査ではないものを「アンケート調査」もしくは「アンケート」と称する．たとえば，国際比較と称しながら，東京のある大学の1クラスの学生と米国の大学の1クラスの学生に調査するのは，ただのアンケート調査であり，一般には，そのデータの精度や偏りを統計的に推定することはできない．国際比較としてではなく，あくまでも，調査した当該の二つのクラスの比較だけということであれば，全数調査として記述統計が扱える．

3) 標本抽出誤差　　標本抽出調査では，その統計量（回答意見の分布）の精度（標本抽出誤差）が標本サイズに応じて計算される．たとえば，日本人の成人全体（仮に1億人とする）のリストがあるとして，あらかじめ定めた標本サイズ（n人）に対応して，数学的に，1から1億までの間のn個の重複しない「乱数」を発生させ，それに対応する人を抽出し，一つの標本とする（単純無作為標本抽出）．そのような操作を繰り返せば，n人の標本がいくつも得られるが，

調べるべき統計量（例：母集団の内閣支持率 p）の各標本による推定値（観測値）p' が，少しずつ異なるであろう．その統計的分布（ちらばり）の標準偏差の2倍をもって「標本抽出誤差」（正確には 95% の信頼区間）とすることが多い．

$$標本抽出誤差 \quad E = \pm \frac{2\sqrt{p(1-p)}}{n}$$

これは $p=0.5$ のとき最大となるので，一つの調査票のたくさんの調査項目について，大まかな目安として $\pm\sqrt{1/n}$ と比べて，それ以下の差では統計的には意味がある差とはいえないと解釈することが多い．たとえば $n=10000$ のときは，約 0.01，すなわち 1% 程度となる．たとえば，前回の同様の調査と比べ，1% 以上の差が出なければ，その差は統計的には有意ではないと称する．

現実には単純無作為では，訪問のために移動するコストなどが高く，効率も悪いので，二段抽出，多段抽出を行うことが多い．二段抽出の場合，おおよその目安として，単純無作為標本抽出の2倍程度の誤差を見込むことがある（同じ統計的無作為標本抽出といっても，実践手続きでは詳細な違いがあるため，現実の実験的検討で試行錯誤された数字が扱われている［杉山・小寺，1994参照］）．現実には，各種の事情で，選ばれた回答者に接触できなかったり，調査に協力してもらえなかったりすることも多く，有効回収率は 100% とはならず，厳密な精度（誤差）の推定にはならない．

標本抽出理論や誤差の計算については，戦後からのロング・セラーである西平（2004）の『統計調査法』，日本の統計学および調査研究の代表であった林（1984）の『調査の科学』や林編（2002）『社会調査ハンドブック』，各国の世論調査における標本抽出理論の第一人者鈴木（鈴木・高橋，2002）の『標本調査法』，また抽出誤差や検定の計算について詳しい杉山（1984）の『社会調査の基本』，国際比較調査については林（2001）の『データの科学』や吉野（2001）の『心を測る』や吉野編『東アジア国民性比較』（2007d），林文・山岡（2002）の『調査の実際』などを参照されたい．ただし，誤差推定の定量的な理論はすべて，計画標本からの有効回収率が 100% であることを想定しているものであり，現実には各種の事情で 100% とはならない．回収率が 100% ではない場合に関する簡単な考察は，吉野編（2006）が参考になろう．

4）非標本抽出誤差 現実には完全には防げない，調査員の勘違い，記録

のミス，データのねつ造などの不正行為，データ入力の間違いなどの非標本抽出誤差も勘案しなければならない．林（1984）では，調査の各段階での確認作業を綿密にすることは前提としたうえで，さらに標本抽出誤差とおおよそ同程度の非標本抽出誤差を見込むことを示唆している．林（1971），西平（2004），白倉（1992）では，回答者のウソの率，調査員によるメーキングの率にも触れている．

また，調査モードの差異や，理論上は同じ統計的無作為標本抽出でも，実践上の作業の差異（鈴木，1964），調査機関による差異（機関の名前の効果なども含む），調査員のクセを含む調査員と回答者のパーソナリティのタイプの関係（青山，1959；鈴木，1964）などにも注意する．

こういった種々の問題についての研究は，統計数理研究所・研究リポートとして発刊されてきた（http://www.ism.ac.jp/editsec/kenripo.html）．

1.2 意識の国際比較調査 ― 日本人調査から国際比較調査へ ―

日本における国際比較調査研究の先史としては，国内での外国人との比較調査や他国の既存の調査結果との比較のための日本調査はあった（西平，1969,2000）が，日本側が主体となる本格的国際比較の開始は，費用の問題で日本の経済事情にも依存した．統計数理研究所の国民性調査研究においては，1971年頃から海外へ進出し，国民性をより深く考察する目的で日本以外に住む日本人・日系人をはじめ，他の国の人々との比較調査へと拡張されてきた．

はじめからいきなり全く異なる国々を比較しても，一般的な意識調査では計量的に意味のある比較は難しい．言語や民族の源など，何らかの重要な共通点がある国々を比較し，似ている点，異なる点を判明させ，その程度を測ることによって，はじめて統計的「比較」の意味がある．この比較の環を徐々につなぐことによって，比較の連鎖を拡張し，やがてはグローバルな比較も可能になろう．

筆者らは，この方針のもとで国際比較を進め，「連鎖的調査分析（Cultural Linkage Analysis：CLA）」と呼ぶ方法論（Suzuki, 1989）を確立してきた．さまざまな国を比較するときは，翻訳の問題，各国固有の調査方法の違いにか

かわる問題など，そもそも国際比較など可能なのかが大問題となる．厳密にいうと，われわれはこの「国際比較可能性」を追求するための方法を研究しているのであり，単純に調査結果の表面上の数値を比べ，解釈しているわけではない．「データの科学」（Yoshino & Hayashi, 2002）と称する統計哲学を計量的文明論（林，2000；吉野，2001）のために試行錯誤しているのである．

また，最近では，世間一般で国際比較調査が数多く遂行されているようであるが，資金さえ十分あれば，どこの国でも統計的に厳格な標本抽出調査がすぐに可能であるというわけではない．対外的な政治的理由，国内事情により，調査が不可能なこともある．たとえば，統計数理研究所が国際比較調査として最初（1970年）に企画した「ブラジル日系人調査」では，せっかく文部省から資金を得て日本側では準備万端で臨んだのだが，当時，軍政下のブラジル政府からはビザが発給されず，急遽，西平重喜所員がハワイ大学の日本人教授黒田ヤスマサ氏にコンタクトをとり，「ハワイ日系人調査」へ変更したというエピソードがあった．また，中国や東南アジアの国々の中には正確な国勢調査の統計がなかったり，全国レベルの正確な戸籍簿や住民票などが一般には手に入るような状況ではなかったり，偏らず適切に国民を代表する調査データを得るのは容易ではないところも多い．

アジアでは山間部などでは反政府ゲリラ活動が続いているような治安の悪い地方も少なくなく，完全に全国をカバーする調査が非現実的な国もある．そのような国では，都市部と地方の限定された地域での統計調査から国全体の総人口を推定している場合もある．しかし，それらはまだよいほうで，国土のほとんどが砂漠や草原の国でまばらに孤立して各部族が生活しているところでは，われわれのような統計的標本抽出理論に基づく調査は想像しがたい．あるいはそれ以前に，国勢調査ですらデータの質や信頼性に注意が必要である（逆にいうと，そのような国勢調査や世論調査などの調査方法や遂行状況そのものに，各国や地域の独自の文化や社会の状況を端的に示している側面がある）．

今日までに，統計数理研究所の国際比較調査グループが調査した地域や国々には，表1.1のようにハワイ（日系人・非日系人），ブラジル（日系人），米国本土（一般および日系人），英国，フランス，ドイツ，イタリア，オランダのほか，中国や東南アジアの国々が含まれる．特に，2002年度より4カ年計画で，日本，

表1.1 統計数理研究所の国際比較調査

	実施年	日系人関係	調査対象国・地域 各国全国規模の標本抽出調査
	1971	ハワイ在住の日系人	米国本土調査
	1978	ハワイ住民（日系人を含む）	
	1983	ハワイ住民（日系人を含む）	
意識の国際比較 1985-1993	1987		英国，(旧)西ドイツ，フランス
	1988	ハワイ住民（日系人を含む）	米国本土，日本
	1992	ブラジルの日系人	イタリア
	1993		オランダ
	1998-1999	米国本土（西海岸）の日系人	
	1999-2000	ハワイ住民（日系人を含む）	
	2001		中国（北京，上海）
東アジア価値観国際比較調査 (East Asia Values Survey) 2002-2005	2002-2003		日本，中国（北京，上海，香港）
	2003		台湾，韓国，
	2004		シンガポール
環太平洋（アジア・太平洋）価値観国際比較調査 (Asia-Pacific Values Survey) 2004-2009	2004		日本2004A，日本2004B
	2005		中国（北京，上海，香港）
	2006		台湾，韓国，米国
	2007		シンガポール，オーストラリア
	2008		インド

注）ハワイ調査はホノルル市のみ．中国も北京や上海の中心市街地のみ．ブラジル調査はサンパウロを中心とする地域．オーストラリアは3大都市を含む3州のみ．インドは10大都市のみ．上記の1993年までの調査については，統計数理研究所国民性国際調査委員会編（1998）を参照されたい．近年の「東アジア価値観国際比較調査」や「環太平洋（アジア太平洋）価値観国際比較調査」を含む多くの研究成果は統計数理研究所・研究リポートなどとして発刊されて，その一部は統計数理研究所のホームページ（http://www.ism.ac.jp/~yoshino/）で参照できる．

中国（北京・上海・香港），韓国，台湾，シンガポールで「東アジア価値観国際比較調査——「信頼感」の統計科学的解析」を遂行した．さらに，その拡張として，2004年より5カ年計画で，米国，オーストラリア，インドを含む「環太平洋（アジア・太平洋）価値観国際比較調査」を遂行している．

1.2.1 「国民性」という言葉

ところで，統計数理研究所の調査では「国民性」という言葉を用いているがこれは過去の経緯で用いているニックネームである．この「国民性」は，一方で社会学や生物学などでは定義や実証性が大きな問題となり，他方では広く一般社会でも民族間の衝突に関与してきた，学術的にも政治的にも問題のある言葉であった．いわゆる，優生学の問題，人種差別，そしてホロコーストに強く関連する問題があった．そのため，場合によっては過敏なほどに，この言葉の使用を避ける人々も多い．

実証的な「国民性」などというものが存在するか否か，あるいは一部の国の人々にだけそれが存在するか否か，またそれが存在するにしても比較的永続的な部分，逆に政治・経済状況などにより短期的変動をみせる部分があるなどの議論はあろう．しかし，筆者らの立場は，国民性の特定の定義にとらわれず，「人々の意識構造」について，各国民の統計的な（科学的な）調査を遂行して浮かび上がってくる重要な情報をとらえるべく，データの収集とその解析の方法を開発しようとするものである．

社会学者の中で例外的に国民性（national character）という言葉を前面に出して研究を進めてきたスタンフォード大学のInkeles（1996）の認識は，この考え方に近い．彼の場合は，意識調査の回答パターン分布（各質問に対する各国民の回答の分布の特徴）により，国民性にアプローチしている．一般にユダヤ人の人たちは，過去の経験から人種差別に絡むことにはかなり敏感なのだが，インケルス自身がユダヤ人であり，「国民性」を冷静に科学的な態度で研究してきたのは特徴的である．

一般に，科学において，最も重要な概念は，実は未定義のままであることが多い．たとえば，物理学において「力」は最も重要な概念の一つであろうが，それ自体の定義はない．力学的な力や電磁気的な力に対しては，厳密な操作的定義が与えられている．しかし，「力」一般の定義はないのである．

同様に，「国民性」という最も重要な概念にも，作業仮説的な定義や仮説はともかくとして，確立した定義などないのである．その定義がなされたときは，このテーマについて世の中のすべてがわかってしまったときであろうが，それは近い将来にはありそうにない．しかしそれゆえに，他方で，「国民性」に実

証的にアプローチするための調査データの収集法，解析法などは科学的に厳密に定義し，管理しなければならないのである．

多くの研究者がさまざまな国民性の定義や方法論を提案し，特に米国流の研究者は「個人」の集合としての「国民」の科学的研究として，たとえば精神分析学を利用している．しかし，長い歴史をもつ日本人であれば，人は「個人」ではなく「人間（じんかん）」に暮らす存在とみる．そして，その理解のためには自然に，歴史の流れの中で，人々の相互作用から現れる関係をとらえるのが妥当と考える．このような研究視点の違いには，WASP 中心の米国が短い歴史しかもたず，その繁栄を科学技術が支えていること，一方で日本は長い歴史があり，現在のわれわれの社会を常に歴史の観点から位置づけるという認識の違いがあることを反映していると思われる．あるいは，19 世紀の欧米の社会学が「歴史」を科学的に取り入れることに失敗してきたことが影響を与えているという観点も考慮すべきかもしれない．

20 年ほど前，米国政府のブレインとして活躍してきた日系人フランシス・フクヤマが「歴史の終焉」を書き，「歴史」とはヘーゲルやマルクス流の資本主義から社会主義，共産主義社会の移行のシナリオをさし，それが東西ドイツの融合，ソ連崩壊で決定的に崩れたことを確認し，今後は民主主義の世界的拡大の時代であると唄った．しかし，さらにそれから年月を経て，米国の世界戦略がイラクなどで破綻し，ネオコンサーヴァティヴの頭目とされてきたフクヤマですら意見をすっかり変え，それに追従してきた人々は，はしごを外された形になった．

欧米流の歴史観的アプローチは，素朴すぎるようにみえる．今後の世界の平和発展のシナリオとしては，多様な文化，民族，宗教の人々が住んでいるアジアから世界へ，より現実的な歴史観や文明観が提供できるのではないかと期待する（1.3 節参照）．

1.2.2　日本人の中間回答傾向

日本人はどのような質問に対しても，明確にイエス，ノーの両極端な回答を避け，「中間回答（「ふつう」，「どちらともいえない」，「場合による」など）」を選択する傾向が強いということは幾度も確認されてきた．

統計数理研究所の調査で，ハワイやブラジルの日系人調査でも比較的同様の傾向があるのが確認されたとしているが，筆者が直接携わった米国本土の日系人調査の結果（吉野編，2001）はそうではなかった．ハワイでは，少数民族群の中では日系人が多数派を占め，ブラジルでは日系人は日本人町に集中して暮らしているか，広大な国土に散在している．しかし，米国本土ではすでに日系人が他の民族の中に浸透し生活しているが，そのような多民族社会では以心伝心は通じず，明確な自己主張をしなければ生きていけないという社会環境が，中間回答傾向にも違いをもたらしているのであろう．

このあたりは，それぞれの日系人社会の歴史的背景とも無関係には思えない．第2次世界大戦のときに日系2世が米軍に志願した事情を思い起こさせる．米国本土の2世は，法律上は米国籍であったが，敵（日本）の国民として1世の親とともに強制収容所に入れられ，やがて米国に対する「忠誠検査」にかけられた．心の奥深くでは矛盾を感じながらも，米国への「忠誠」を明確に示すべく，日本人の親を収容所に残したまま志願兵となり，日本を相手に戦ったものも多い（表面上，日系人は日本との直接の戦闘は避けるべく欧州へ送られたとされるが，戦後に機密が解除され，多数の日系人が太平洋で日本相手の工作活動に従事したことが知られている）．他方でハワイでは，戦闘が真珠湾から始まったのではあったが，多種の少数民族で成り立っているハワイでは日系人は比較的多数派であったためか，日系人は収容されず，2世も親との葛藤はなく志願して送り出されてきたという．

この物語の詳細は，ドウス昌代（1986）や，われわれの日系人調査の現地協力者であるサンタ・クララ大学のStephan Fugita教授（Fugita & Fernandez, 2004），ワシントン大学のFrank Miyamoto（1984, 1986）名誉教授とTetsuden Kashima（2003）教授の著書を参照されたい．

調査データに基づき慎重に調査研究してきた中間回答傾向と，このような歴史物語をただちに結びつけるのは強引かもしれないし，したがって，通常の学術論文では多くの証拠を持ち出さない限りは，このように述べることは避けるようにしている．しかし，現実に現地の研究者，調査員，住民の方々と接触していると，意識調査における比較的単純なアンケートの回答の端々にもそれぞれの社会の人々の過去と現在の生活が凝縮されているであろうと思われ，やは

り，心の中でさまざまな思いが巡るのを止めることはできない．本当の調査研究は，表面上の統計数字を超えるものである．

一般的回答傾向について，さらに追求した日本語・英語，英語・アラブ語の各バイリンガル比較調査実験では，日本語よりも英語，英語よりもアラブ語のほうが，より極端になる，あるいは Yes と No が明確になる傾向がみられた．また，同じ日本人でも日本語で質疑応答する場合と英語でする場合では日本語の場合より，英語の質問に英語で答える場合のほうが，より極端になる，あるいは Yes と No が明確になるという傾向がわかった．つまり，中間回答傾向は，文化，社会と広範に関連した言語の特性ともいえる（黒田，1989；Kuroda & Suzuki, 1989；吉野，1992, 2001）．

その後の統計数理研究所の東アジアやアジア・太平洋地域の調査では，オーストラリア，シンガポール，インドのように英語を公用語の一部としている国々が含まれていた．各国の実態を視察する中で，それらの国は本来，多民族，多言語社会であり，植民地支配などの過程を経て，共通語として英語を取り入れた（多くは強制された）のであり，各国の人々の一般的な英語力，語学力が必ずしも高いとは思えず，異民族間も含み，国全体でのコミュニケーション能力に疑問を感じえない場合も多かった．そのような社会では，互いの心の内を察したり，微妙なニュアンスの差異を表現したりすることは容易ではなく，結局，まず Yes なのか No なのか，感情や意見を端的に表現せざるをえない社会なのではないかと考えるようになった．先述したアラブ語に関しての比較実験結果も，中東，中央アジア地域の多部族社会の様相を考えると，不思議ではない．

Part II で，健康感に関連して，中国人と韓国人の自己開示性について，日本とは反対であることに触れるが，中国は共通の漢字を用いるが，口語ではかなり異なり，現実には多民族社会である．また，過去に幾度も隣国の侵入に悩まされつづけてきた韓国の歴史状況も，これに関連して理解できるように思える．つまり，日本人の中間回答傾向は，国際社会ではあいまいな態度として非難されることもあるが，その深いところでは，相手の心の内を推察したり，微妙なニュアンスを表現し，理解したりすることができる社会の人々の言語能力の高さも示していると解釈できる（Yoshino, 2009 では，ブラジルやハワイの日系人も，決して中間回答傾向が強いとはいえないことを示している）．この

点は，近い将来，より詳細な研究が進められることを望む．

統計数理研究所の国際比較調査の詳細は統計数理研究所国民性国際調査委員会編（1998），吉野（2001），吉野（1994, 2005a, b），Yoshino & Hayashi（2002），Yoshino（2002, 2009），Inkeles（1996：吉野訳，2003）の附章「日本における国民性研究の系譜」（吉野執筆），（財）統計研究会発刊の『学際』特集号（No.12, 2004）や，Yoshino, et al.（2009）など，一連の統計数理研究所・研究リポートや調査報告書などを参照されたい．

なお，余談ではあるが，総務庁（現内閣府）の「青少年の意識の国際比較」は，1972年以来5年ごとの時系列国際比較調査として継続しているが，これは当時，総務庁青少年対策本部に在職されていた千石 保（現青少年問題研究所・所長），遠山敦子（元文部科学大臣）が，当時，海外調査を展開し始めた統計数理研究所の西平重喜（現名誉所員）とともに，開始したのであった．

1.3 国際比較のパラダイム―計量的文明論の確立に向けて―

「データの科学」という言葉が国内外の研究者に使われるようになったが，筆者はこの言葉で，故・林 知己夫を中心に2001年頃より朝倉書店「シリーズ〈データの科学〉」（林，2001；林 文・山岡，2002；吉野，2001）で唱えている，現実社会の課題解決のための調査の企画から始まり，データの収集から解析までの全過程を通して現象を理解するという哲学を指している．

数理統計の机上の論理に反発し，戦後の数十年にわたり，「統計数理」，「数量化」（林ほか，1952），「行動計量学」（林，1993b），「多次元データ解析」（林，1993a；林，2001, 107-108；林・飽戸，1976）が生み出され，そして「調査の科学」の延長上に昇華された，人文社会科学分野の複雑現象を解析するための統計哲学が，このデータの科学である．

したがって，「統計数理」とは単に研究所の名を指しているのではない．また70年代後半からエンジニアの分野でも盛んに展開されたいわゆる「多変量解析」は，われわれのいう「多次元データ解析」と数学的には強く関連しているが，哲学的には区別されるべきものである．この経緯については，林（2001），高橋（2004），森本（2005）も参考となろう．

1.3.1 連鎖的方法論 (CLA)

この「データの科学」に至る過程で,「意識構造の国際比較」調査研究において連鎖的方法論 (Cultural Link Analysis : CLA) という研究パラダイム (1978年の米国調査において林知己夫が着想) が生み出されたのであった (林, 2001;吉野, 2001;Yoshino & Hayashi, 2002). この連鎖的方法論に関して,筆者らは過去の研究を通じて,以下のような認識を強めてきた.

われわれは国際比較可能性を追求する中で,指標や尺度の比較可能性と適用範囲の間の一種の相補性 (森をみるか,木をみるか) に留意している.すなわち,グローバルに標準化された指標や尺度は,各国間の概略的な様相を表すが,各国の事情の差を考慮した深い分析に供するのは難しい.逆に,たとえば日本の歴史や文化などの事情を詳細に考慮した敏感な指標は,海外との比較には適さないこともあろう.そこで,通常,標本調査で特定の人間の集団から標本の集団を抽出するように,「特定のテーマに関する指標や尺度 (質問群) の母集団」から一部の「質問項目」を現実の調査票に採用する際の標本抽出と誤差の理論を考えることになる (この考えは,Guttman, 1944 に近い).

たとえば,ある単一の項目は同一言語ですら,その表現をわずかに違えただけでも大きな回答差を生じることがあり,仮に国際比較で2国間の差を見出してもそれが本質的なものか,単に翻訳表現の微妙な差の効果かただちには判断しがたい.しかし,質問群全体 (複数の項目) に対する回答データを多次元パターン分析すると,多少の表現の差や標本抽出法の差違によらず,多国間の比較的安定した回答パターンが得られる (2.4節).

やがてこのような考え方は整理され,以下のa.〜c.のような「時間の連鎖」,「空間の連鎖」,および「質問項目 (あるいは調査テーマ) の連鎖」という3種類の比較の連鎖を徐々に拡大し,やがては多様な項目に関してグローバルな時系列的かつ国際比較を目指すという,文化の連鎖的比較の方法論が発展したのであった.これについて解説しよう.

a. 時系列的連鎖

たとえば統計数理研究所による「日本人の国民性」調査のような長年にわたる継続調査が想定される.5カ年ごとの各回の調査 (時間の局所チャート temporal chart) が少しずつ重複しながら,各々の時代をカバーし,それらが

1.3 国際比較のパラダイム―計量的文明論の確立に向けて―

「日本人の国民性」の継続調査

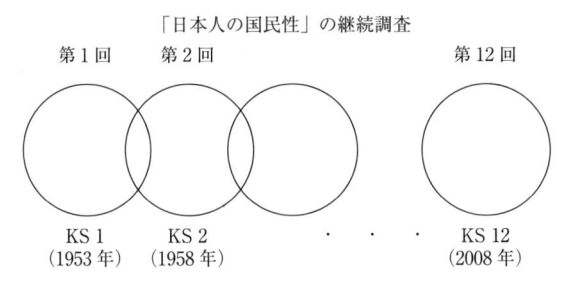

第1回　第2回　　　　　　　第12回

KS 1　　KS 2　　・・・　　KS 12
(1953年)　(1958年)　　　　　(2008年)

図 1.1 時間の連鎖（時系列的連鎖）
各調査が各時代をカバーしながら，連鎖をなし，対応する調査票（項目群）も連鎖をなす．

全体として長期の継続調査における時系列的比較の地図帳（global temporal atlas）を構成する（図1.1参照）．

さらにこれは以下のc.と関連するが，各時代の調査に対応する調査項目群を時代とともに少しずつ新項目に入れ替え，修正していく必要があろう．

長年にわたる比較では徐々に比較尺度の内容や表現を適宜に変えていかないと，計測の意味がなくなってくることもある．たとえば，物価指数の場合でも，計算する基礎となる数百の生活用品などの代表標本は，50年前といまと同じでよいはずがない．この場合，ただ新たなものを取り入れ，新たな尺度へいきなり移行すればよいのではなく，比較の連続性が保障されるように，ある期間は古い尺度と新たな尺度とを併用して対象を計測していき，両方の尺度の一致性，連続性，また必要であれば両方の間の変換式などを考察していき，それが明確になった時点で新たな尺度へ移行する．そういった尺度使用の連鎖を拡大することにより，短・中期の比較尺度を徐々につなげ，長期の変動傾向を表すパターン分析が可能となろう．

物価指数の場合は，計算に用いる数百品目を5年ごとに，少しずつ入れ換えることで連続性を担保しようとしてきた．最近では，連鎖的比較のアイデアを取り入れ，毎年少しずつ入れ換え，同時に新たな指標と古い指標との関係を検討しながら，指標を分析するという方針になったそうである．

この点について，株式市場における2000年の日経インデックスの変更の「事件」が示唆的である．「日経インデックス」は株価の一種の平均値で，株価全体の動向を表す指標として用いられるが，当時のIT時代の急激な進展を考え，

計算に用いられる多数の上場会社が入れ換えられた．しかし，IT 時代となるのは確かかもしれないが，まだ過渡期であり，雨後の竹の子のように中小のさまざまな IT 企業が生まれては，消えていっているような状況にある．したがって，それらの企業自身の興隆没落も激しく，IT 企業全体ではなく，特定の IT 企業に基づく指標は安定しなくとも不思議ではない．現実に，古い指標ではあまり大きな変化はないのに，新たな指標では下がってきた．経済の実態は変わっていないのに，「指標」は下がっていったということである．しかし，その「指標」が，投資家の心理に影響を与え，株の売買に影響し，結局は景気動向に大きな影響を与えてしまった．「実態」の変化が「心理」に影響を与えたのではなく，変わっていないはずの実態について，「指標のとり方」を変えたことで，心理に変化を与え，そしてそれが結局は実態を悪いほうへ変えてしまったということである（ここでは日経インデックス変更に関して，話をわかりやすくするためにかなり簡略化したが，その詳細は宮川，2002 が詳しい）．

　科学は，「客観的」に実験や観測，測定されるデータに基づいてなされると思われていることが多い．しかし，これは幻想である．繰り返し強調するが，「測定」とは「測定対象」と「測定者」と「その測定の表現方法」の 3 者の相互作用の上で成立するものである．経済という対象も，その表現法としての指標の定義の如何によって，現れ出てくるものが異なり，また，その指標が逆に実態に影響するのである．実態として何が正しいかではなく，われわれがどのような視点から，どのように測ろうとしているかという人為にもよるのであり，われわれから全く離れて，客観的に「実態」なるものがあるわけではない．

b. 空間的連鎖

　いきなり全く地理的にも文化的にも離れた国々や社会集団どうしの意識を比較しようとしても，異なる言語での「同じ」質問の調査を保障する点において疑義が生じ，解析法や解釈において誤解が生じる危惧がある．その点に鑑み，文化・歴史・人種や民族などの重要な属性に，ある程度の共通性が想定される国々や集団（空間の局所チャート spatial local chart）間の比較の連鎖をはじめとして，徐々にその連鎖を拡大し，空間比較の地図帳（spatial atlas）を構成していく．やがてはグローバルな世界的比較も可能となろう（図 1.2 参照）．ここでも，以下の c. に関連して，各国・地域でのそれぞれの調査票（調査項目群）

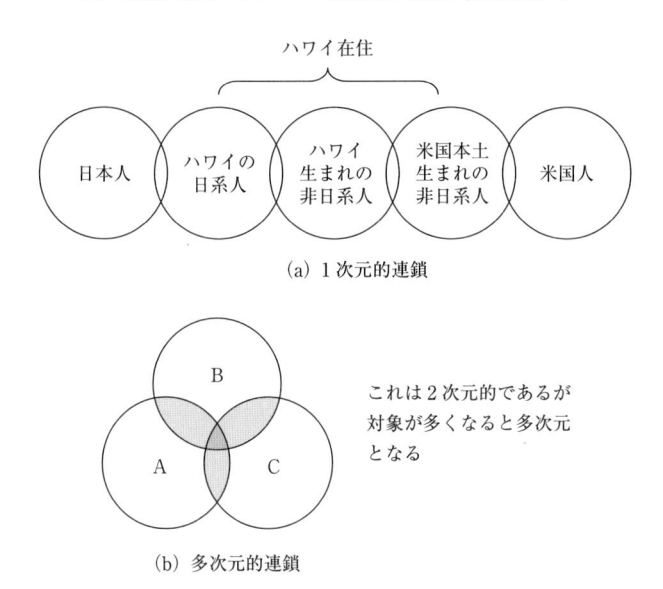

1.3 国際比較のパラダイム―計量的文明論の確立に向けて―

ハワイ在住

日本人 — ハワイの日系人 — ハワイ生まれの非日系人 — 米国本土生まれの非日系人 — 米国人

(a) 1次元的連鎖

(b) 多次元的連鎖

これは2次元的であるが対象が多くなると多次元となる

図1.2 空間の連鎖（国際比較など，異なる集団の比較）
各調査は特定の国・地域・社会集団をカバーしながら，連鎖をなし，対応する調査票（項目群）も連鎖をなす．

も，空間の連鎖に対応して，連鎖を構成する．

c. 項目の連鎖

これは，まず上記のa.とb.の各場合，各測定対象（temporal local charts, spatial local charts）に対応する調査票，すなわち，質問の集合が定まる．各局所チャートの全体が調査票の集合（global thematic atlas）をなす．時系列的調査では，質問の表現や内容を，共通なものを残しながらも，必要に応じて，少しずつ古い項目と新たな項目を入れ替えていき，「調査の継続の意義」と「調査尺度の連続性」の両方を担保していかなければならない．

国際比較では，同じテーマ，たとえば「信頼感」について調査するとしても，欧米では意味のある尺度となっている項目も，東アジア地域ではそのまま翻訳しても文化背景の違いから意味をなさず，別の項目を用いるべきということもあろう．このような点に鑑みて，時代の変換の幅，国際比較の対象の範囲を考慮し，ある特定の時代（期間）の比較対象となる国々や社会の集合に応じた適切な尺度（調査項目群）で構成される調査票が必要である（図1.3）．

近代化社会としてA, Bに共通

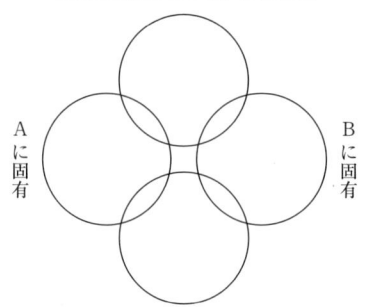

A に固有

B に固有

日常的な社会生活，人間としての
基本的感情や気持ちに関係するも
のとしてA, Bにある程度共通

図 1.3 項目の連鎖（例）

1.3.2 文化多様体解析（CULMAN）

前述の a.～c. の各連鎖のリンクの一つ一つを時間，空間，調査項目などの集合の局所チャートと見なす．そして，このチャートの集合が場合によっては一部が重複し，または包含関係をみせながら，さらに国際比較の範囲の大きさの大小，時系列の長短に対応して，階層構造，いわば文化の多様体をなすと考えられる．

まず 1.3.1 項の a., b. における各チャートが集合関係で階層構造を構成すると見ることができるのに注意する．時系列的連鎖では，各調査がカバーすると想定される時代の幅に応じて，重複や包含関係があり，これから階層構造が構成される．b. の空間連鎖でも，対応する地理的範囲に応じて，重複や包含関係があり，階層構造をなす．そして，a. と b. の連鎖の拡張に対応して，項目の集合の連鎖があり，それが c. の項目の集合として階層構造をなす．さらに，項目構造に関しては，たとえば「産業近代化」を調べる項目群 A と「科学技術」を調べる項目群 B があるとき，それら A と B に共通の項目群，A に固有の項目群，B に固有の項目群などが考えられる．つまり，あらゆるテーマに関する項目の集合（項目の母集団）を考え，その集合としての包含関係から，やはり項目の階層構造が得られる（図 1.4）．

これらの構造において，チャートの重複がうまく「接続」されることが連鎖

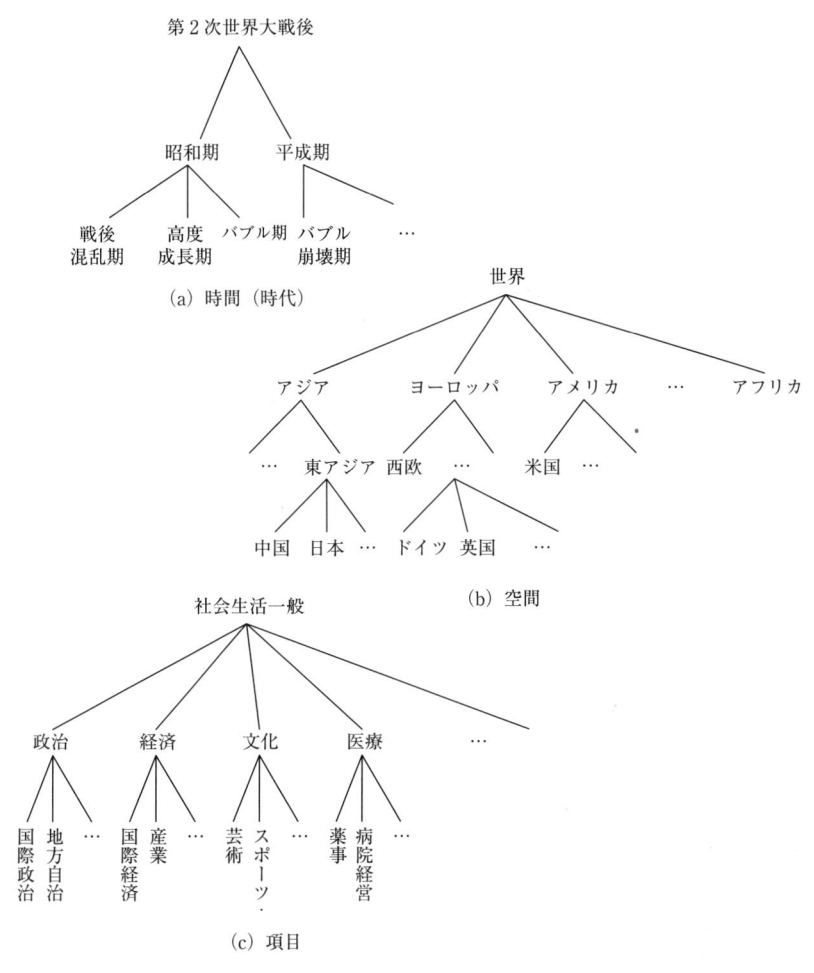

1.3 国際比較のパラダイム —計量的文明論の確立に向けて—

```
                    第2次世界大戦後
                         │
              ┌──────────┴──────────┐
            昭和期                 平成期
              │                    │
        ┌─────┼─────┐         ┌─────┴─────┐
      戦後   高度  バブル期   バブル        …
     混乱期 成長期         崩壊期
              (a) 時間（時代）
```

```
                           世界
                ┌───────┬───┴────┬──────┐
              アジア ヨーロッパ アメリカ …  アフリカ
                │       │       │
            …  東アジア 西欧 …  米国  …
                │       │       │
              中国 日本 … ドイツ 英国 …
                         (b) 空間
```

```
                    社会生活一般
            ┌────┬────┼────┬────┐
           政治  経済  文化  医療   …
           │    │    │    │
         ┌─┴─┐ ┌┴─┐ ┌┴─┐ ┌┴─┐
        国際 地方 国際 産業 … 芸 スポ … 薬 病院 …
        政治 自治 経済     術 ーツ   事 経営
                        ・
              (c) 項目
```

図 1.4 連鎖の階層構造「文化多様体」の例（各連鎖のチャートは重複する部分もある）

の拡張の条件となる（図 1.5）．たとえば時系列では，調査項目群が尺度としての連続性が保証されること，国際比較では 2 調査で共通の地域・国が含まれ，対応する調査結果が矛盾のない回答パターンを示すことなどである．たとえば，「日米欧 7 ヶ国調査」(1988-1993) と「東アジア価値観調査」(2002-2005) では，両方に日本（1988 年と 2002 年）が含まれている（表 1.1）．もし，両方のデータがある項目や尺度に対して安定した回答パターンを示したとすれば，年月を

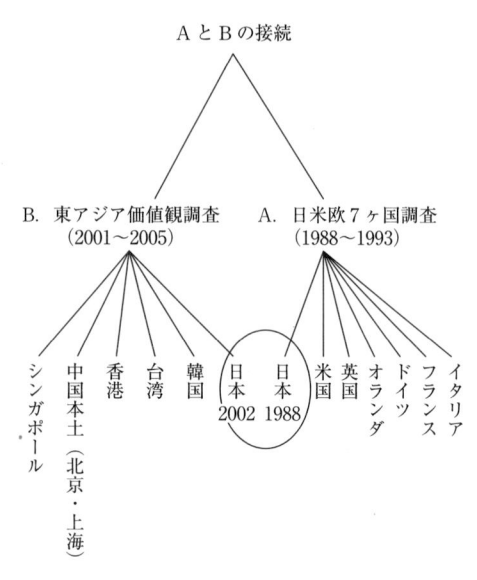

```
                    AとBの接続
                   /          \
                  /            \
                 /              \
       B. 東アジア価値観調査      A. 日米欧7ヶ国調査
          (2001〜2005)              (1988〜1993)
         / / | | \              / / | | | \ \
        /  / |  |  \           / /  |  |  | \ \
   シ 中 香 台 韓  日 日   米 英 オ ド フ イ
   ン 国 港 湾 国  本 本   国 国 ラ イ ラ タ
   ガ 本           2002 1988       ン ツ ン リ
   ポ 土(                         ダ    ス ア
   ー 北                                  
   ル 京
     ・
     上
     海
     )
```

図 1.5 文化多様体解析における接続(比較の連鎖の拡張)
日本調査 (1988) と日本調査 (2002) を共通項として，
回答データの変化傾向や安定性を解析し，二つの調査 A，
B の接続を考え，共通比較可能性を検討，試行する．

おいても安定した側面として，2調査を接続し，同じ枠組の中で比較する根拠となろう (もちろん，絶対的な安定性が担保されるわけではないが)．あるいは，少なくとも2調査をそれぞれの枠組の中で比較し，その両方の結果における日本のパターンの異同を参考に，全体の傾向について言及できよう．

このような観点からの解析のパラダイムを，文化多様体解析 (cultural manifold analysis : CULMAN [カルマン] と略す) と呼ぼう．

現実には，この比較チャート間の尺度のつなぎ (チャート A の尺度とチャート B の尺度が，A と B の和集合のチャートにおける尺度や解析方法など) をどのように与えるかを示すことが課題となる．尺度の時間的安定性，国際比較でのさまざまな非標本誤差を伴う条件のもとでの安定した回答パターン解析法など，「適度に敏感で，かつ適度に鈍感な」尺度項目の設計とデータ解析法が求められ，その知見が蓄積されていき，社会で共有されていくことが肝要であろう．

a. 注釈1

チャートの連鎖や接続，またそれらに対応する尺度の強さの考えの背景には，公理的測定理論の「有意味性（meaningfulness）」の概念がある（Narens, 1985, 2001；吉野，1990；吉野ほか，2007）．これはユークリッド幾何学や相似幾何学など，多様な幾何学を統一的にとらえる数学者 Klein が提案したパラダイム Erlangen Programm と密接に関連する．これは幾何学の対象となるものは，「許容される変換のもとでの普遍量」であるとする．平面のユークリッド幾何の場合は，平行移動，回転が許される変換で，それらのもとで不変な量は長さや角度，円や三角形の形などがある．許容される変換の数学的範囲を広める（数学的条件を弱める）と，たとえば平行移動，回転，拡大と縮小（全方向に同率）が許容される変換とすると相似幾何となり，不変量から長さは外れる．つまり，許容される変換の数学的条件が強いほど，不変量は豊富である．

人文社会科学では，公理的測定論の厳密な尺度の理論ではあまりにも限定的であるので，この考えを参考にしながらも，それよりも緩やかな視点で尺度や指標の種類を考えるべきであろう．こういった考えを国際比較調査に適用すると，限定された地域の国際比較は詳細で多様な尺度や統計指標の構成が可能だが，地域を拡大して比較するには必然的に比較的粗い尺度の構成とならざるをえないという，尺度の「強さ」と「適用範囲」との間の一種のトレードオフを得る．これが前述の「適度に敏感で，かつ適度に鈍感な尺度項目の設計とデータ解析法」の意味するところであり，また，以下の調査データ解析における「相補性原理」が示唆するところである．

b. 注釈2

前述の時間，空間，調査項目の連鎖に加え，異なる調査方法を取り扱う「調査方法の連鎖」も考えられよう．同じ訪問面接調査でも，名簿からの無作為抽出法，ランダム・ルート法，割当法などがあり，また電話 RDD 調査，郵送法，留め置き回収法など，多様な調査モードがある．たとえば，日米欧の調査は面接法で，日本を含む東アジアの調査は電話 RDD 法でなされた場合，双方に含まれる日本の調査の結果を検討して，日米欧と東アジアの双方を含む国際比較の可能性を探ることもできよう．この場合も，比較の尺度の厳密さのレベルが当然，各地域単独の場合よりも双方を含む場合のほうが緩くなるであろう．

1.3.3 調査データ解析における「相補性原理」

文化多様体解析の試行には，次のような多重な意味での人文社会科学における，あるいは調査データ解析における「相補性原理」が示唆される（Yoshino & Khor, 1995 参照）．

1) 理論と実践における相補性　データ収集の実践方法（調査方法）と理論（データの代表性や誤差推定計算を与える標本抽出理論など）は，互いに他方を支え合い，正当化する．

2) 比較すべき国々や社会集団の範囲における相補性　日本全国か，アジアの国々か，グローバルな世界の国々か，先進工業国か発展途上国かなど，に応じて調査項目の比較の妥当性や信頼性の程度が影響される（比較調査対象の範囲において，森をみるか，木をみるか）．

3) 調査テーマの範囲における相補性　単一のテーマに焦点を当て深く分析するのか，多様な側面を包括して概括的に調査・解析するか（データ解析において，木をみるか，森をみるか）．

4) 統計尺度や指標における相補性　1次元尺度構成と多次元尺度構成（多変量データ解析），あるいは尺度の感受性，広範囲の国々や社会集団を概括的に比較解析する尺度か，限定された国や集団を精確に深くとらえる尺度かなど，適度に敏感で適度に鈍感な（目的の対象を弁別しながらも，ノイズに対して安定している），目的にかなった尺度構成（図1.4の階層のレベルに応じて尺度の厳密性が変わる．高いレベルに対応するほど，広範囲をカバーする一方で，比較できる精度が低くなる），など．

複雑な現実のデータを解析するには，何らかの理論的基盤が必要である．しかし，机上の理論は実践で検証し，磨きあげなければならない．また，調査対象の地域にしても，調査テーマにしても，広範な範囲をカバーし，かつ，深く詳細な分析が可能であれば問題はなかろうが，現実には，それらの間に一種の

表1.2　調査データ解析における「相補性原理」

1)	理論と実践
2)	比較対象の範囲と深さ（広く浅く vs 狭いが深く）
3)	調査テーマの範囲（広く浅く vs 狭いが深く）
4)	尺度（指標）構成（簡明な1次元尺度 vs 多次元データ解析）
など	

トレードオフがあるのが普通である．そのバランスを適正にとり，より信頼性のある情報を把握することを，ここでは相補性と称しているのである．さらには，これらの 1) から 4) などの相互依存関係もあり，それらの相補性もあろう．

　筆者らはこのような考えのもとで調査研究を進めており，上記の考え方を念頭においた具体的事例は，たとえば，『行動計量学』の 32 巻 2 号および 33 巻 1 号や "Behaviormetrika" の Vol. 29 No. 2 および Vol. 30 No. 1, Vol. 36 No. 2 の各特集号などに示され，現在も試行錯誤を継続している．

1.3.4　「東アジア共同体」から「東アジア多様体」へ

　この 20 年ほどの間，世界情勢の大きな変動で，政治，経済，社会の伝統的枠組も大きく変わり，社会生活の基盤であった人々の人間関係や信頼のあり方も大きな影響を受けている．伝統的な産業社会から高度情報化社会への過渡期でもある現在，従来の家庭，学校，職場での人間関係のあり方も崩れ，新たな時代の流れが確立するまでの混乱が続いている．

　一方，政治経済の世界では，欧州共同体や南北アメリカ圏とともに，東アジア圏の再編成が唱えられている．東アジアは，欧州とは異なり，多様な文化，歴史を背景にもつ国々や地域の集合であり，政治にせよ経済にせよ，それらの統合は必ずしも容易ではないであろうが，現実には ASEAN などの協力関係が推進されつつある．筆者が 2002 年からの「東アジア価値観国際比較」を企画した頃は，政治や外交概念として「東アジア」は模索の段階であった．しかし，その後，「東アジア共同体」や「アジア・太平洋共同体」などの国際協力の枠組の検討が始まり，実体をもった言葉となっている．

　かつてマックス・ウェーバーは，「プロテスタンティズムと資本主義の精神」の関係を論じた中で，儒教の影響がある中国などのアジアの国々に対して，資本主義の順調な発達に否定的な見解をのべていた．明治維新以降，そして戦後においても目覚ましい経済発展をみせてきた日本を説明するために，日本は儒学の影響はあったが，儒教が生活に入り込むことはなかったなどの議論がなされたこともあった．しかし，さらにその後の NICS, NIES など台湾，韓国，東南アジアの国々の発展，そしてこの 10 年ほどの中国の目覚ましい発展は，特定の宗教や倫理と経済発展との関係を単純に図式化することは賢明ではない

ことを証明している．特に中国の過去数十年の急激な社会変化は，「社会体制と国民性（国民の意識構造）との相互関係」という研究テーマに対して，大きな示唆を与えるであろう．

こういった世界の流れを適格に把握し，将来を見通すための礎情報を収集すべく，各国がさまざまな社会調査，国際比較調査を遂行している．たとえば，世界価値観調査（World Values Survey）は，世界の二十～三十数カ国で共通質問項目を用いた国際比較調査データや時系列比較可能なデータを提供し，学術研究にも行政施策にも資するところが大きい．しかしながら，過去の東アジア地域における調査の実情を詳細に調べてみると，その結果には疑いが隠せない．国際比較調査では，質問項目を各国語に適切に翻訳することが重要な手続きであるが，各国の事情の差異を見過ごしたための誤訳が見受けられ，また，報告された回収率などから，計画された統計的無作為標本抽出の手続きが調査の現場でどこまで遵守されているのか，疑義をもつ調査研究者も少なくない．これらは，すべて，調査の方法論のグローバリゼーションによる瑕疵でもあろう．

以上のような背景があり，筆者は，アジア・太平洋の調査においては，やはり当該地域の人々によって慎重に推進されるべきであるという認識に至った．筆者らは，各国でどの程度，統計学的に適正な標本抽出調査が遂行でき，また国際比較可能性が保てるのかという課題を検討することを主眼にし，それを把握したうえでアジア・太平洋諸国の人々の価値観や意識の比較分析に取り組もうとしている．

先述の「東アジア共同体」については，その後の進展の中で，欧州諸国とは異なり，アジア諸国の宗教，言語，経済レベルを含む国内事情の差異の大きさ，多様さに直面し，共通の価値観や利益を求め共同体を目指すのは無理があることを指摘され，現代版「脱亜論」まで出てきている（渡辺，2008）．筆者としては，この20年ほどの米国発の「新自由主義」のような机上の論理やイデオロギーだけに基づいた「共同体」を構想したり，各国が仮想的な共通の利益や敵を無理に作り出したりするのではなく，ありのままに現実を受け入れ，協調することができる環を広げ，その環を徐々に拡大していくことで，世界全体の平和と繁栄を創造し，維持することが肝要に思える．これは，筆者が国際比較方

法論として提案している多様体解析の考えを，国際協調の枠組としてとらえるものである．すなわち，「東アジア共同体」ならぬ，「東アジア多様体」，あるいは「アジア・太平洋多様体」を提案するものである．

図1.6は，すべてを網羅しているわけではないが，現実にすでにある地域協力の枠組の一つ一つを局所チャートとして，全体の階層的包含関係を例示したものであるが，これがまさに世界の多様体の構造をなしている．一部重複したり，近接したりする局所チャート間を接続する機能を果たす国や地域が存在することによって，この局所チャートの集合は全体として有機的にグローバルな世界的連携の枠組となる．その接続は，政治による場合，経済による場合，文化交流による場合など，それも多様であろう．

日本を含め，各国がそれぞれ可能な形で，適切な接続点として貢献することが望まれる．日本はしばしば曖昧な国として批判されてきたが，建設的に考えると多様性を受け入れる寛容性の国でもある．白黒を決めつけずにはいられず，不要な紛争を生み出してきた時代から，多様な文化，宗教，民族，考え方

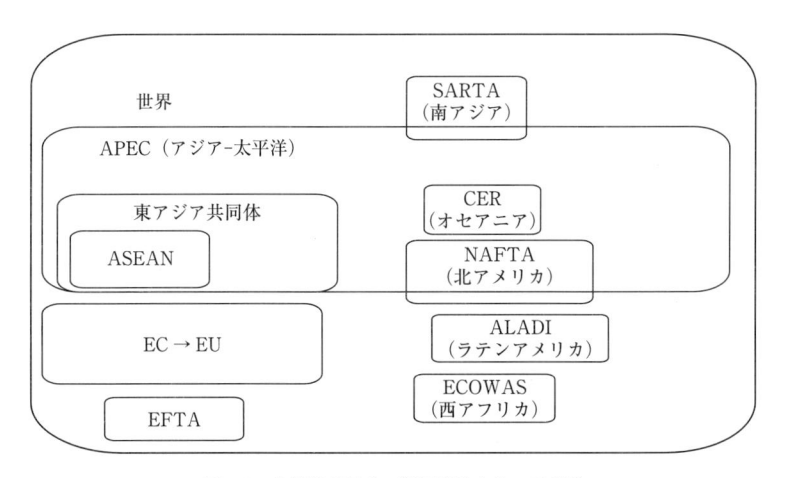

図1.6　各地域共同体の階層構造をもつ多様体
地域共同体のいくつかは互いに重複し，あるいは一方が他方を包含し，全体として階層構造をなす一つの多様体となる．世界が安定した平和と繁栄を実現するために必要なのは，厳格なグローバル・スタンダードや単一の価値観ではなく，各地域の状況を勘案して，多様な政治形態，宗教，価値観を許容し，地域共同体の各々の対を緩やかに結びつける規則やルールであろう．

を許容し,互いに尊重する,平和で豊かな時代へと変わるために,異なる地域文化の接続点として,寛容性を基本的価値観とする日本の役割が期待される (Yoshino, 2009;Fujita & Yoshino, 2009;Yoshino, et al., 2009).

参 考 文 献

第1章の参考文献はPart I 参考文献として第2章末に,第2章の参考文献とまとめて示した.

2

国際比較の方法論
―「国際比較可能性」の追求―

　本章では，国際比較調査の方法論を概説する．2.1 節で，まず「国際比較可能性」の考え方について言及し，2.2 節では国際比較の手続きの概要について，2.3 節では翻訳の問題について具体的に解説しよう．

2.1　統計的比較可能性

　すでに述べたように，はじめからいきなり全く異なる国々を比べても，通常の意識調査では計量的に意味のある比較は難しい．言語や民族の源など，何らかの重要な共通点がある国々を比較し，似ている点，異なる点を判明させ，その程度を測ることによって，はじめて統計的な比較の意味がある．

　しかし，それ以前に，さまざまな国を比較するときは，質問文の翻訳の問題，どのようにサンプル（回答者の集団）を選ぶかなど各国固有の調査方法の違いにかかわる問題など，そもそも国際比較が可能なのかということが大問題となる．

　同じ英語でも，英国と米国ですら微妙に異なり，英語が公用語の一部であるシンガポールやインドの英語はさらに異なる．そもそも異なる言語で表された質問は同じと見なせるのか．また，日本のように整備された住民基本台帳や選挙人名簿から統計的に偏らずに選ばれる回答者集団と，そのような整った名簿のない国で異なる方法で選ばれた回答者集団を，それぞれの国の代表標本として同じ精度で比べられるのだろうか？

　筆者は数年前に，Denise Lievesley 氏（当時ユネスコの統計研究所の所長）が基金募集のために日本の政府関係の機関を訪問してきたときに，直接，会

談する機会があった．ユネスコは，世界の教育向上や性差別の撤廃のために，Human Development Index（人間開発指数）なるものを考案し，世界の国々を比較している．しかしながら，彼女も体験的に，国ごとに教育制度がかなり異なる条件のもとで，同じ統計指数を適切な意味で比べることは難しいことを十分に認識しているようであった．

たとえば，教室や先生の数が限られている国で，1日2交代制で午前と午後に分かれて授業を受ける子供たちの教育暦1年を，日本のような国の教育暦と比べて同じ1年と見なせるか．あるいは，彼らの1年を日本の半年としてみることすら妥当であるのか？　そもそも貧しい国で恵まれた者だけが通える小学校の生徒全体と，義務教育が確立している日本の小学生全体との学力比較は，各国の子供全体の比較にはなっていない．

他方で，欧米の基準からみれば，労働環境，政治や法律上の立場などで女性に不利にみえるような国々でも，女性が不満を感じているかどうかは別である．少なくとも，それらの問題をすべて，「女性自身の教育と自覚」に帰着させるのは，欧米流の価値観の押しつけである．筆者も参画した内閣府の「男女共同参画社会に関する国際比較調査」（平成14年度調査）では，欧米流の視点では著しく不平等にみえる日本と韓国に対して，法的には最も平等であるスウェーデンのほうが，現状への不満度は高いのがわかった．見かけ上だけ平等にしても男女とも幸福にはならないということか．あるいは，そのテーマについては先進の国だから，さらに期待が高くなるために現状への不満も高まるのか．各国の歴史的背景を含めた事情を考え，人々のホンネとタテマエまで深く調べることが必要であろう（http://www.gender.go.jp/intl-compare/mokuji.html 参照）．

さらに，かりに統計的に比較ができる指標であっても統計的には誤差の範囲に入ってしまうようなわずかな差でも，各国のランキングをつけると，そのランキングの数字がマスコミを通じて独り歩きする．Denise Lievesley 氏の経験で，マスコミ発表の後，統計的には意味のない程度の些細な計算ミスをみつけ，ランキングの順位が変わったために，マスコミ各社に謝るために奔走したということである．計算ミスをみつける前も後も，それらの国々は統計的には意味のない差しかないのに，表面上のランキングの変更で謝らなければならなかっ

たと，割り切れぬようであった．

こういう事情を知っていたら，OECDの学力の国際比較調査の表面的な数字のみで日本の順位や教育レベル低下を問題にしていることが，いかに稚拙であるかわかるであろう．そもそも，先進国のどこも上位に入らぬ学力調査の指数に，本当に科学的な意味，政策の基礎情報があるのだろうか？

本質的な国際比較は，自明なことではない．比較しようとする行為や過程の中で，各国の現実の複雑さが浮き彫りになり，その理解が徐々に深まっていくものである．筆者らは，この「国際比較可能性」を追求するための方法を研究しているのであり，単純に調査結果の表面上の数値を比べ，解釈しているわけではない．ここにおいて，「データの科学」と称している統計哲学を試行錯誤しているのである．

2.2 国際比較調査の実践的手続きの概要

統計数理研究所が海外調査の実施に至るまでには，過去の関連する研究の流れもあり，費用調達なども含め，準備にかなりの時間が費やされている．しかし，ここでは，調査国・地域の選定，調査費用調達などの諸問題は解決され，調査テーマも確定し，調査実施の具体的準備に入れる段階にある研究グループにとって参考となると思われる事柄をまとめることにする．

調査計画の遂行は，主に表2.1のようなステップとして，とらえることができよう．

これらのステップは並行，あるいは前後して進められる場合もあろう．特にステップ1, 2, 3は各国調査票を国際比較版とするには互いに密接に関連した作業が必要になるし，3の調査方法の確定は，4の調査機関とともに実現性やコスト，効率などの検討が必要で，さらには5のプリテストの結果を受けて，調査票の修正が必要な場合があろう．したがって，実際には，上記のステップは相互のフィードバックにより，緊密に関係し，修正されていくものである．その全体を俯瞰し，データの収集の計画，調査の実行，データの解析を展開するのが，「データの科学」である．

これらのステップを簡単に説明しよう．ただし，翻訳の問題と各国の標本抽

表 2.1　国際比較調査の手続きの概要

ステップ 1 日本語調査票の作成	調査項目の選定 調査テーマに関連する国内・国外の調査資料の収集 調査項目のカルテ（履歴） 調査票の作成　　本問　　提示カード　　フェイス・シート
ステップ 2 国際比較可能な外国語調査票の作成	翻訳と再翻訳（バック・トランスレーション）
ステップ 3 標本調査法の確定	調査モード（面接調査，留置自記式調査，電話調査，郵送調査など）決定 標本抽出（サンプリング）の実践の詳細の確定
ステップ 4 調査機関の選定	
ステップ 5 小標本による予備調査	調査担当者との本調査のための最終打合せ（ブリーフィング） 予備調査の遂行と調査員からのディ・ブリーフィング 調査票の最終確定
ステップ 6 調査実施とデータ回収	データ・クリーニング（PC磁気媒体への入力データと回収原票との対照，回答者の属性の一貫性確認など）
ステップ 7 データ解析と報告書作成	集計表の作成 単純集計表 性別，年齢層，学歴，職業別，世帯収入層別などの属性別単純集計表 （各属性と各質問項目とのクロス集計［性別集計，年齢層別集計など］，二つの項目とのクロス） 二つの属性と各項目との 3 重クロス集計表（性別と年齢層と各項目のクロスなど） 複数の項目群の多次元データ解析（林の数量化 III 類など）

出方法については，この概説の後に，さらに詳述する．また，ステップ 7 のうち，報告書作成は，各調査の目的に依存し，迅速な結果発表のための簡明な集計表作成をする場合と，政策立案など，調査結果の活用が求められる場合とではかなり異なり，個別の対応が必要な話として，他書に譲ろう（内閣府政府広報室の各調査報告書，統計数理研究所の研究リポートのシリーズなどを参照）．

　以下では，主として統計数理研究所による日米欧 7 ヶ国比較，東アジア価値観国際比較，環太平洋（アジア・太平洋）国際比較における訪問面接調査における経験に基づき，これらのステップについて説明する．郵送調査は林英夫(2006)や，最近，7, 8 割に上る高回収率を達成している朝日新聞世論調査部

の郵送調査（松田，2006），RDD（random digit dialing）や CATI（computer aided telephone interview）などの電話調査は Groves（2001），鈴木（2003），山岡・吉野編（2008, 2009）などを，それぞれの調査モードの特性を念頭におき，ここでの国際比較の枠組で考えてみることが必要であろう．

2.2.1 ステップ1．日本語調査票の作成
a. 調査項目の選定
調査したい質問をはじめから自分で作り上げ，そのまま用いようとするのは適切ではない．まず，自分が調べたい項目について，回答者が自分と同じ専門知識や関心をもっていて，自分が意図しているように質問を解釈し，また自分が意図するような範疇の中で回答するとは限らない．必要であれば，調べたい項目をいくつかに分解したような形で，平易な表現の一群の質問を作成し，調査データ回収後に，それらの項目の結果を統合して尺度構成し，調べたいことを計量することもある．

また，仮に回答者が自分の意図したように解釈して回答したとしても，回答データの数値は，「何か」と比較してはじめて意味をもつことにも留意しなければならない．「何か」とは，過去であったり，外国であったり，あるいは特定の理論やモデルであったりする（それぞれ，時系列的比較，国際比較，理論的枠組に対応する）．

これらの理由から，まず，調べたいと思っている項目について関連する過去の調査についての情報を収集することが，なによりもまずはじめになすべきことである．

b. 調査テーマに関連する国内・国外の調査資料の収集
まず，調査設計に当たり，調査したい項目や事柄リストアップし整理する．

1) **関連する既存の調査結果がある項目**　今回も調査すべきか否かを判断する．

2) **新たに調査すべき項目**　既存の調査には見当たらない項目は，最終的に確定する調査票の全体の中で，自然にみえる位置や表現を十分に検討する．

3) **客観的観測データとして資料収集すべき事柄**　たとえば GDP，雇用の実態，学校数，大学在学者数などの客観的指標は，意識調査の中に繰りこむ

のではなく，客観的観測データとして，既存の資料から収集すべき事柄もあろう．回答データをそれらの属性別に分析するために調査票に含ませている場合でも，サンプルの偏りを調べるために，それらの客観情報は必要である．

　4) 調査できない項目　　直接，あるいは突発的事件がない限りは観測できない項目もある．一般の世論調査では回答者の健康診断はできない．また，原子力発電所の事故の前後での住民意識の比較調査は，たまたま事故の前に調査が行われていてはじめて可能となることで，通常，計画的にはできない．

　5) 調査すべきではない項目　　一般社会を対象とする社会や文化などの調査では，倫理的問題で，特別にインフォームド・コンセントをとるような手続きを踏まないとできないような事柄がある．かりに回答者の同意のもとでの調査であっても，そのために回答がバイアスを受けることや，調査の過程で回答者の心の奥底に深い傷を残す可能性がないか，調査者の倫理や責任について，留意すべきである．倫理的問題が発生するような調査は，通常の一般社会調査とは区別し，特別な配慮がされるべきであろう．

c.　調査項目のカルテ（履歴）

　前述の1) と2) については，調査項目のカルテを作成することをお勧めする．つまり，各質問項目が過去にどの調査で用いられてきたか，どのような結果を得たか（うまく活用されたか，失敗があったか，表現が修正されたことがあるか，そうであれば，その理由や修正前後の調査結果比較，など）を記すノートを作成する．それが調査の専門家の財産となる．後のデータ解析でも述べるが，新たな調査結果だけからいえることはかなり限られる．調査データを読み解くリテラシーは，その人の調査項目のカルテの内容の豊富さで決まるのである．

　1) の既存の調査項目については，毎年，内閣総理大臣官房広報室が出版している『全国世論調査の現況』（財務省印刷局出版で販売されている）などを参考にし，関連する調査を探しだし，各調査の質問と回答データを収集する．同書には，各年度に官民で遂行された計画サンプルが500人以上の統計的無作為標本抽出調査の調査票が掲載されている．最近はホームページ上で，政府や官民の調査の報告が閲覧できるようになっているので，関心のある項目について，情報収集することもできるであろう．

　統計数理研究所の「日米欧7ヶ国比較」は，人々の一般社会生活を広く薄く

カバーする一般社会調査（general social survey）であり，調査票作成において主に参照した既存の調査は，以下のとおりである．これらの多くは，世界的にも著明な調査であり，長期に継続的に遂行されているものもある．各国のデータ・アーカイヴなどを通じて，生データを手に入れることもできよう．

「日本人の国民性」調査：統計数理研究所による 1953 年からの継続調査
ハワイ・ホノルル市民調査 83 年：ハワイ日系人・日系人の比較
1978 年アメリカ調査：統計数理研究所
ISR（Institute of Social Research）：ミシガン大学社会調査研究所による調査
GSS（General Social Survey）：シカゴ大 NORC（National Opinion Research Center）
ALLBUS：マンハイムの ZUMA（社会調査研究センター）のドイツ一般社会調査
CREDOC：フランスの一般社会調査
1980 年 13 ヶ国価値観調査（余暇開発センター，1985）
ESS（European Social Survey）：ヨーロッパ 9 カ国価値観調査
NSF（National Science Foundation）：科学技術に関する米国 1985 年調査
SOFRES：科学技術に関するフランス 1982 年調査
科学技術 87：科学技術に関する日本 1987 年 3 月調査（科学技術庁）
Eurobarometer の 1973, 1987 調査：EU 委員会による欧州の長年継続比較調査

（注）Eurobarometer は，政治的には過去数十年にわたり EU の成立のために重要な情報を提供してきたが，統計学的には ESS（European Scoail Survey）（Jowell et al., 2007）のほうが厳格な標本抽出法に配慮し，質の高いデータを収集しているといわれる．

以下の WVS と ISSP も，著名な国際比較調査として参考になる．

WVS（World Value Survey）：ミシガン大学の R. Inglehart らによる「世界価値観国際比較調査」（2008 年現在，世界 50 カ国以上の調査）は，米国で作成された調査票を各国の言語で調査するという典型的な調査のグローバリゼーションで，各国の文化や歴史を考慮すべきであるという批判がなされる．

ISSP（International Social Survey Program）：世界的国際比較調査だが，WVS と異なり，世界共通の項目と，文化や歴史，社会的状況の差異を考慮して各国固有の項目も取り入れた調査票が用いられている．政府の役割，環境問題，男女共同参画など，毎年異なるテーマの調査で，5 年で 1 サイクルのテーマが繰り返されることにより，継続調査にもなっている．現在，四十数カ国が参加していて，日本からは NHK が 1990 年代から参画している．日本のデータも含めて，ドイツのデータ・アーカイヴ ZA（Zentralarchiv）より，CD に

収められたデータが実費（2000から3000円程度）で入手できる．

　また，Eurobarometerのアジア版を意図した東京大学東洋文化研究所を中心としたAsiabarometer（アジア・バロメター，猪口ら）は個票レベルのデータが入ったCDをつけた書籍を出版し，世界の中で比較的に統計的な意識調査データが乏しいといわれてきたアジア地域の調査結果の公開を推進させている．ただし，欧州とはあまりにも異なり，アジア各国の社会状況，収集データそのものの質の差異，信頼性の問題は大きく，「国際比較可能性」については十分な配慮が必要である．

　Asiabarometerでは，調査項目は統計数理研究所の「日本人の国民性」調査から援用しているものもあるが，微妙に表現を変えているので，本来の「日本人の国民性」調査の意図とは異なったものになっていることに注意する（つまり，結果の直接の比較はすべきではない）．おそらく，筆者らの意識調査のように調査場面であえて婉曲的に実態をつかみ，複雑なデータ解析で実態を浮き彫りにしようとするのではなく，Asiabarometerでは政治をテーマとして調査結果をそのままただちに解釈することを意図しているために，その目的に合わせた表現に変えたのだろうと推察される．いずれの方法をとるにしても，調査主体のデータ収集とデータ解析のリテラシーが問われることである．

　ちなみに，2002-2005年度に遂行した「東アジア価値観国際比較」（吉野編，2007d）では，アジア地域の中で，全国レベルの統計的標本抽出として，あるレベル以上の質が保てる国や地域のみを対象とした．結果として，日本，韓国，中国（北京と上海の都市部，香港），台湾，シンガポールとなった．その後，これは「環太平洋（アジア・太平洋）価値観国際比較」（2004-2009）へ拡張され，米国，オーストラリア，インドも調査されたが，国土の様相，技術的な問題で，「世界最大の民主主義の国」といわれているインドでは全国レベルの代表標本としてははなはだ疑義のあるデータになった（吉野，2009；吉野編，2009）．

d．データ・アーカイヴやデータ・ライブラリーの利用

　最近では，多くの調査プロジェクトや調査機関の情報もコンピュータ・ネット上でアクセス可能となってきている（例，http://www.eurobarometer）．特に，ドイツのZentralarchiv（ZA）をはじめとする社会調査データ・ライブラリーは各国で収集された代表的な標本調査データを無償（実費のみ）で提供してい

る．また，世界の各国の代表的データ・ライブラリーがIFDO（International Federation of Data Organization）やCESSDA（Council of European Social Survey Data Archives）などのネットワークを形成し，データを相互供給している．

日本では，長年にわたり，日本世論調査協会を中心にデータ・ライブラリー創設の運動が継続されてきたが，残念ながら，東京大学社会情報センターや一部の大学が調査データ収集と提供の作業を展開しているものの，大学などの研究者以外には生データのアクセスがいまだ難しく，各国の機関の規模や機能からは遠い状況である．現在のITの時代では，データ公開だけの作業は容易ではあるが，質の高いデータの収集や解析能力，十分な社会的責任をもった機関を設立するには，まず，質と量の両面で人材の育成が必要であろう．

e. 新たな質問文の作成

上記のような調査の調査票を参考にして，そのまま使える質問を選択するが，見当たらないときは新たな質問文を作成する必要があろう．新たな質問文の作成に当たっては，面接者や回答者全体の知識水準を考えて，できるだけ面接場面での誤解を避けるように，質問文や回答選択肢の簡易な口語表現を考える．面接調査で調査員が読み上げる場合も，相手が間違いなく理解できるように，難しい言葉や漢字をさけて，必要ならばルビをふるなど，平易な文章とする．

もし，ある項目について自分が用意した質問とほぼ同じ表現の質問の文章がみつかったときは，比較の意義を保つために，過去にすでに用いられ，比較すべきデータがある質問文をそのまま利用するのが基本である．その際，意味はだいたい同じだから自分が作成したほうを使うというのでは，微妙な表現の差が回答に目に見える差を生みだす可能性を排除できないので注意する（これについては，後で翻訳・再翻訳の技法のところで例をあげる）．

余裕がある場合は，微妙な質問文や回答カテゴリーの表現の差が，結果に計量的にどの程度影響するか，比較実験をしてどちらの表現をとるべきか検討し，判断することも考えられる．それができなければ過去の質問文の表現のとおりに用いるのが原則である．修正する場合は，調査票の全体の流れを考えて，言葉のくせなど，当該の質問文が特別に奇妙に浮き上がらないような修正に留めたほうがよいであろう．ただし，今後，長期にわたる継続調査をする計画で，

過去の質問文が問題ありと思われる場合はそれにこだわらずに，どうすべきか判断する．今回の調査結果を先行調査とは精確に比較できなくとも，次回以降，徐々に蓄積される比較データの質を高めることになろう．

また，あえて既存の調査の項目とは表現を少し変えて，結果を比較することもあろう．少しの表現の変化で回答分布の変化の程度をみて，当該の問題に対する人々の意識の安定度（硬さ）を確認したり，あるいは，微妙な表現の変化でも質問の意味が大きく異なってくることを確認したりすることもあろう．

このよう場合だけではなく，他の情報や資料に基づいて，ある事柄の調査の結果が知りたいという理由で新問を導入する場合もあろう．その場合，母集団全体，すなわち調査対象には老若男女，職業，学歴も多様な人々がいることを念頭におくことが大切である．インテリの研究者が「知りたいこと」を，そのままの質問で直接聞いて回答を得ても，それは「知りたいこと」に迫れるとは限らない．老若男女，学歴の高い人も低い人もいる一般の回答者が素直に答えられるように，「日常会話の場面での日本語に翻訳」したり，いくつかの質問に分解して尋ねるべきこともあろう．研究者は，データの回収後に質問群の回答全体を巧妙に解析して，自分の知りたいことにアプローチすべきで，普通の人である回答者が研究者の難題に直接答えてくれることを期待すべきではない．

f. 調査票の作成

本問　　調査票の中で，各質問の順番については，関連する質問はふつうまとめておくが，あえていくつか全体に散らせておいて，回答データを分析する際に，その回答の一貫性の有無からデータの信頼性を確認することもありえる．ただし，特定のトピックに関連してまとめて尋ねると前後関係から誤解のない質問文であっても，散らせると質問に誤解を生じさせることもあり，調査票全体をながめて，文章の修正が必要となることもあろう．われわれの経験では，「あなたに小学生くらいの子供がいるとして，お答え下さい」という前提で作成してあった複数の質問のうち，「子供にお金は大切であると教えるか」の質問を他の個所へ移動した際，その前提が忘れられ，高齢者の回答者は，すでに成人している自分の子供を想定して答えるようになってしまった失敗がある．いずれにせよ，ある質問の全体の中での「位置の効果」や，複数の項目の「順

番の効果」などの「文脈効果」があることに注意する．

　調査項目の数は，回答者にあまり長時間の協力を求めないように抑えるべきである．理想的には，面接調査の時間はせいぜい 20 分から 30 分程度，電話調査では 5 分から 10 分程度か．ただし，国々の状況，電話をかける時間帯，調査対象の年齢などによっても異なるであろうから，それらを考慮すべきである．本調査の前に，自分を含め身近な人に回答者になってもらい，時間を測ったり質問の量や重さ（考えさせる負担）などをつかんだりすることも必要である．

g. 提示カードの作成

　質問によっては，回答者に選択肢を提示して，その中から回答を選択してもらうための適当なサイズのカードを作成する（一つの質問ごとに A5 サイズ程度）．選択肢が多かったり，長文であったりする場合，提示カードなしで読み上げるだけであると，回答は選択肢の先頭か最後に近いものを選ぶ率が高くなりがちである（記憶のメカニズムで，初出効果 primary effect，最新効果 recency effect という）．カードで表示するにしても，回答者がただちに選択できるのは五つから七つ程度の選択肢からであるので，詳細に調べたいからといって，あまりに多数の選択肢をあげるのは賢明ではない．選択肢を見直して類似のものをまとめるか，質問を 2 段，3 段構えにして各段で適切な数の選択肢数にするかなどを考慮すべきである．

　提示カードの使用の有無，文字の大きさ，カードの表示の仕方で，回答の差が生じる可能性にも留意すべきである．ただし，提示カードを用意しても調査現場で本当にそれを用いて調査しているか，あるいは逆に，用意した提示カードはないのに，調査員が調査票に書かれた選択肢を回答者にみせてはいないかなどの確認は必要である．

h. フェイス・シート

　回答者の性別，年齢，職業区分，収入（個人，世帯など），居住地の町村都市規模の大小区分などの「デモグラフィック・フィギュア（属性）」を記すための「フェイス・シート」も作成する．本来は，調査票の最初にあるので「フェイス・シート」と呼ばれたのであろうが，調査の協力を求めるときにいきなり相手の年齢，職業などを尋ねると警戒され，回答を拒否されるので，いまでは調査票の最後につけ，調査の終わりに尋ねることも多い．

現地の各調査機関は，回答協力率を高めるために，収入，職業，人種，宗教など，個人情報を聞くのは避けたり，それらを聞かなければならない場合でも区分を大雑把にしたり，遠回しに尋ねたり，工夫しているので，筆者も彼らが通常定めているフォーマットをそのまま用いたり，それを一部修正したりして用いることが多い．また，フェイス・シートには，一部，調査票の本来の質問と重複するものが出てくることもあるが，重複が多すぎなければ，あえて加えておいて，回答の一貫性をチェックするために利用することもできよう．これは，データ・クリーニングのテクニックの一つである．

回答者やその世帯の収入を答えさせる質問がフェイス・シートに入っていることも多かったが，最近ではプライバシーの保護に（場合によっては過度に）敏感になったために，省くことも多くなった．しかし，絶対に含めていけないわけではなく，回答者が答えたくない場合は答えなくともよいという当然の前提のもとで，尋ねることはできよう．最近では，収入，学歴など，回答データが欠損値になることも多いが，回答してくれた人だけのデータでも，全くないよりも情報となる．あるいは，調査そのものは協力したが，収入などの個人情報の項目へか回答を拒否する人の率自体も，貴重な情報をもつとも考えられる．

2.2.2　ステップ2．国際比較可能な外国語調査票の作成
質問文の翻訳と再翻訳（バック・トランスレーション）

選び出した質問が，もともと調査対象国での既存の調査に用いられたものであれば，そのまま用いる．この場合は，日本語訳のほうのチェックが重要となる．

質問文の翻訳において，もとが日本語にせよ外国語にせよ，ある質問文を語学の達人が一語一語ていねいに翻訳すれば，国際比較調査のための質問文が完成されると思うのは，間違いである．単純な逐語訳では十分ではないところに，国際比較調査の難しい点があり，また，そこを手がかりに国々の情報を探ることを認識するのが肝要である．

逐語訳の作業のレベルでも，語源は同じ単語でも違うニュアンスをもつ語があり，注意が必要である．たとえば，「権威」を現す言葉の gezag（オランダ語），authoritut（フランス語），authority（英語）は同語源であろうが，国によって

「政府」,「警察」など異なるイメージを思い浮かべるということである.こういった差が,それぞれの国の社会制度,政治や歴史を反映していることも多いのだが,こういう情報は,調査回答の結果の数値からだけではわからないものである.

以下では,選び出された質問項目が本来,日本語であり,これを翻訳し,外国,たとえばオランダ調査を行う場合を想定する(統計数理研究所の1993年オランダ調査の経験を参考とする).

日本語とオランダ語に堪能な翻訳者を複数(少なくとも二人)探し,独立して,翻訳させる.この際,日本語質問票だけでなく,すでに日蘭語以外で表現された同一質問がある場合は,それも翻訳者に利用させるか否かは判断が必要である.一方の翻訳者だけに利用させるのも一案である.要は,後に,二人の翻訳文において,些末な表現の違いは別として,本質的な差異があるか否かの判別の手がかりが得られるようにすることである.本質的な差があれば,比較検討し,本来の質問の意図を表すように修正する.

翻訳者が二人以上確保できる場合は,「バック・トランスレーション」を利用することも考えられる.すなわち,一人が日本語質問をオランダ語に翻訳し,それを他の一人が日本語に翻訳し返す.前者には,オランダ生まれの日蘭のバイリンガルで,後者には同じ日蘭のバイリンガルでも日本生まれのほうが望ましい.再翻訳された日本語の質問文を,もともとの日本語質問文と比べて,些末な表現の差以上に異なる部分があれば,この翻訳・再翻訳による検討を必要なだけ繰り返す.

いずれにせよ,重要なのは,単に日本語を外国語に逐語訳すればよいのではなく,実は本調査以前に,この作業を通して日本と調査対象国との社会状況の違いが浮かび上がることもあり,比較研究のための重要な知見を得るということである.この意味で,経歴の異なる複数の翻訳者(なるべく現地人で日本語もかなり堪能で,日本での生活経験のある人)を得て,質問文そのものだけではなく,それに関する現地の生活状況の説明や意見を聞くことも重要である.それらの人々の意見の一致を求めるのではなく,むしろ違いを手がかりとして,よりよく実状がわかることが多い.われわれの経験でも,現地の調査専門家の意見のほうが,その人の経歴や個人的体験,専門家ゆえの思い込みなどのバイ

アスのためであろうか，普通の現地人よりも的外れであったこともあった．したがって，特定の国の事情を知るのに，一部の専門家の意見のみに頼るのは誤解やステレオタイプを助長することもあり注意する．

　たとえば，中国人はよく知らぬことも自分なりに「説明」しがちである．インド人は，複雑なカースト制度のため，権威ある大学のカースト制度の専門家すら，各カーストの実態を熟知しているとは限らないそうである（伊勢崎，1987）．また，翻訳や再翻訳の仕事を遂行するうえでも，報酬の交渉や，締切りなどのため，予定どおりにはことが進まないことが複数の人間にみられ，国民性の違いを感じざるをえない場合もあった．各個人には悪意があるわけではないと思われるが，国民性やその国の独特の複雑な社会状況の影響を示していて，そういう特質の把握は官民のビジネスにおいても重要なものとなろう．

　1993年オランダ調査では，日本語とオランダ語の両方に堪能な人を探すことがかなり困難であった．通常は，外国語大学や各国の大使館，観光局などを通じて適切な翻訳者を探すのであるが，結局，研究メンバーの個人的なコネクションで探し出された一人と，オランダ調査機関 NIPO の担当者の一人とがオランダ語翻訳作業に当たり，その日本語へのバック・トランスレーションは，われわれの日本側代理機関R社の探し出した翻訳者（大学教官）が担当した．

　いずれにせよ，翻訳専門会社に依頼する場合も，その仕事にあたる翻訳者個人についてのバックグラウンド，学生か，プロか，本来の専門は何か（統計学か政治か，世論調査か市場調査かなど）を十分に確認すべきある．単に「日本語がわかる外国人」というだけでは十分でない．各人のバックグラウンドが，当然，その仕事に何らかのバイアスを与えるのを完全には避けられないであろう．

　さらにいうと，バック・トランスレーション（BT）でも問題は完全に解決されるわけではないし，逆に，その点に本当の文化の差が現れるともいえよう．筆者らは，BTで完全に解決できない場合，少し表現の違う質問文（質問文は同じで回答選択肢に差がある場合も含む）を同質のサンプルに用いて比較したが，翻訳の違いによる回答の分布差は，項目によっては10〜15%程度あった．したがって，国際比較で10〜15%程度の差が見出されても，ただちに「国による差」と結論すべきではないことになる．単に，翻訳による差かもしれない

2.2 国際比較調査の実践的手続きの概要

からである．

また，オランダ調査では調査票作成時に翻訳者が，本来は二者択一の回答肢なのに中間回答"both"を立案者が知らない間に入れてしまった．これは，回答者が答えやすいようにという市場調査に慣れた翻訳者の意図によるが，調査企画者の意図と全く逆のもので，他国との直接の比較を不能にしてしまった．

一般に，回答カテゴリーの中に，中間的回答肢を挿入する場合としない場合の違いに注意しなければならない．つまり，それを敢えて入れる場合と入れない場合の是非を判断する必要がある．そもそも，一般に，特に日本人の場合，回答者はまず中間回答あるいは「その他」や「わからない」を選ぶ群と，「賛成」にせよ「反対」にせよ明確な回答をする群とに分かれることが知られている．

回答カテゴリーにおける大小，強弱の順番は，国によって自然と思われる順番が異なることもありえるので注意が必要である．たとえば，日本語調査での「1. 満足，2. やや満足，3. やや不満，4. 不満」は「1. very satisfied, 2. satisfied, 3. unsatisfied, 4. very unsatisfied」としたほうが適当なこともある．つまり，日本人にとって「非常に」や「たいへん」という副詞は強すぎるのである．しかし，それを承知のうえで，われわれの日米欧の7カ国の国際比較版日本語調査票のように，あえて「1. たいへん満足，2. やや満足，3. やや不満，4. たいへん不満」とすることもある．この場合，データ回収後の解析の時点では，選択肢の1と2, 3と4を合わせ，再カテゴリー化して，「1. 満足，2. 不満」の二つの選択肢として国際比較することもある．

また，日本の「1. 賛成，2. どちらともいえない，3. 反対」は米英独では「1. 賛成，2. 反対，3. どちらともいえない」の順のほうが自然であったり，仏ではプリテストで回答の多かった順にしたりすることもある（調査現場での回答記入の方便であろう）．「その他（の回答の記入の仕方）」，「DK（わからないという回答）」などの取扱いも各国での既存の調査に合わせることもありえる．

面接調査では，選択肢はカード提示される場合と，せいぜい四つくらいの簡単な選択肢の場合は，選択肢は読み上げられてもカードは用いないことも多く，選択肢の順序は調査員が回答を速やかに記録する便宜で決めることもあろう．

また，調査票作成のところでも述べたように，選択肢が少数でも複雑な場合，回答者が答えやすいように，各質問の回答選択肢をカード提示する場合と，提

示しない場合の結果の差異についても注意が必要である．

2.2.3　ステップ3．標本調査法の確定
a.　調査モードの確定

面接調査，留置（とめおき）自記式調査，電話調査，郵送調査などのいずれの手段を用いるかを決定する．各調査法には，手続きや労力，回答の信頼性などについて一長一短があり，費用と調査精度とのバランスを考えるのが必要である．

郵送法は，費用は比較的少なく，面接調査員の違いによるバイアスがかからないが，指定した回答者が本当に回答したのかを確認しにくい．仕事に忙しい夫の代わりに，妻が回答してしまうことはよくある．郵送法の場合，一般に回収率が30%程度で低いことが多い．ただし，近年，朝日新聞世論調査部（松田，2006）のように，種々の工夫（林英夫，2006）と調査主体の知名度を生かして例外的に7，8割の回収率をあげているところもある．

電話調査については，1990年前後には，面接法との比較で，慎重に実験されていた（林文・田中，1996）．その頃は，電話帳の名前の掲載率が今よりは高かったので，面接調査と同じに住民基本台帳から統計的無作為抽出した計画標本（回答者）について電話番号を調べ上げ，結果の比較調査をしていた．一応の傾向として，たとえば，「内閣支持率の時系列変化（上昇下降）は，面接調査よりも電話調査のほうが急峻になる傾向」などが観察されていた．しかし，その後は電話帳への名前の掲載率が落ち，また住民基本台帳から標本抽出してから電話番号を調べ上げる時間やコストを避け，コンピュータで乱数を発生させ対応する番号へ電話するRDD（random digit dialing）へ移行するようになった．背景には，国政選挙の小選挙区制度の導入で調査の本数が大幅に増え，費用の点からRDDなどを導入せざるをえなかったことがある（RDDを使用してすら，国政選挙の選挙結果予測調査では5億円ほどかかるという）．

またCATI（computer-aided telephone interview）といい，コンピュータにプログラムされ，スムーズに回答者へ調査項目を提示したり，回答を記録したり，監督者がモニターしたりできるシステムを導入しているところもある．

費用は，調査員が直接，回答者の住居を訪問する訪問面接調査が最もかかる

が，本人確認が可能であり，統計数理研究所の国際比較ではできるだけ訪問面接法による調査を続けている．ただし，米国を含め，各国の事情を考えると，費用のかかる面接調査のほうが必ず質が高いとは限らないことに留意する．調査モードを選択するために，各関係者から事情聴取することも，各国の事情を浮かび上がらせる重要なプロセスである．

なお，最近では「インターネット調査」や「ウェブ調査」というものが現れているが，一見，科学技術のようにみえるがバイアスがかかりすぎていて，「世論調査」としては母集団の代表性，回答モードに関するバイアスの問題が解決されていない．通常の世論調査のように住民基本台帳や有権者名簿などの調査回答者全体（母集団）のリストが存在し，それから回答者を標本抽出し，その選ばれた人全員に「インターネット調査」への接続環境を提供し，回答してもらうような調査ならば，回答モード（様式）が面接で回答するか，コンピュータに入力して回答するかの違いで，これも「統計的標本抽出理論」に基づいた厳密な「調査」であるが，コストはむしろ面接調査よりもかかるのは明らかであろう．実際，筆者の知る限り，日本では関東地方のみで「厳密なインターネット調査」を行っているところはあるが，全国レベルではない．世間でいうところの「インターネット調査」や「ウェブ調査」は，これとは似て非なるものであり，目的とする母集団から統計的無作為標本抽出したのではなく，したがって回答者の日本人全体の代表性を保証できない，ただ「アンケート」に協力してくれた人が回答した結果というだけである．

ミシガン大学の社会調査研究所（Institute of Social Research：ISR）のインターネット調査の専門家である Mick Couper 氏によると，日本よりもインターネット普及率の高い米国ですら，「将来にも，インターネット調査で世論調査が行われることはないであろう」ということである．インターネットでアンケートすることは簡単だが，その結果をそのまま有権者全体を代表するものと見ることができないという意味である．「インターネット・アンケート」の結果が「世論」の動向を推察する情報を含んでいないという意味ではなく，利用の仕方では多くの貴重な情報を迅速に引きだすのであろうが，「手続きとしての一人一票の民主主義」を保証する「世論調査」とは見なせない．

他方で，たとえば，特定のリストに掲載された有識者の集団を母集団とする

調査,医療や健康に関してプライバシーに深入りするテーマで他の方法より匿名性が確保されるべき調査,あるいは市場調査や選挙予測などで,特定の層の動向を把握する手段としては,データ解析のやり方によってはインターネット・アンケートも大いに役立つことはあろう．その調査は,有効な政策提言をまとめあげたり,製品の販売向上や選挙の当選へ結びつけたりして,その成果という外的基準によって評価されるべきである．世論調査の場合は,そのような明確な外的基準はないので,厳格な統計的手続きを強調するのである．

ちなみに,内閣府政府広報室による比較実験調査では,インターネット・アンケートの回答者は通常の世論調査よりも,社会に不満をもち,一家団欒に満足していない人が多いという実像が浮かび上がっている．回答者の母集団(有権者全体とネット利用者集団)の違い,そして同じ人でも面接に回答する場合とインターネットで回答する場合のモードの違い(匿名性の違い)の効果が強く出ているようだ．先に電話調査は面接調査と比べて時系列変化が急峻となる傾向を述べたが,インターネットではその匿名性が高い場合は,たとえば健康調査などで個人情報の秘匿性が確保され,より実態に近い結果を得るのが期待されることもあろう．しかし他方で,世論調査などでは(無意識にせよ,意識的にせよ)回答者の心の悪魔が出がちになる危惧もあり,この点がときにはインターネットはテロの温床になるなどと指摘される．インターネット調査にせよ,インターネット・アンケートにせよ,慎重な検討と活用が必要であり,安易な数字遊びにならないよう注意が必要である．

どの無作為標本抽出法をとるにしても,実際に回収されるデータは,あらかじめ抽出しておいた回答者の全員(計画標本)が回答して,有効回収率100%とならない限り,何らかの偏りが出るものであり,解析において,それを考慮せず,単純な%数値をそのまま解釈するのは危険である．

b. サンプリングの詳細を確定

サンプリングは,通常,「統計的無作為標本抽出法(ランダム・サンプリング)」を用いるのが基本である．日本では全国調査のような大規模な調査の場合は,全国を地点区分(市町村別や,国政選挙の投票区など)して,その中から地点を人口に比例させた確率抽出してから,各地点で住民基本台帳や選挙人名簿を利用して回答者をランダム・サンプルするという「二(多)段抽出法」を用い

ることが多い．また，地点は市町村や投票区の都市規模（人口）などに関して（確率比例）層別抽出することも多い．

調査データの回収後に，性別や年齢層など，ある属性に着目し，その属性に該当しないものとの比較のために，回収データに回答者数を考慮したウェイトをかけて分析をすることもある．しかし，当該の属性に該当する回答者が少なすぎると誤差も多くなり，またクロス集計や多変量解析には不適当なデータとなりうるので，着目すべき属性があらかじめわかっている場合は，標本抽出の段階で適切な数が得られるように確率抽出しておくべきである．

統計数理研究所では，常に，統計的にできるだけ厳格な標本抽出方法を採用してきたが，日本以外では国情を考慮して，クォータ法（割当法），ランダム・ルート・サンプリングやエリア・サンプリングが用いられた（2.3 節）．

2.2.4　ステップ4．調査機関の選定

比較調査する当該国での，全国標本調査の経験が豊富である調査機関を選定する．たとえば，ISSP や WVS という世界的な共通社会調査に携わる各国の実施機関などが候補となろう．既存の機関のディレクトリーは，世界世論調査協会 WAPOR (World Association of Public Opinion Research) 発刊の"Blue Book"，米国マーケティング協会（American Marketing Association）発刊の"Green Book"，ESOMAR (European Society for Opinion and Marketing Research) 発刊の"ESOMAR 加盟調査機関ディレクトリー"(Research Organizations)，英国 The Market Research Society 発刊の"International Directory of Market Research Organizations"などを参照されたい．

外国の調査機関との直接交渉が不安な場合は，日本側の代理機関を通じて，交渉を進める．海外の調査会社は事前に半金の納入を要求することが多いので，官公庁では対応しがたいこともあり，日本側代理機関を通じて，契約を進めることもあろう．その際は仲介手数料が上乗せされることになるが，その代わり，調査契約から完了時に払い込む間の為替の変動リスクなどは仲介する代理店が受け持つことになろう．

日本では，全国ネットワークをもち，常時調査員を確保している調査会社として，日本世論調査協会の会員リスト（世論調査協会報『よろん』に参加機関

や会員名が記載) などを参照して交渉を進めることもできよう．各調査機関は得意とする調査の領域（世論調査，市場調査など）があるので，留意すべきである．

最近では，顧客から求められるデータの質と調査のコストや企業の利益の点から，全国レベルの面接調査からは撤退しているところも多い．それぞれの会社の創設された歴史的背景もあり，中央調査社，新情報センター，日本リサーチセンターなど，少数の会社が科学的世論調査の方法論を守るために，全国レベルの面接調査を継続している状況である．国の内外を問わず，市場調査とは異なり，全国レベルの訪問面接式による世論調査はビジネスとしては，なかなか成立しがたいので，民間の調査会社は市場調査で利益を上げていることが多い．通常は市場調査を遂行している会社が，たまに世論調査を受け持つ場合，その方法論やデータ収集の考え方に，市場調査のノウハウやバイアスが入り込み，適切ではないこともあるので留意する．

2.2.5 ステップ5. 小標本による予備調査
a. 調査担当者との本調査のための最終打合せ
現地調査担当者とは直接会い，アカデミックなバックグラウンドなどの経歴（出身大学や学部，所属学会など），および責任感，人柄を把握することも肝要である．そのため，食事をともにするなど，なるべく打ち解けた世間話ができるような雰囲気の中で，その人物をじっくりと判断することも，調査の実行，調査後に問題があがってきた場合の対応などを考えると重要であろう．一度も相手と対面せず，電話やFAX，電子メール，郵便などのやりとりだけですませるというのは，一見，効率的にみえても，現実の情報から遠く離れ，むしろ無駄を多くしてしまうものである．また，調査会社の仕事のやり方，当方への対応の仕方などからも，各国の社会の様相が現れてくるものであり，その重要な情報を得ることも大切である．

b. 予備調査（プリテスト）の遂行
一応，調査実行計画が定まれば，本調査に先立ち（たとえば，2週間くらい前に），いくつかの代表地点（大都市と地方の一部など）で，合計50程度の少数の標本を用いて予備調査を遂行する．できれば，調査員に随行して面接の一

部に立ち会うことが望ましい．それがプライバシー保護の問題などで困難であれば，調査員の少なくとも一人にICレコーダーを用いて面接のいくつかを録音させることも考えられる．これも許可されないこともあるが，最低限，みずから調査地域を歩き回り，人々の自然な日常を観察することは大切であろう．

　この時点で，調査担当者が調査員に指示（briefing ブリーフィング）を与えるのであるが，できる限り立ち会って，その場の状況を把握すべきである．調査員や調査担当者から質問を受けることもあろう．なお，調査員への指示書は，Interviewer's Manual（ミシガン大学 ISR 出版），Le Manual de l'enqueteur, IFOP（フランス世論研究所，ESOMAR 出版）や筆者らの米国西海岸日系人調査（吉野編，2001, pp.175-185）のマニュアルなどが参考になろう．

　面接員への指示書は，調査会社へ示す質問票の原案とともに作成しておくべきであろう．その指示には，回答者との接触の仕方（挨拶などを含む），各質問の意図や，逆に回答者から質問された場合の対応などが記されている．また，指示の中に，「調査員に訪問した回答者の家までの地図を描かせる」条項を含ませることによって，面接調査の履行を確実にさせる（調査員による偽造データ捏造を防ぐ）ことも考えられよう．各調査会社には，通常の調査で用いている指示書があるので，それを適宜，修正して用いることもできよう．

c. 調査員のディ・ブリーフィング（debriefing 面接状況の説明）

　予備調査遂行の結果，調査員から面接調査の状況（質問に誤解されやすい表現はなかったか，回答者が理解しにくい質問はなかったか，回答者は好意的に答えてくれたかなど）を聞き出す．調査員は，回答者から予想外の回答や質問を受けた場合の対応について指示を求めてくることもある．この間に，質問文や回答肢の誤植などの間違いに気がつくことも多い．慎重に調査票を完成したと思っていても，作成時に文面に慣れすぎ，むしろ簡単な誤字脱字を見逃してしまいがちである．これらの結果に基づいて，必要な変更をして，調査票（質問と回答肢，回答選択肢の提示カード）の最終版を確定する．また面接時に調査員が注意すべき点を確認する．

　本調査以前のブリーフィングやディ・ブリーフィングまでの過程の調査機関の担当や面接調査員とのやり取りから出てくる問題点の検討の中で，重要な知見が大いに得られるものである．逆に，何の問題も指摘されないようでは，真

剣に調査に取り組んでいるのか怪しい．自分たちが作成した調査票をそのまま調査会社に渡し，回収データを待っているような調査では，事前の知見を越えた重要な情報の大半は得られない．

2.2.6　ステップ6．調査実施とデータ回収
a.　回収データの確認
　回収されてきたデータの信頼性を確認するには，まず，回答者の一部（例15%）に電話などで，調査員が本当に面接にいったことの確認をとる．そのためには，面接調査の際に，回答協力者の電話番号や連絡先を確認しておく必要がある．最近では，回答協力よりも，連絡先の情報を得ることのほうが難しい場合もあろう．しかし，そのような場合でも，訪問した回答者の家までの地図を調査員に描かせることなどで，面接調査の履行を確実にさせることも考えられる．

b.　データ・クリーニング
　次に，全質問を通して，回答者数が一貫しているか否かを確認する．もし問題があれば，該当する回答者，さらにその回答者の面接担当者を特定し，再度，回答の確認をさせる．また，デモグラフィック（属性）データなどを手がかりに簡単な分析を行い，データ・クリーニングをしていく．たとえば，最終学歴（あるいは在学年数）や職業と，年齢のクロス集計表をつくる．日本では若い世代の弁護士，医者，大学教師などは学歴の高いほうに属し，農業や漁業に従事する年齢の高い層は学歴の低いほうとなる傾向があろうから，これを手がかりにデータの一貫性を確認する．たとえば「医師，弁護士，教師など」の専門職に属する人の「学歴（あるいは，何年間学校へ通ったか）」の回答を調べ，「最終学歴が小学校卒で，医師」など，常識外の結果がみられる場合は，個票をチェックし，該当する回答者を面接した調査員に再確認させる．

　ただし，注意すべきは，国による制度の違いで，日本の常識には合わないこともありえるので注意する．たとえば，大学を出なくとも弁護士や医者になる道があるかもしれない．いずれにせよ，理解しがたいことが発見されれば，現地調査担当者に説明を求め，不明の場合は該当する回答者に面接した調査員に確認をさせる．

不明な点を早急に発見し，現地調査担当者に説明を求めることは，当方が詳細にデータ分析を行おうとしていることを調査担当者にアピールし，それに応じた真摯な仕事の遂行が求められているのだということを認識させることになる．また，この作業をただちに行わないと，契約が切れた後，調査会社の担当は次の仕事に入ってしまい，こちらへの対応は極端に遅くなったり，また調査担当者が移動，転職したなどという理由で対応してくれなかったりする場合もあるので注意する（日本では，最近，調査費用の問題で，現場の調査員が継続的に雇用されていないケースも多く，データの不備を再確認させようとしても，すでにやめていることもあり，支障が生じている）．

2.2.7　ステップ7．データ解析と報告書作成

最初は，基本的に属性別の単純集計を詳細に分析する．次に，適当な項目間のクロス・テーブルを分析することもあろう．さらに，進んだ分析を行う準備がある者は，数量化理論に基づく多次元データ解析の利用も考えられる．

多重回帰分析や主成分分析など，多変量解析の適切な利用はデータに潜む重要な情報を浮かび上がらせるのに役立つこともある．しかし，いたずらに複雑な統計分析をして，それを「高度な分析をした」などと考えるべきではない．「蚊をマシンガンで打ち落とそうとする」がごとく，統計学ができない人ほど，大仰な道具を使おうとする傾向がある．「データ」を自分が理解し，他人に理解させるのが本当の目的であるのならば，そのような分析は，単純集計表，クロス表に潜んでいる重要な情報を発見する手がかりとして用いることは望ましいが，その結果を一般の多くの人に知らせるには，簡単な集計表やグラフを工夫することのほうが大切であると，筆者は考える．

a. データの特性の把握

まず，フェイス・シートの質問項目の分析により，回収されたデータのうちの各属性別の回答者の比率が，母集団である全国民における比率（国勢調査データ）とほぼ同じような分布を示しているかを確認すべきである．これにより，回収標本の偏りを調べる．極端に偏っている場合は，適切にデータにウェイト補正（男女や年齢の比率を補正する）しなければならないこともあるが，その場合は，対応する属性のサンプルの大きさが極端に小さいと信頼性が小さくな

りすぎることもあるので注意する（属性による偏りがあれば，ウェイト補正により，推定誤差は大きくなる).

またウェイトをかけたデータは，かりに単純集計には用いても，クロス分析や多変量解析においては慎重な解釈や注意が必要であろう．不用意に，形式的にウェイトをかけては，むしろ想定外の方向への誤差を拡大しかねない．筆者らの場合，もとのデータにあるバイアスの傾向を把握することに努めながらも，データ解析では，想定外の方向へ誤差を拡大しかねないウェイトかけはせずに，もとのデータをそのまま集計したり，多次元データ解析したりしている．それでも，解析の仕方によっては安定した結果を得ている（2.4.6項参照).

一応，データ・クリーニングは完了したとして，まず質問項目ごとの単純集計表を，各国ごとに，SPSSやSASなどの統計ソフト・パッケージを用いて出力してみる．一般論として，同地域でのほぼ同時期に複数の機関による調査の結果を比較してみると，理論的には同じ調査方法を用いていても，調査機関が異なると回答分布に5～10%程度の差が出ることもある．しかし，個々の機関によって絶対値の%の数値は異なっても，機関ごとの経時的変化や，質問間のパターンの傾向は一貫していて信頼できることが多い．

b. 属性カテゴリーごとの回答分布表

次に一歩進めて，回答者の属性カテゴリー（性別，年齢層別，学歴，職業別など）ごとの，各質問に対する回答分布が比較できる．これによって，単純集計から一歩進んだ比較を行うことができるが，国際比較においては，属性の意味が各国で必ずしも同じではないことは注意すべきである．たとえば，職業，学歴などの属性カテゴリーは，各国の状況の差から単純には比べにくく，そもそも名目上のカテゴリーと実際が対応しないこともある．たとえば，ILO（国際労働機構）のコードを利用したとしても，英国でのskilled workerは「仕事に慣れた人」程度の意味であるが，ドイツでは「熟練の職人」となるなどである．

また，欧州のカトリックとプロテスタントの回答パターンは，米国ではむしろその逆の集団の回答パターンと対応しているという報告もあり，「回答パターンの属性」の比較分析ではなく，むしろ，回答パターンの類似性から各国で「同じ」あるいは「対応する」属性を特性づけるという視点がありうる（統計数理研究所国民性国際調査委員会編，1998，第II部2章，林文の分析例参照）．た

だし，そのような解析は高度な研究の結果であり，同様の試みで誰でも容易に成果が期待できるわけではなかろう．

なお，ユーロ・バロメターでは，質問文のみならずフェイス・シートにおける回答者の属性カテゴリー分類も共通なので，これを利用することがある．

c. 質問項目再カテゴリー化

先に，日本人の中間回答傾向，フランス人やブラジル人の一般的回答傾向について指摘したが，これらの傾向を念頭において，国際比較がなされなければならない．たとえば，「あなたは生活に満足していますか？」という質問で，選択肢が「1. たいへん満足，2. 満足，3. 不満，4. たいへん不満」であったとしよう．日本人の回答は2や3にかたまり，米国人の回答はそれよりは1や4にも広がっているであろう．この「回答」は，「生活（意識）の実態」と「一般的回答傾向」の複合として現れたものであろうから，国際比較をより適切にするためには，われわれは回答カテゴリーを再カテゴリー化して，1と2を「1. 満足」，3と4を「2. 不満」として再集計して，回答分布を国際比較する場合がある．この再カテゴリーで，一般回答傾向の差異の問題がすべて解決されるわけではなく，また，他にも工夫があろうが，一つの考え方として，われわれはこのような再カテゴリーで，ある程度の情報は落とすが，より安定した回答傾向を得る場合が多い．これも，先述した「適度に敏感で，適度に鈍感な尺度をつくる」工夫の一つである．

ただし，この再カテゴリー化は，試行錯誤的な部分もあるので，もとの詳細なカテゴリーのまま分析したり，再カテゴリーの仕方を変えたりして，その過程で何かを発見することもある．見かけ上の中間カテゴリーが，回答者の心の中の尺度の中間ではないことに気づくこともあろう．たとえば，人々は現状に適応し，肯定する傾向もあるので，「満足感」尺度の中間は，表面上のスケールのやや正の方向に偏りがちとなることもあろう（他方で，「満足感」は調査状況の他の要因に影響を受けやすく，安定しないという考察もある）．

いずれにせよ，「収集したデータをいろいろと可愛がる」ことが大切である．

d. 質問項目のクロス表分析

次に，分析する意味のありそうな特定の二つの質問項目のクロス表分析を行うことができる．たとえば，質問1で"Yes"または"No"と答えた人々は，

質問2では，それぞれ何%が"Yes"または"No"と答えているかなどを分析することである．このクロス分析により，見かけ上は各質問の回答の単純集計結果の全体の回答分布が二つの国で同じであっても，実は，個人レベルでの回答パターンがかなり異なっているのを発見することもある．実際，1971年ハワイ日系人調査のデータ分析から，林らがこれを発見し，「考え方の筋道」の分析と称するようになった（林，1993a, b）．

ハワイ日系人調査は，統計数理研究所の国際比較研究の海外調査として，最初のものであった．当時としては大きな研究費を得て，収集したデータを分析し，当然，日本人と比べることにより，日本人とハワイ日系人の似ている点，異なる点が浮き彫りになることを想定していた．ところが，詳細に個々の質問に対する回答分布を比べたのだが，あまり大きな違いがみられず，調査は成功しなかったのかと危惧され，報告書が書けずに困った事態に追い込まれた．さまざまな思考をめぐらせた挙句に，「数量化III類」を適用し，解決をみたのであった．ここでは，話を簡単にするために，「数量化III類」をクロス集計表の解析として説明しよう．

表2.2のように，質問1, 2, …に対して，日本人もハワイ日系人も，YesとNoの比率が50%：50%であり，全く差がなかったとしよう．ところが，質問1と2をクロス集計してみると，表2.3のように，日本人は質問1でYesの人

表2.2 単純集計表による比較

	日本人 Yes：No	ハワイ日系人 Yes：No
質問1	50%：50%	50%：50%
質問2	50%：50%	50%：50%

表2.3 質問項目間のクロス集計による比較

(日本人)

		質問1	
		Yes	No
質問2	Yes	100	0
	No	0	100

(ハワイ日系人)

		質問1	
		Yes	No
質問2	Yes	0	100
	No	100	0

は皆2でもYesと回答し,質問1でNoの人は2でもNoであるとする.他方で,ハワイ日系人は質問1でYesと回答した人は,2では皆Noと回答し,1でNoの人は皆2でYesであったとする.このように,一つ一つの質問の回答分布が同じでも,クロス集計表で回答分布の中身の構造はかなり異なることがありうる.

e. 考え方の筋道

日本でも,右翼にも左翼にもさまざまな考え方があり,ハワイも同様であろう.個人差を重畳した平均値だけの比較では,日本もハワイもあまり違わないということがあるかもしれない.しかし,回答パターンとして,日本でもハワイでも,それぞれの右翼,左翼はそれなりの一貫した回答パターンがあるが,日本とハワイの右翼どうし,左翼どうしの比較では回答パターン(「考え方の筋道」)はかなり異なるということはありえよう.

クロス集計は,任意の2項目に対して考えられ,調査票に50問あれば全体で $50 \times 49 \div 2 = 1225$ 通りのクロス集計を調べなければならない.これを,一度にやる方法が「林の数量化III類」(Part II 第5章参照)という多次元データ解析である.実際には,ソフトウェアの制限や,解釈のうえでの便宜から,興味のある複数の項目群を選び解析することが多い.

単純集計表とクロス集計表だけからもかなりの情報が得られるので,十分理解できていない複雑な統計分析へいたずらに進むのは賢明ではない.特に,今日では,統計ソフトの普及で,「データの尺度水準(名義尺度,順序尺度,間隔尺度,比例尺度など)」(吉野,1990;吉野ほか,2007)の区別などを十分に理解していない者でも機械的に統計手法を用いて数値結果が出力できてしまい,数字の独り歩きになりがちで,これは危険である.

f. 多変量解析

しかし,実のところ,複雑な国際比較調査データをはじめから終わりまで,単純集計表やクロス表のみで分析して何かを発見することは難しい.ある分析にとって,適切な項目や項目群があらかじめわかってはいない段階で,単に項目の回答分布を比較しただけでは,その場限りの「解釈」を繰り返し,結局,矛盾に行き当たるだけであろう.このように考えて,より進んだ分析を進める必要がある場合,たとえば,いくつもの質問の間の回答パターンをとらえるに

は，数量化 III 類のような多変量解析を利用しての分析が考えられる．多変量解析とは事象を規定する複雑な要因を多元的に分析するための一連の統計的手法の総称である．

多変量解析は多くの変数間の相関関係を分析する手法で，扱うデータの種類により以下のような基準で分類される（高根・柳井，1977）．

(1) 外的基準が与えられているか否か．

(2) 関数関係を $y=f(x)$ と表すとき，説明変数（独立変数）x と基準変数（従属変数）y の各々の尺度水準，すなわち名義尺度や順序尺度の非計量データか，間隔尺度や比例尺度の計量データか（名義尺度：背番号や学生番号，順序尺度：ランキング，間隔尺度：温度では摂氏，華氏，比例尺度：重量 kg や長さ cm，絶対温度 K など．詳細な理論は吉野ほか，2007，第 2 章参照）．

(3) 説明変数と基準変数の各々に含まれる変数の数（x と y のそれぞれの次元）．

多変量分析は適切に用いると，複雑なデータから重要な情報を簡明に浮かび上がらせることができる．これを手がかりに，再び単純集計表やクロス表へ戻ってみると，「なるほど確かにその情報がここにも現れている」と気がつくことも多い．結果を発表する場合は，対象が統計学者であるのか，官僚や政治家のような政策立案者，あるいはマスコミを通じた一般の人々など，必ずしも統計の専門家でない人々なのかを考慮しなければならない．たとえば，新聞発表のように一般の人々が対象であれば，多変量解析を用いて発見した事実も，平易な単純集計表やクロス表などに戻り簡明な説明が可能であれば，多変量解析を用いたプロセスを省略して発表することも多い．逆にいうと，他者のデータ分析の発表をみるときは，ここで述べたような「背景では十分な分析をした後の単純集計分析」なのか「場当たり的な単純集計分析」なのかを見極める必要がある．表面は同じようであるが，プロの仕事とアマチュアの仕事の差はここにある．

なお，上記 (2) の変数の尺度水準には，慎重な注意を要する．表 2.4 にみられるように，尺度水準と適用可能な分析法を間違えると不適切な結果を得ることになる．ひとたび数字にすると同じにみえるデータでも，順位をつけたときの「5」と，温度の「5℃」，長さの「5 m」ではそれらの単位のみならず尺

2.2 国際比較調査の実践的手続きの概要　　　65

表 2.4　多変量解析法の分類

		説明（独立）変数		基準（従属）変数	
		名義尺度	間隔尺度	名義尺度	間隔尺度
外的基準の ある場合	重回帰分析[注1]	−	複数	−	1
	正準相関分析	−	複数	−	複数
	重判別分析（正準分析）	−	複数	複数	−
	（線型）判別分析	−	複数	2	−
	数量化Ⅰ類	複数	−	−	1
	数量化Ⅱ類	複数	−	複数	−
外的基準の ない場合	主成分分析	−	複数	−	（複数）
	特異値分解	−	複数	−	（複数）
	数量化Ⅲ類[注2]	複数	−	−	−
	クラスター分析	−	（複数）	−	複数
	因子分析	−	（複数）	−	複数

（複数）は説明変数であっても，基準変数であってもよいことを示す．
注1）マルチロジット分析は，重回帰分析の一種と見なせる．
注2）林の数量化Ⅲ類は，数学的には双対尺度法や最適尺度法，コレスポンデンス・アナリシスなどと同様であるが，発展してきた歴史的背景はそれぞれ異なる．
詳細は，たとえば，林『行動計量学序説』朝倉書店，1994 や柳井・高根『多変量解析法』朝倉書店，1977 を参照．

度水準としても全く異なり，それを無視した分析では矛盾した結論やパラドクスが出てもおかしくない（吉野，1990；吉野ほか，2007 の 2.3 節参照）．

いたずらに複雑へ走らないことを念頭におき，さらに進んで，自分自身で，できるだけ簡明な計量・尺度の構成や数理モデルの構築をも試みることもあろう．それでも，実証データの収集プロセスからあまりに離れた机上の空論にならないように，常に注意することが肝要である．

g.「自由回答」の取扱い方

「あなたにとって大切なものは何か？」のような質問で回答者に自由に答えさせて得られた「自由回答」データは，通常，いくつかのカテゴリーに分類して処理，分析されることが多い．しかし，より深い分析を施そうとするときは，たとえば「金」と「お金」のような 2 語も全く同じ回答として取り扱ってよいか否かの判断には慎重であるべきである．これには，たとえば，「金」と答えた回答者の他の質問（群）に対する回答パターンを，「お金」と答えた回答者たちの他の質問（群）に対する回答パターンと比較分析して判断することなど

が考えられよう(Yoshino, 1992b, the BIGHT model 利用の分析を参照). また，Lebart ほか (1998) は，自由回答データ中の「単語の出現頻度」を分析する手法（統計ソフトウェア SPAD 利用）を考案している.

しかし，いずれにせよ，筆者が知る限り，「自由回答データ」分析については十分に合理的な高度の統計分析法はなく，まず原票や集計表を慎重に眺めて情報を得るのが大切であろう（統計数理研究所国民性国際調査委員会編, 1998, 13-14 章参照）.

2.2.8 補遺：調査実施上の注意事項

ここでは上述の概要を捕捉する注意を与えよう.

調査企画段階における注意

調査遂行を決意するに当たって，社会調査では，ただ思いついた面白そうな質問についての回答を調査して，数値データを分析するのではないことに注意する. まず，原則として，「1回の調査の単問の回答分布だけからでは，意味があり，信頼性も高いことは，何もいえない」, これに準じて，「単問の回答分布の国際比較結果だけからでは，意味があり，信頼性も高いことは，何もいえない」ということを念頭に入れておくべきである. したがって，

① 過去の同様の質問結果と比較するか（時系列データの分析）
② 複数の関連質問のセットの回答パターンを考察するか（例：「人間関係」に関する複数の項目から「義理人情スケール」を構成する）
③ 文化の背景の近い国民間の比較をし，比較の共通の基盤（類似点）を確立し，他の側面の類似点，非類似点とその度合を比較すること（われわれの文化多様体解析 CULMAN のアプローチ）

などが必要である.

a. 現地を熟知する協力者の確保

調査地域に住む複数の研究協力者を得ることも重要である. さらに，日本に在住で，いつでも直接アドバイスを受けることのできる海外からの研究者，留学生なども，協力者として参加してもらうことが望ましい. ただし，翻訳の説明でも述べたように，たとえ相手が日本語の流暢な現地人であっても，特定の人の意見だけに頼るのは危ういこともあろうから留意すべきである.

b. 費用や時間について

　研究プロジェクトにもよるが，調査準備，調査の契約と遂行，データ分析の各段階で最低1年ぐらいずつの期間を見込んでいたほうがよいであろう．数カ国の調査をある1年で遂行する場合は，当然，それ以前に十分な準備がなされているべきであろう．全国調査では，無作為抽出の計画標本1000人の面接調査とすると，日本や欧米では600万円から900万円程度の費用が必要となろう．また，為替レートの変動や，調査国での物価上昇にも注意が必要である．日本側の代理会社を仲介させる場合は，手数料と消費税も考慮しなければならない．さらに，調査の打合せや現地視察のための旅費なども，別途，用意すべきである．

　先進国や通貨の強い国のほうが調査の費用も高いとは限らない．ドイツよりも北欧のほうが交通状況のせいか，福祉国家の経済状況による人件費の問題か，かなり高いようである．広大な砂漠地域を含むオーストラリアでの全国規模の統計的無作為標本抽出による面接調査は費用がかさむ．統計数理研究所の「オーストラリア2006年調査」では，次善の策として，人口分布を考慮して，人口のかなりの部分をカバーする3大都市を含む3州で代替した．

　1980年代後半から米国では，統計学的には問題が大きいものの，治安などの関係で多くの調査が電話調査に移行してしまった．香港，台湾，シンガポール，韓国などでは，統計数理研究所の調査では訪問面接調査を行ったが，現地の調査機関は日常，コンピュータと電話を接続した電話調査（computet aided telephone interview：CATI）などを主として行っているようである（2.3節を参照）．

c. 調査機関の選定

　日本では標本抽出計画に関しては，理論的に，理想に近い統計的無作為標本抽出法を設計が可能であり，これに比べると海外の調査ではそれに劣るようにみえ，質の高い調査を目指して，自分で現地に赴き，調査チームを編成し，現地で手に入る情報をもとに統計的無作為標本抽出法を設計し，調査を行うことを考えることもあろう．しかし，それには，よほどの準備が必要で，コストもかなり高くつくであろう．もちろん，現地の研究者とともに自身や参加学生などの調査の経験を積むためや教育の一環としてならば，そのような選択はあろう．

統計数理研究所の国際比較調査では,通常現地で行われている方法を尊重し,その方法の詳細を学ぶことにも意味をもたせている.つまり,現地の標本抽出方法が,狭い意味では統計的に問題があろうとも,現地で通常そのような方法がとられ,その結果が政治や経済の基礎情報として用いられているのであれば,その方法による調査が実体的意味をもつのである.その意味では,かりにわれわれが現地でも可能な統計的にも望ましい方法を開発したとしても現地で用いられなければ,そのほうがフィクションになるだけという考え方もあろう.

実は,この標本抽出法の選択については,筆者にも反省がある.

調査研究に携わり始めたころ,東アジア各国の調査方法をみて,日本のような統計的に厳密な方法を指導していくべきと思い,報告書に記したことがあった.それを先輩の大先生にたしなめられた.言葉少なに「それを読んで驚いた」といわれただけではあったが,おそらく,戦時中に日本軍がアジア各国を「指導する」と唱え侵出していったことと重ねあわされたのだと思い,深く反省した.各国には,各国の長い歴史や文化の中で発展してきた深い考え方や価値観があり,それを他の国が狭い視点で「科学的」とか,「文明的」などと称し,「指導」などという傲慢な押し付けはすべきではない.

また,実践の問題としても,統計的には望ましいが普段慣れていない方法をとらせるか,統計的には理想的ではないが普段慣れている方法をとらせるかは,大きい.東アジア価値観国際比較の中国調査では,決して相手が好まぬ方法を押し付けたわけではなく,現実に可能で,統計的にも問題がないと思われた標本抽出法を考案したが,相手が慣れていなかったため,誤解を生じた可能性があり,この点が大きな反省となった(吉野編,2007a-d;裴岩・吉野・鄭,2007).当方の用意した方法を指示しても,実際に現場で遂行されるかは確認しがたいであろうから,狭い意味では統計的に問題がありそうであったとしても,現地で慣れた調査方法の詳細を,問題点も隠さずに教えてもらったほうが情報になる.

d. 調査機関の特質

調査機関は,以下の点に留意し,遂行する調査の内容に即した適切な選択をする必要がある.たとえば,「日米欧7ヶ国調査」で用いたイタリアのPRAGMA社は調査方法を顧客の意向に沿って計画を進めるタイプであり,一

方，オランダのNIPO社は自己の既成の方法（本来市場調査が専門）に固執するタイプである．こういった方針の違いは，調査計画遂行上，色々な側面に影響してくるので注意が必要である．

日本であれば日本世論調査協会のメンバー，海外であればESOMARなどの加入している機関ならば，比較的信頼がおけるであろう．その他，ISSPや世界価値観調査（world value survey）など世界的な国際比較調査に長年携わっている機関は候補になろう．ただし，当然，名のある機関は費用もかかる．

調査担当に標本抽出の詳細を尋ねたり，疑問を投げかけたりして，相手の能力をみるのも大切である．いい加減な調査をするところほど，「どんなことでもできます」と無責任なことをいうものである．日本を含めどこの国も，厳密な統計的無作為標本抽出および十分な回収率を確保することは難しい．その中で，問題点を隠さずに，誠実に，費用と実践の妥協点を明確にしてくれる機関に依頼すべきである．

e. 調査担当者について

調査担当者に直接面会して，バックグラウンドや性格をも含めて確認すべきことは，すでに述べた．途中で担当者が代わる可能性も考える．われわれの場合，代理店の担当者の交代のために，後に思わぬ行き違いに直面してしまったことがある．民間機関・代理店との間の仕事は金銭が絡むので，計画の予想外の事態は，時間も含めて，大きな影響を与えることもありうる．

f. 調査員について

各調査機関は，その国の全国各地に居住する調査員を雇用しているが，主婦や学生のアルバイトも少なくない．できれば調査員自体の属性（性，年齢，学歴など）を把握することも，情報となろう．調査「回答」は，意識するにせよ，しないにせよ，面接調査員と回答者との相互作用の結果である．「回答」には，調査員のクセが反映されるのである（青山，1959；鈴木，1964）．極端な場合は，調査員による各種の偽造データが生まれることもある（白倉，1992）（2.4節参照）．

2.3 種々の統計的ランダム・サンプリング

「世論調査」では，日本の有権者全体の意見分布を知りたい．しかし，国勢調査のように日本人全員の世帯を訪問し，調べたデータをまとめ，報告するというような操作では，あまりに時間やコストがかかりすぎる．内閣支持率をそのように調べたのでは，データをとりまとめている間に，その内閣は次へ移ってしまうであろう．

そこで，日本人（有権者）全体から，性，年齢，学歴，収入など，あらゆる視点から統計的に偏りのないように，日本人全体から回答者（サンプル）を抽出し，その人々を調査し，そのデータから，日本人全体の意見分布を推定することになる．その方法には，さまざまな形がありうるが，以下では代表的な方法を概説しよう．

2.3.1 名簿を活用する統計的無作為抽出法
「日本人の国民性調査（1992年）」の事例

日本における標本抽出調査の実践的基礎は，調査対象の母集団の要素のすべて（例：日本人の成人男女）が記されているリストから，あらかじめ決められたサイズの回答者のサンプルを統計的無作為に取り出す「ランダム・サンプリング」である．サンプル・サイズは，標本抽出にともなう統計誤差を考慮して決める．日本の全国調査では，計画サンプルのサイズは，多くの場合1000人から3000人程度であろう．そのとき，標本抽出誤差（サンプリング・エラー）は理論的には±数％程度になると推定される．これと同程度の非標本抽出誤差が経験的に見積もられる．

現実には，全国調査のように広範囲の調査では回答者に接触するための種々のコストを考えて，「層別多段抽出」によるランダム・サンプリング法がとられることが多い．一例として，われわれの研究所による日本の全国調査におけるサンプリング法の実際を簡単に示そう．

統計数理研究所による「日本人の国民性意識調査（1992年10月）」の場合（統計数理研究所・研究リポート No.75, 1994）は，以下のとおりである（その継

続調査の概要は http://www.ism.ac.jp/kokuminsei/sampling.html 参照).

　まず全国の市町村を地方性と人口規模を考慮して層別（同じような規模のところをまとめる）して，各層より合計300地点を選ぶ．その300地点は，まず市町村を確率比例抽出し（第一段サンプリング），選ばれた各市町村から投票区を確率抽出する（第二段サンプリング）．最後に，抽出した投票区の有権者名簿より，その地点に割り当てた人数（平均18）のサンプルをなど間隔抽出で選ぶ（第三段サンプリング）．具体的には，1から投票区の名簿の人数nまでの範囲の乱数を一つ発生させ，それをxとすると，名簿の最初からx番目の人を抜き出す．次にそこから，$n/7$番ごとに一人ずつ抜き出すのである（途中で名簿の最後にきてしまったら，最初に戻って続ける）．

　計画サンプル数は，全国で5400人であった．多段抽出は，回答者と接触する費用，労力を減ずるための手段だが，サンプリング・エラーは増加する．一方，層別抽出は，意図しない標本のバイアスを除き，サンプリング・エラーを減ずる方策である．

　標本調査の理論的基礎はランダム・サンプリングであるが，現実には，今日では戸籍簿や整った選挙人名簿のある日本ぐらいでしか可能でなくなりつつある[注]．しかも，日本でも，一般の人々の在宅時間の減少や治安のための回答拒否の増加による社会調査の「データの回収率」低下が大問題となり，調査の遂行そのものが危うくなっている．大都市ではすでにかなり以前より，回収率は50%以下になっているといわれていたが，今日では全国レベルでもその数字に近くなっている．特に，若年男性層への接触が難しい．

　国によっては，歴史の発展の中で，上記のサンプリングとは異なる標本抽出法を利用し，そのノウハウを蓄積しているところもある．たとえば，米国では10年以上前はクォータ・サンプル（地点は人口比例の確率無作為抽出，回答者数は各地点で国勢調査の結果を考慮して，男女，年齢，人種の割合を割り当て）などで面接調査が行われていたのであるが，今日では面接調査に伴う調査

注) 戸籍や選挙人名簿については，民間の人は必ずしも自由に閲覧することができない場合があり，またプライバシー保護の問題などから公的な調査においてすら，名簿の閲覧が容易ではない地方自治体もある．こういった場合，全国調査でランダム・サンプリングを用いたと称していても，後述のクォータ（割当て）・サンプルで代用している場合がある．統計的には好ましくないとされているが，現実の調査では入り込んできているようである．

員および回答者の危険回避のために,電話調査がほとんどになっている.この電話調査の場合,RDD 法が用いられることが多い.

2.3.2 ランダム・ルート・サンプリング

欧州の多くの国では調査に活用できる住民リストや選挙人名簿は一般にはなく,また国境を越えた労働者の移動も多く,日本のようにランダム・サンプリンすることは難しい.欧州では,ランダム・ルート・サンプリングを利用する国も多い.この方法は,サンプルにいかなるバイアスがあるのか必ずしも明確ではなく統計学的には好ましくないといわれているが,ヨーロッパの多くの国で用いられているようである.同じランダム・ルート・サンプリングと称する方法でも国や調査機関で多様であり,以下は,一般論としての説明である.

欧州では,ローマ時代の都市発展の歴史で,新たに開発した道路には,その貢献者の名がついたといわれ,比較的小さな道にまで名称がついている.その地図やリストは,電話局や郵便局によって発行されている.これを利用して,そのリストの中から「道」をサイコロやカードなどを利用して統計的にランダム・サンプリングし,抽出した道のスタート点からその道に沿って住民を訪問し,あらかじめ決めておいた数の回答者を得る手続きをとることが,伝統的になされているようである.必ずしも「道」ではなくとも,地図や地点リストから「スタート点」を統計的にランダムに抽出することもあろう(1992 年のイタリア調査では,実際に郵便局で手に入る各地域の地図に「すべての道の名前のリスト」が掲載されていて,その中から乱数を発生させて選択したので,「道」のランダム・サンプリングであった.しかし,必ずしも「道のリスト」を用いなくとも,ランダムに選択された「スタート点」から出ている道に沿って,3軒ごとなど,系統的に住民を訪問し,回答を求める方法をランダム・ルート・サンプリングと呼んでいるようである).

厳密な区別ではなさそうであるが,伝統的に欧州ではランダム・ルート・サンプリング,米国ではランダム・ウォーク,そしてインドではライト・ハンド・メソッド(道に沿って右回りに歩く)と呼んでいる.調査の実践的方法は,大学の中ではなく,各調査機関が独自のノウハウを財産として半ば秘匿し蓄積して発展させていくために,各国内でも用語の統一は必ずしもなされていなかっ

たり，また国の間でも差異がみられたりすることがある．特に，日本の戦後の調査研究は，欧米の真似をせず，科学的な調査方法を確立，発展してきたので，日本と欧米の調査の専門用語の対応が必ずしも簡単ではないこともある．

実際には，全国調査では，まず地域区分地図で地点を人口で確率比例抽出して，次に選ばれた各地点で，ランダム・ルート・サンプリングをする方法がとられる．そして，各地点で，選ばれた道のスタート点の家（例：道の左側）を訪問し，面接調査の許可を求める．バースデイ法（その家庭で，たとえば最近に誕生日を迎えた人を選ぶ）や Kish 法（調査対象となりうる家族全員のリストを作成し，一種の乱数表と対応させ，その中から1名を対象者として選ぶ）などを用いて，その家の家族から回答者を求める．最初は，後日のアポイントメントをとりつけるにとどめることもある．回答を拒否された場合は，その道に沿って（たとえば，道の左側に沿って進み，仮に交差点に出れば左折し），次の3軒目の住民を訪問する．これを，たとえば各地点で10名というあらかじめ定められた目標数に到達するまで繰り返すのである．地点抽出が，すでに人口比例となっているので，各地点では同数の回答者を求めることに注意する．現場調査員の詳細な訪問記録も報告されるべきである．

ランダム・ルート・サンプリングは，あらかじめ定まった「計画サンプルだけ」を調査するのではなく，あらかじめ「計画した回答者数」がとれるまで調査協力してくれるものを追い求める形なので，標本抽出誤差の推定計算の基礎となる「回収率」の概念もなく，統計学の観点からは，望ましくはないといわれている．しかし，社会調査にも地域や時代の背景があり，すでに歴史的なノウハウが蓄積されている方法として欧州では利用されているようである．イタリア，オランダ調査では，訪問した家庭の協力率は 30〜40% 程度であった．

2.3.3 エリア・サンプリング

住民基本台帳や選挙人名簿などは手に入らないが，国勢調査データなどから地域ごとの人口がわかる場合，第1段抽出として人口に確率比例した地点抽出は可能であるが，第2段の個人抽出の方法を考案する必要がある．

抽出された各地点で既存の住宅地図が手に入れば，それを利用する．それもない場合は，各地点の周辺を歩いて，地図を作製する．各地点で統計的にラン

ダムに選ばれたスタート点から3軒おきなど，系統的に世帯を抽出する．その世帯で，各世帯の調査対象となる人の中で，先述の誕生日法や，Kish法などで，個人を抽出する．

これらの方法では，「各世帯」の抽出確率は等しいが，「各個人」の抽出確率は世帯の調査対象となるすべての人の数に反比例する．つまり，たとえば成人を対象とする調査で，等確率で抽出された世帯が「成人の一人世帯」の場合はその成人は必ず選択されるが，抽出されたのが「成人4人の世帯」ならば，その4人が各人は1/4の確率で抽出されることになる．したがって，全体で個人レベルで等確率で抽出されたようにするためには，理論上は，「成人4人の世帯」から抽出される人の回答データには，「成人の一人世帯」から抽出された人の4倍の相対的ウェイトをかけることになる．

ただし，この「ウェイト補正」は計画標本から100%の有効回収率でデータが得られた場合を想定しているが，現実には，そうはならないことがほとんどであろう．一般的な回収データの傾向は，中年の主婦の回収率が高く，若年層の男子の回収率が低い．それでも上記の「ウェイト補正」をしてしまうと，一人暮らしの男子と比べ，家族の人数の多い主婦層のほうのウェイトがさらに大きくなり，「補正」どころか，バイアスを助長することになり，適切ではない．標本抽出計画としては世帯人数による「ウェイト補正」は考慮されているべきであるが，現実の回収データに「ウェイト補正」するべきではないという矛盾が出てしまうのである（したがって，そのような「補正」をせずにデータを扱うことが多いようである）．

この矛盾を避ける「現地積み上げ法」が，林知己夫により提案され，（財）原子力安全システム研究所（北田・吉野，2008）において遂行されてきた．それは，第2段の世帯抽出の際に，訪問した各世帯で，まず調査対象となる人数を尋ね，それを積み重ねていく．たとえば，はじめから3人ごとに（あるいは2人おき，3人おきの繰り返しで），該当する個人が，その世帯にいれば抽出するが，いない場合は，人数の情報を積み重ねただけで，次の世帯へいく．このようにすれば，個人抽出のレベルでも等確率になり，事後のウェイト補正は必要ない．

しかし，実際には，世帯人数だけを聞いて「質問調査」をしないで帰る世帯

が生じ，この場合のほうが不審に思われて警察へ通報されたり，近隣全体での調査協力率が落ちたりする懸念が大きい．これは，よほど熟練の調査員のみをそろえないと対応できない危惧があり，また，最近の世帯レベルでの調査協力率から考えても，個人の抽出確率以外のバイアスのほうがはるかに大きくなりかねない．理論的な「個人レベルの等確率抽出」に固執するか，少しでも，調査員の負担を減らす簡易な方法を用いるべきかは，現実的に検討すべきであろう．

中国調査で各地点での地図作成からはじめたエリア・サンプリングの実例は，鄭編（2003a, b），吉野編（2004a-d, 2006b, 2007a）にある．

2.3.4 割当法（クォータ法）

割当法では，全国の地点を人口比例で確率抽出するのは「日本人の国民性調査」と同じだが，各地点で回答者を選ぶときに，あらかじめ指定された属性（性別，年齢層，米国では人種なども）について，国勢調査データを参考にして，あらかじめ指定された割合（男女は半々，20歳代2名，30歳代2名，…など）で選ぶ．

しかし，この方法では指定されていない属性（たとえば学歴，収入，宗教など）についてはどのような偏りがあるかは，あらかじめわからない．したがって，統計的に，回答データをそのまま米国国民全体の代表標本と見なすには，かなり強い仮定が必要である．つまり，当該の調査の質問回答は，そのあらかじめ指定した属性以外の要因はあまり関与しないと仮定する必要がある．

他方で，だからといって学歴，収入，宗教などもあらかじめ指定した割当てをすると，調査の手続きやコストが大きくなる．さらに，「属性」というものは無限に考えられ，性別や年齢のように直接指定できるものもあれば，知能や性格，健康状態のように直接には指定できなかったり，指定することが技術的，理論的あるいは倫理的に難しかったりするものもあろう．

日本のように日本人全体の住民基本台帳や選挙人名簿があって，それからの統計的無作為抽出法であれば，あらかじめ指定しなくとも，結果としてすべての属性について偏らずに，回答者の集団（標本）を選び出してくれる．しかし，米国でも，他の多くの国々でも，日本のように整った名簿はなく，やむを得ず，

割当法などを用いている．あるいは，この点は，人種や階級の間や性別の差別の問題を抱えた多民族国家では，「あらかじめ指定した属性以外の要因はあまり関与しないと仮定」できるか否かよりも，まず，人種や階級の間や性別に差別がないように票数が適正に割り当てられる選挙や世論調査のシステムが必要とされるという見方ができるかもしれない．

2.3.5 海外の標本抽出面接調査の現実

ここでは海外の調査方法の実情をさらに解説しておこう（吉野，2007）．

既述のように，海外では正確な国勢調査の統計がなかったり，正確な住民基本台帳や選挙人名簿など標本抽出に用いるリストが一般に手に入らなかったり，偏らず適切に国民を代表する調査データを得るのは容易ではない国々も少なくない．たとえば，アジアの国々では政情不安から調査不能の地域があり，やむなく調査可能な都市部と一部の地方のデータから国全体の統計量を推計している場合もある．

中国本土では，標本抽出に活用できる可能性のある名簿としては，政府，公安，各居民委員会（自治会）がそれぞれもつ名簿があるが，前者の二つは一般の人々は利用できず，居民委員会の名簿も各所の管理人のもとにあり，一律に利用できることは，まずない．筆者らが中国の研究者との共同研究として調査企画をさまざまな方面に探ってみる中で，多くの人が異口同音に「われわれは特別なコネクションがあるから，数百万円渡せば，政府から名簿を入手できる」といわれ，辟易したことがあった．

台湾では，戦時中，日本軍の占領下で統治の必要性から住民基本台帳が作成整備されたというが，現在は現実の居住状況と乖離していて，電話帳の名簿のほうが（それも完全ではないが）実態に近いといわれる．

実質上，一党独裁体制のシンガポールでは，国民の住居（高層集団住宅が多い）が統制されていて，通商産業省統計局の世帯名簿を用いることができる．家計調査を念頭においた名簿なので，各世帯の住居形態（高層マンション，一戸建てなど）で層別されている．香港でも類似の名簿が活用される．

韓国は，韓国 GALLUP では独自に全国レベルの世帯名簿を作成しているが，（コストや回収率の問題のためか）常にそれを用いるわけではなく，一定数の

回答者をランダム・ウォークで抽出したり，性別・年齢層別の属性割当て表にしたがって抽出したりする方法を用いている．この方法については，米国調査に関連して後述する．

結局，東アジアでは，統計的には問題の少ない形で，全国レベルでの無作為標本抽出により面接調査が可能なのは，われわれの「東アジア価値観比較調査」(吉野編, 2006) で扱った日本，韓国，台湾，香港，シンガポールくらいである．ただし，日本以外の多くの国で政治や宗教についての質問は制限されている．

欧米では，日本のように整っている住民基本台帳などを用いて統計的無作為標本抽出できる地域は限られる（ドイツのケルン市では申し出ると，市が標本抽出した名簿を出してくれる．歴史的に隣国との政治的問題を抱えてきた北欧，たとえばスウェーデンでは住民基本台帳が整っており，公の調査はそれを用いた調査をしている．しかし，季節労働者の移動の多い欧州ではどの程度実態にあったものであろうか）．

スイスやオーストリアでは，電話番号の電話帳への登録が義務づけられていて，調査モードの効果や世帯ごとの電話数の問題などは別にして，電話調査で統計的標本抽出ができる（しかし，携帯電話やIP電話なども登録，公開しているのであろうか）．

欧州では，ランダム・ルート法（米国ではランダム・ウォーク法）がよく用いられている．先述のように，1992年イタリア調査では，調査地点は国勢調査データに基づき確率比例抽出し，各地点では，ランダム・スタート点を決め，道路のたとえば左側に沿って3軒おきに戸別訪問し，各戸では家族（成人）の中から誕生日法などで個人を特定し，面接調査する．不在や拒否された場合は，次の3軒おいた家を訪ねた．これをたとえば各地点で10名という目標数に到達するまで繰り返したのである．この方法では，計画標本に対する「回収率」という概念はなく，標本抽出誤差も推定できない．われわれの1992年イタリア調査では，計画した有効回収数を得るにはその3倍程度の世帯の訪問が必要であり，あえて統計的無作為標本抽出法に沿っていえば，回収率が30%程度となる．

1993年オランダ調査のNIPO社は保有するオランダ全世帯住所のマスターサンプルリストがあり，そこから毎年一度20〜25万人をあらかじめ無作為抽

出して，その年の面接調査に必要な標本リストを作成する．しかし，そのリストで計画標本を確定するのではなく，人口比例で地点抽出した後，各地点で，そのリストの対応する地点（市郡）の最初の住所をスタート点としてランダム・ルート法で一定数の回答者を得ている．計画された有効回答者数を得るのに必要な訪問総世帯数はほぼイタリアと同様であった（ちなみに，同社でのランダム・ルート法の実験調査で，選択された道の左沿いに進む場合と右沿いに進む場合との比較では，回答分布は差がなかったそうである）．

いずれにせよ，この方法では回答者を抽出する際の恣意性は排除されているが，拒否者などの調査不能者数が大きいと，母集団に対する標本の偏りが大きくなる危惧がある．

筆者らは2001年より中国調査に乗り出したが，住民名簿に基づく標本抽出は望めないため，北京と上海の都市部に限定し一種のエリア・サンプリング（住宅地図を作成し，世帯抽出）を遂行した．そして，望ましくないことだが，大都市部の急激な開発による住民の移動，費用や調査日数などのコストを勘案し，地点によっては，やむを得ず，あらかじめ調査員に指定した方法で代替標本を用いることを許した．このため，厳密な無作為標本抽出にはなっておらず，「地点抽出は人口確率比例の無作為抽出で，各地点での個人抽出は，調査主体の恣意性は排除しているが，一定数の調査対象者数を確保して調査する」方法に近い．回収目標を1000名と設定し，実際は3634世帯を訪ねて調査を試み，回収した有効数は1062名であった．これは欧州におけるランダム・ルート・サンプリング法の場合と同程度とみられる．この方法を用いた場合，計画標本数の有効回答者を得るためにはおおよそ，3倍から5倍の世帯数を当たらなければならないようである．

2.3.6 米国の調査の事情

日本でも名簿が閲覧できない場合に，エリア・サンプリングやクォータ法が用いられ始めているが，形式のみならず，その理念が重要であり，これに触れてみよう．

米国では，ミシガン大学などのいくつかの調査は別にすると，クォータ法が面接調査では多く用いられている．ただし，1980年代末くらいからGALLUP

でも面接調査から電話調査に移行し，全米の面接調査を頻繁に遂行している会社はない．老舗の大手調査会社は，面接調査ではコスト，調査員の安全性，データの信頼性などを十分に担保できないと判断したのであろう．比較的小さい会社が，まれに全国レベルの面接調査を請負い，その都度，各地の調査会社や調査員を組織して遂行しているらしい（現場の調査状況をどこまで監督できているのか疑問である）．

　2007年3月にGALLUPの標本抽出の担当者（インド出身）にヒアリングを行ったが，電話調査ですら，携帯電話と固定電話の番号の混在，州によっては「電話による市場調査の拒否登録」の法律があることなど，複雑な現実の中で，用いている標本抽出法やウェイト補正がアドホックであり，十分に正当化できてはいないことを認めていた．それは彼らの限界というより，現実の複雑な調査環境で尽力している姿にみえた．

　クォータ法の場合，地点抽出は国勢調査データに基づき確率比例抽出するが，各地点では，あらかじめ指定された属性（性，年齢層，人種）などに関しては国勢調査データに整合させ，各地点で定められた標本数の各属性に該当する人を探し出し，面接をする．この割当ては，精確には容易ではない．たとえば性，年齢層，人種だけとしても，それらの3重クロスの人口統計表を作成し，それに基づいて人口比例で，各地点でたとえば計画標本数10名の属性割当てを考え，なおかつ，全国総数での人口比率との整合性を確保するのは簡単ではあるまい．3重クロス割当てを各地点ではなく，複数地点をまとめたブロックごとに行うほうが精確であろうが，どの程度の規模のブロックごとがよいかの判断はやはり，簡単ではあるまい．また，どのような属性がどの程度，当該の調査の回答に効くかが重要なのだが，継続調査は別にして，あらかじめそれがわかっていることは少ない．

　われわれの2006年米国調査では，調査会社が性別，年齢層別，人種の属性を3重クロスではなく，それぞれの属性を単独に全米レベルでのみ国勢調査データに整合させるというナイーブな方法を用いていたことが，事後にわかった．

　さらに問題なのは，各地点で実際の回答者の探し出し方にどの程度の恣意性や偏りが入るのか，ということである．ランダム・ウォークで，ある道に沿っ

て3軒ごとに訪問し，該当者を見出すまで継続する方法もあれば，ふだんから教会など集会所に頻繁に出席しておいて，顔見知りに依頼するようなこともありえる（あるフランスの調査会社では，調査員が潜在的な回答者として抱えている多数の顔見知りの中から，各調査に合わせた回答者を抽出している）．確かに，あらかじめ指定された属性については，国勢調査データの属性分布から偏らない抽出方法ではあるが，指定外の属性の偏りを防ぐことには配慮がなされない．

また，通常，どの標本抽出の方法でも若年男性層の回答者をとらえにくいが，事後に，国勢調査データの属性分布に合うよう，回収データに「補正ウェイト」をかけ，見かけ上，合理化するということが行われている．これについては，もともと偏ったデータ（回収された若年男性層の回答は，回収・非回収層を含む若年男性層全体から偏っている可能性がある）を，さらに想定外の方向の偏りを助長させる可能性があり，決して望ましくないと，再三，論じてきた（吉野，2002）．ただし，クォータ法ではあらかじめ指定した属性以外の属性は回答分布に影響しないという強い仮定が前提にあり，そのもとではウェイト補正は正当化されることになる．

いずれにせよ，ランダム・ルート法やクォータ法では統計的無作為標本抽出理論に基づく標本抽出誤差は計算できず，統計的には望ましくはないといわれるが，現在では，欧米では市場調査を中心に一般に用いられているようである．ふつうはそこまで厳密な確率理論は意識しないで用いているが，最終的に性別や年齢別，学歴，居住地などの属性やその組合せで特定される集団の嗜好や購買動向を解明する目的の市場調査と，一人一票の民主主義のための世論調査とは，扱う母集団（ユニバースに導入する確率空間）が異なることに注意しよう．

2.3.7 調査文化

それでは，統計的には望ましくないとされるクォータ法がなぜ世論調査にも用いられているのであろうか？ 各国の歴史や伝統の中でそれぞれの国や社会で現実の必要から用いられてきたクォータ法の理念に注意してみよう．

標本抽出理論がすでに確立した後に，戦後の民主化の発展のために世論調査方法の開発をみた日本とは異なり，欧米の民主主義発展の歴史では，まず階級，

人種，男女の平等が謳われ，そのような社会では利益の異なる集団間の公平性にきわめて敏感で，集団間の権力の適正な「割当て（クォータ）」が求められる．クォータ法を「割当法」と訳すために誤解を生ずるが，quotaは権利や義務に強く結びついた分配（率）のことである．その大義の前では，同じ階級や人種，性別でも個人差が存在するという問題以前に，まず，少なくとも法律で平等とされる性や年齢や人種について適正なクォータが求められるのであろう．

米国では，地方選挙の際に，地域ごとの議会が扱うような事項のうち，細かな取決めについて住民投票によって決定しているようである．そのような方法が一般的であるとするならば，国政にかかわるような事項は人種や宗教，性別，収入階層などの大きな枠組の各層内部の人々の間では一致がみられるであろうから，割当法を活用し，その内部でも意見が割れるような地域性のあることについては，さらに厳密な統計的無作為抽出法による調査を行うなどの方法も考えられよう．

それぞれの国や地域は，それぞれの社会で収集された調査データに基づいて，政策立案につながる判断をしている．これを狭い統計理論の見地からのみ批判するのは適切ではなく，各国・各地域の歴史や政治的背景から確立している，いわば「調査文化」を尊重すべきなのであろう．日本でもクォータ法を用いるとしたら，回答に与える「属性」（地点だけか）の実証的検討または「政治的」公平性による正当化が必要なのかもしれない．

なお，海外の標本調査方法のさらに詳細について，日米欧7ヶ国調査は鈴木（1996），国立国語研究所の日本語観センサス（26か国比較）の方法論は鈴木・柳原（2003）を参照されたい．

2.4 調査票の翻訳・再翻訳（バック・トランスレーション）

2.4.1 国際比較調査における言語の差について

国際比較調査では，異なる言語を用いて，同一質問と想定される質問文や回答選択肢を表現し，また，それぞれの言語で回答を得る．この言語の相違は，単に狭義の言語上の差異のみならず，社会システムの相違などの問題を含め，質問および回答の「比較可能性」についての疑義を浮かび上がらせる．

つまり，そもそも異なる言語で異なる文化地域の社会調査により，意味のある比較が可能であるのか？

特に，外部から観測可能な属性（職業，経済状態など）を調べるのではなく，各国民の「意識」を探ろうとする場合は，これは見過ごせない問題であろう．また，これに加えて，各々の国情の差異から統計理論的にも異なる標本抽出法を採用せざるを得ないことも多く，得られたデータの比較可能性に疑義を抱かせるかもしれない．

われわれの研究の主要な目的の一つは，過去の実証的データとその分析の経験に基づいて，この調査データの国際比較可能性を明確にし，その実践的方法・手続きを提案することである．社会調査データ収集の煩雑な手続き，さらに国際比較調査という大規模な調査遂行の複雑な過程に伴う諸問題を考慮すると，この目的を達成するのは容易ではない．

ここでは，その目的に向かって，特に，筆者らが試行してきた質問文翻訳に関する問題解決のアプローチを具体的に示そう（吉野，1995）．

2.4.2 質問文翻訳検討の手順

質問文翻訳の検討の手順を図式的に示すと，図 2.1 のようになる．

すなわち，原日本語質問文の英語翻訳の場合には，英語に翻訳した質問文が，英語圏での実際の調査の場面で自然な質問調査が可能になるように考慮して作成されており，調査実施に当たっては，実際の調査経験の豊かな専門家による検討を加えて調査票が完成された．これは，国際比較可能性の必要条件として，

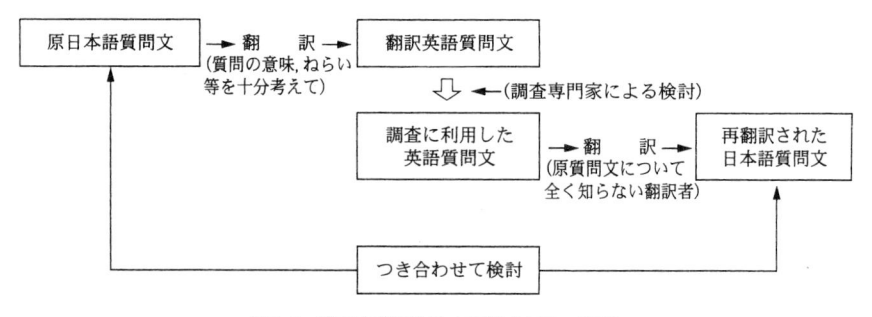

図 2.1 質問文翻訳検討の手順（吉野，2001）

「各国における調査の実際の場面での意味のある調査実施」を確認する作業である．

次に，この実際に利用した英語調査票にある質問文が，もとの日本語調査票の原質問文と同じと考えてよいかが問題となる．この問題を検討する一つの方法が，ここで述べている質問文のバック・トランスレーション（BT）による検討になるわけである．再翻訳の場合は調査に利用した英語質問文を，原日本語質問文を全く知らない翻訳の専門家に，できるだけ英文に忠実に翻訳してもらい，このようにして日本語に再翻訳された質問文を原質問文とつき合わせて検討することにした．このとき，

① 質問の意味は損なわれていないか？
② 質問の意図が損なわれていないか？
③ 日本文として両者のくい違いはどうか？
④ 言外の意味，ニュアンスなどのくい違いはどうか？

などについて検討した．

2.4.3 一般的な問題点や注意

ここで，翻訳に関する一般的な問題点や注意をまとめておこう．

国際比較研究を行うとき，日本が「もとになる調査票」の原案を作成し，これを，比較の対象となる各国（社会）で利用する調査票に翻訳して調査を実施するという場合，あるいは諸外国で実施された調査と比較するために，それらの調査票の質問文を日本語に翻訳して比較調査に利用する場合，特に，次のような点は常に問題となる．

a. 賛成あるいは反対などの回答をさらに細かく分けて「程度」を聞く場合

例：「賛成」，「反対」の回答を「非常に賛成」，「やや賛成」…「やや反対」，「非常に反対」などとするときの翻訳は，多くの場合は外国語の調査票から日本語に翻訳して比較調査をするのに問題となる．

b. 何かと比較するときの質問文など

例：〔問〕あなたは健康なほうですか？ など…これは「あなたは，同じ年代の人とくらべて健康なほうですか？」，あるいは「あなたは，世間一般の人（ほかの人）とくらべて健康なほうですか？」などの形で英語などに翻訳されるが，

比較調査のとき問題が生じる可能性がある．

c. 日本的な色彩の濃い表現のとき

例：「恩返し」，「恩人」，「親孝行」などを外国語などに翻訳するとき，その質問文に沿った形で説明を加え，理解しやすくする形にするが，比較調査のとき注意が必要になる．

d. 外国の質問文を翻訳して比較調査するとき

直訳調の質問文ではなく，質問文を日本語らしくして調査の実施を容易にする意図で多少意訳あるいは翻案して利用する場合も，比較調査のときは，注意する必要がある．

2.4.4 具体例

もともとの調査質問文が日本語であり，これに対応する英語版の質問文を作る場合を考えよう．日本人の国民性調査では，「大切なもの二つ」を選ばせる質問がある．これを例にしてみよう．

本来の日本語の質問調査票からの質問文（これを「日本B」と略称する）では，次のような表現である（右端の％の数字については，2.4.5項で解説する）．

つぎのうち，大切なことを2つあげてくれといわれたら，どれにしますか．
[提示カード]　a.　親孝行　　　　　　　　　　73.2%
　　　　　　　b.　恩返し　　　　　　　　　　45.8%
　　　　　　　c.　個人の権利を尊重すること　37.7%
　　　　　　　d.　個人の自由を尊重すること　36.6%

どちらかといえば，提示された四つの項目のうち，aとbは日本的あるいは東洋的価値観，cとdは欧米的価値観と思われる項目である．

上の日本文を，米国生まれで米日語のバイリンガルに，米（英）語翻訳してもらうと，次のようになった．

If you were asked to choose the two most important items listed on his card, which two would you choose? Just call the letters.
[Card]　　a.　Filial piety/Love and respect for parents
　　　　　b.　Repaying people who have helped you in the past
　　　　　c.　Respect for the rights of the individual
　　　　　d.　Respect for the freedom of the individual

2.4 調査票の翻訳・再翻訳(バック・トランスレーション)

さて,cとdは本来,欧米の政治や歴史の中から生まれたものなので,翻訳はどちらかといえばストレートにできる.しかし,aとbは,説明調のかみ砕いた表現に翻訳されている.短く直訳すれば,"a. Filial piety"や"b. Repaying for one's benefactors"となるのであろうが,より日常的に砕いた表現や平易な表現で補ってあるようだ.

次に,この米語訳を,日本生まれの日米語のバイリンガルに,日本語に翻訳し返してもらうと次のようになった.

日本A(日本Bから英訳を経て,日本語に再翻訳された質問文)
つぎのうち,大切なことを2つあげてくれといわれたら,どれにしますか.
[提示カード]　a. 親孝行,親に対する愛情と尊敬　　　　　　　　77.7%
　　　　　　　b. 助けてくれた人に感謝し,必要があれば援助する　56.8%
　　　　　　　c. 個人の権利を尊重すること　　　　　　　　　　25.2%
　　　　　　　d. 個人の自由を尊重すること　　　　　　　　　　32.8%

cとdは,もとの日本文に全く同じに戻った.aは,もとの日本文の「親孝行」が,それを含め,追加した説明文のように「親に対する愛情と尊敬」となった.bは,もとの日本文の「恩返し」は,その言葉は消え,その説明文のような「助けてくれた人に感謝し,必要があれば援助する」となった.

一般に,翻訳・再翻訳の過程で,もとの言語特有の言い回しは消えて,説明口調になることはよくあることである.これは,本来どちらの言語が簡潔であるかではなく,翻訳のもとの言い回しよりも,翻訳のほうが長い説明調になりがちであるということである.

aの「親孝行」,bの「恩返し」については,日米欧の7ヶ国調査の研究の経験を踏まえて,その後も国際比較版の日本調査票(日本A)では,a.「親孝行,親に対する愛情と尊敬」,b.「助けてくれた人に感謝し,必要があれば援助する」という表現を一貫して用いていたが,東アジア価値観国際比較調査の中国調査では,この翻訳・再翻訳の過程で,中国語版でも「親孝行」,「恩返し」に戻っていたのを確認した.つまり,日米欧の比較の場合と,東アジア国際比較の場合では,同じ日本語の質問項目の表現を変えて用いるほうが適切なこともありうるという示唆が得られた.これは,文化多様体解析(CULMAN)の例ともなる.日米欧文化圏の比較か,東アジア文化圏の比較か,あるいはそれらの二

つの文化圏をつなぐ日本としての調査か，その目的が，調査項目の表現の選択に影響することになろう．

もし，翻訳・再翻訳のプロセスを経て，もとの日本文とかなり意味が違えば，そのプロセスに誤りありと判断して，もう一度慎重にそのプロセスを繰り返し，チェックする必要がある．逆に，全く同じに本文に戻れば，一応（少なくとも，この段階では）翻訳に問題はなく，日本語調査票の質問と対応する米国語調査票の質問ができたと判定する．

しかし，本当の問題は，上記のa, bのような結果を得た場合の判断である．意味はほとんど同じであろうが，表現が少し異なる場合，そのままOKとしてよいか，判断に迷うところである．現実には，上述のa, bのようなケース，c, dのようなケースが質問群として混在するのである．

2.4.5 比較実験調査

前述のようなケースを考慮して，比較実験調査が行われている（林，2001, p.78；吉野，2001, pp.58-59）．

日本人（成人）全体の中から，1000～2500人規模の代表サンプルを二つとる．どちらも統計的に偏りのない無作為抽出標本であり，統計的には同質と想定される．このサンプルをAとBと区別して，Bには「もとの日本語質問文」を尋ね，Aには「もとの日本語質問を米訳し，それを日本語へ再翻訳した質問文」を尋ねる．結果として，AとBには全く同じ表現の質問群と，表現が微妙に異なる質問群が交じり合っている．

調査結果の回答分布を比べてみる．先の「大切なもの二つ」の質問の回答カテゴリーa, b, c, dの右側の数字が，それを選んだ人々の割合である．

aについては，4.5%の差で，統計的な標本誤差などを考えに入れると，大きく違っているわけではない．ところが，bは，11.0%も違っている．意味は同じようでも表現が少し違うと，回答は11.0%も違ってくるのである．さらに見過ごせないのは，調査AとBで全く表現の同じであったcとdも，bの効果のためか，違いが出ており，特にcは12.5%も違ってきている．

このように，本質的な意味の差はなさそうでも，少しの表現，言い回しの違いで，同じ日本語の質問でも回答結果が10%から15%くらい違ってくること

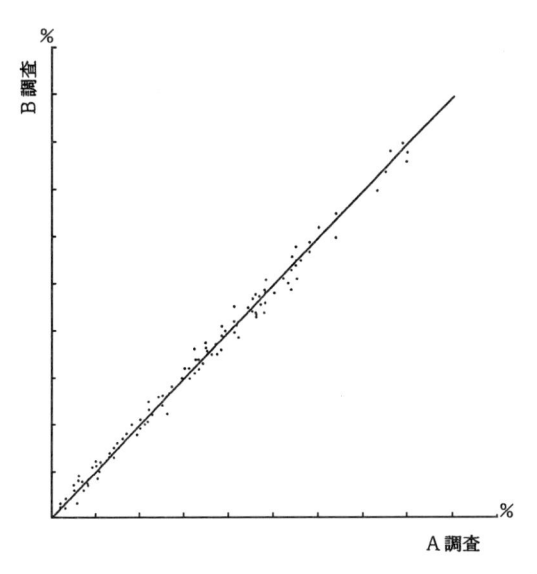

2.4 調査票の翻訳・再翻訳（バック・トランスレーション）

図 2.2 A, B 調査で質問文の同一なものの回答分布（吉野，2001）

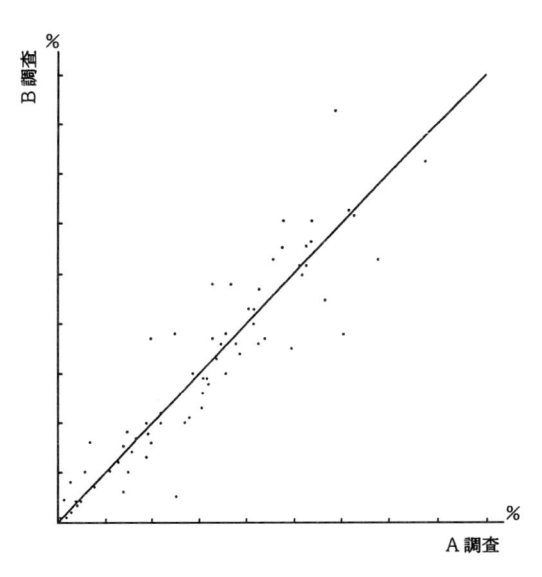

図 2.3 A, B 調査で質問文の異なるものの回答分布（吉野，2001）

もある．

　図 2.2 は，日本調査 A と日本調査 B で全く同じ表現の質問のみを集め，一つ一つの質問の回答選択肢ごとに（A, B）それぞれの回答分布を表したものである．完全に一致するのであれば，各点は斜め 45 度の直線上にのるはずである．その直線から少しバラツキはあるが，同質と思われるサンプルでも，実際はこの程度の差が出ることを示している．

　一方で，図 2.3 は，A と B で，少し表現の異なる質問のみを集め，回答選択肢ごとに（A, B）の分布を表したものである．図 2.2 と比べると直線からの離れ具合，バラツキは大きくなっている．質問によっては，10〜15% 程度の差を見せている．

　ということは，日米比較で，回答結果に 10〜15% 差があったとしても，それが日米の国民の意識の本当の差なのか，翻訳上の言い回しの微妙な差で生じたものか，ただちには判定しがたいということになる．ここで話が終わってしまうと，国際比較には数千万円や数億円がかかるが，そのデータの信頼性はこの程度のいい加減なものかと非難されることになろう．ところが，質問の一つ一つの回答分布を単独に比べるのではなく，調査票全体の質問群（数問以上）に対する，いくつかの国全体の回答データを総合して，それを解析すると，話は全く異なる．それについて，次に述べよう．

2.4.6　数量化 III 類によるパターン解析

　図 2.4 は，日米欧 7 ヶ国や，ハワイ日系・非日系人，ブラジル日系人の調査データを，国・地域（あるいは日系，非日系の集団別）に区別し，それに対応する回答データのパターンの類似性を解析したものである（林の数量化 III 類，コレスポンデンス分析，最適尺度法，相対尺度法などと呼ばれるが，それらが発明された経緯は異なるが，数学的には同じアイデアの手法である）．

　日本調査 A と B は，全体の図の中では，ほとんど無視できるほどの差しかなく，ほぼ同じ結果と見なすことができる．

　つまり，個々の質問を単独に比べると，質問の聞き方の多少の表現の違いで無視できないような回答結果の差が生まれることもあり，データの信頼性（安定性）は怪しいこともある．しかし，多数の質問に対して，複数の国々の回答

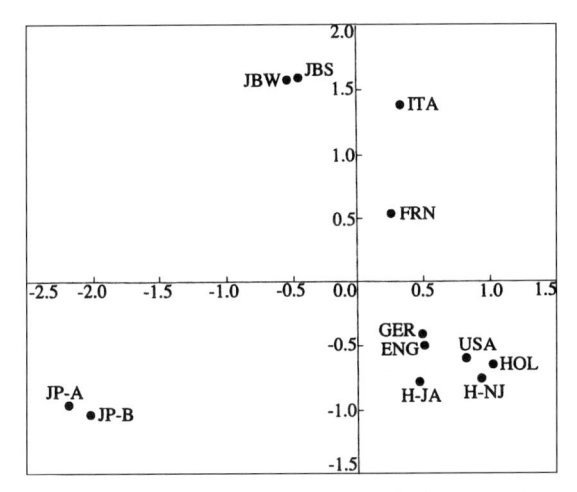

図 2.4 多国間の回答パターンの類似性分析（吉野，2001）

結果のデータの全体のパターンを眺めると，多少の表現の違いの効果などは，ほとんど無視でき，安定した結果が得られるのである．

ついでに述べると，われわれのような一般意識調査で質問を多少入れ替えても，結果は安定していることが多い．また，データを得たサンプルに属性の偏りを補正するためのウェイトをかけようがかけまいが，その差は無視できることが多いことも確認している．

なお，解析結果の安定性を求め，ある程度の情報をそぎ落としたデータ解析でも，混入している「偽造回答データ」を検出することが可能な場合もある．これについては，朝倉書店の『心を測る（シリーズ〈データの科学〉）』（吉野，2001, pp. 88-91）の superculture model の適用を参照されたい．

要するに，「森をみるか，木をみるか」の判断で，浮かび上がってくる現実もあり，つかみそこなう現実もあるということである．

Part I 参考文献

青山博次郎（1959）．面接調査における偏りの統計的研究-I．統計数理研究所彙報，**6**(2), 125-146.
ドウス昌代（1986）．ブリエラの解放者たち（文春文庫）．文藝春秋社．
エルドリッヂ，ロバート・D.（2003）．奄美返還と日米関係．南方新社．
Fugita, S. S., & Fernandez, M. (2004). Altered Lives, Enduring Community: Japanese Americans Remember Their World War II Incarceration. Seattle: University of Washington Press.

Fujita, T., & Yoshino, R. (2009). Social values on international relationships in the Asia-Pacific region. *Behaviormetrika*, **36**(2), 149-166.
Groves, R. M. (ed.)(2001). Telephone Survey Methodology (Wiley Series in Survey Methodology). NY：Wiley.
Guttman, L. (1944). A basis for scaling qualitative data. *American Sociological Review*, **9**, 139-150.
林　知己夫（1984）．調査の科学（講談社ブルーバックス）．講談社．
林　知己夫（1990）．市場調査事始め．pp. 157-189．(社)日本マーケティング・リサーチ協会．
林　知己夫（1993a）．数量化―理論と方法―．朝倉書店．
林　知己夫（1993b）．行動計量学序説．朝倉書店．
林　知己夫（2000）．これからの国民性研究―人間研究の立場と地域研究・国際比較研究から計量的文明論の構築へ―．統計数理，**48**(1), 33-66.
林　知己夫（2001）．データの科学（シリーズ〈データの科学〉1）．朝倉書店．
林　知己夫編（2002）．社会調査ハンドブック．朝倉書店．
林　知己夫・水野　坦・青山博次郎（1952）．数量化と予測．東京丸善．
林　知己夫・青山博次郎・鈴木達三・坂元慶行（1975）．第3日本人の国民性．至誠堂．
林　知己夫・飽戸　弘（1976）．多次元尺度解析法．サイエンス社．
林　知己夫・入山　映（1997）．公益法人の実像．ダイヤモンド社．
林　知己夫・桜庭雅文（2002）．数学が明かす日本人の潜在力．講談社．
林　文・田中愛治（1996）．面接調査と電話調査の比較の一断面―読売新聞世論調査室の比較調査実験より―．行動計量学，**23**(1), 10-19.
林　文・山岡和枝（2002）．調査の実際（シリーズ〈データの科学〉2）．朝倉書店．
林　英夫（2006）．郵送調査法（増補版）．関西大学出版部．
裵岩　晶・吉野諒三・鄭躍軍（2007）．国際比較における「データの安定性」に関する一考察―中国調査データの検討を通した文化多様体解析の試み．統計数理，**55**(2), 285-310.
今井正俊（1996a）．朝日新聞世論調査半世紀の歩み（上）．朝日総研リポート，No. 122, 94-106.
今井正俊（1996b）．朝日新聞世論調査半世紀の歩み（中）．朝日総研リポート，No. 123, 108-120.
今井正俊（1997）．朝日新聞世論調査半世紀の歩み（下）．朝日総研リポート，No. 124, 103-116.
Inkeles, A. (1996). National Character. New Brunswick, USA：Transaction Publishers.
　　吉野諒三訳（2003）．国民性論．出光書店．
伊勢崎賢治（1987）．インド・スラムレポート．明石書店．
Jowell, R., Roberts, C., Fitzegerald, R., & Eva, G., eds. (2007). Measuring Attitudes Cross-Nationally：Lessons from the European Social Survey. Sage Publications.
Kashima, T. (2003). Judgment Without Trial：Japanese American Imprisonment During World War II (The Scott and Laurie Oki Series in Asian American Studies). Seattle：University of Washington Press.
木田　宏（2001）．占領下の読み書き能力調査．教育と情報，No. 515, 30-31.
北田淳子・吉野諒三（2008）．継続調査におけるサンプリング方法の実験比較．日本研究行動計量研究発表大会・特別シンポジウム「社会調査の現状と課題」（口頭発表）．
黒田安昌（1989）．母国語の拘束と国際相互理解―アラブ大学生の現地調査―．トヨタ財団 1989 年度研究助成研究報告書．
Kuroda, Y., & Suzuki, T. (1989). Language and attitude：a study in Arabic, English,and Japanese the role of language in cross-cultural thinking. Topping, D. M., Crowell, D. C., & Kobayashi, V. N.,

eds. Thinking Across Cultures : the Third International Conference on Thinking. pp. 147-161. New Jersey : Lawrence Erlbaum Associates.
Lebart, L., Salem, A., & Berry, L. (1998). Exploring Textual Data. Kluwer Academic Publishers.
松田映二（2006）．高い回収率，個人の事情，本音を聞く質問で威力を発揮．AIR21, No. 190.
松本　渉・吉野諒三編（2009）．市民の政治参加と社会貢献の国際比較―米国調査報告書―．統計数理研究所．
宮川公男（2002）．株価指数入門．東洋経済新報社．
Miyamoto, F. S. (1984). Social Solidarity among the Japanese in Seattle. Seattle : University of Washington Press.
Miyamoto, F. S. (1986). Problems of interpersonal style among the Nisei. *Amerasia*, **13**(2), 59-45.
水野欽司・鈴木達三・坂元慶行・村上征勝・中村　隆・吉野諒三・林　知己夫・西平重喜・林　文（1992）．第5日本人の国民性―戦後昭和期総集―．出光書店．
森本栄一（2005）．戦後日本の統計学の発達―数量化理論の形成から定着へ―．行動計量学，**32**(1), 45-68.
村井　実訳（1979）．アメリカ教育使節団報告書（講談社学術文庫）．講談社．
Narens, L. (1985). Abstract Measurement. Boston : MIT Press.
Narens, L. (2001). Theory of Meaningfulness. Lawrence Erlbaum Assoc.
西平重喜（1969）．宗教調査―国際比較．数研リポート21．統計数理研究所．
西平重喜（2000）．日本人の国民性調査の周辺．統計数理，**48**(1), 67-76.
西平重喜（2004）．統計調査法．培風館．
パッシン，ハーバート著，加藤英明訳（1981）．米陸軍日本語学校．TBSブリタニカ．
白倉幸男（1992）．社会調査におけるメーキングとその問題点非定型データの処理・分析法に関する基礎的研究．平成3年度文部省科学研究費補助金（総合研究A研究成果報告書）（原純輔ほか編），215-228.
末綱恕一・林　知己夫・青山博次郎・西平重喜・鈴木達三（1970）．第2日本人の国民性．至誠堂．
末綱恕一・林　知己夫・西平重喜・鈴木達三・多賀保志（1961）．日本人の国民性．至誠堂．
杉山明子（1984）．社会調査の基本．朝倉書店．
杉山明子・小寺敏雄（1994）．社会におけるサンプリング．理論と方法，**9**(1), 79-91.
鈴木達三（1964）．面接調査における回答誤差．統計数理彙報，**12**(1), 149-159.
Suzuki, T. (1989). Cultural link analysis : its application to social attitudes ; a study among five nations. Bulletin of the International Statistical Institutes, Pro-ceedings of the 47th Session, Paris, pp. 343-379.
鈴木達三（1996）．国際比較調査における標本計画と調査実施に関する考察．行動計量学，**23**(1)（通巻44号），46-62.
鈴木達三・高橋宏一（2002）．標本調査法（シリーズ〈調査の科学〉2）．朝倉書店．
鈴木達三・柳原良造（2003）．日本語観センサス―調査対象国の標本計画と調査実施状況．行動計量学，**30**(1), 7-29.
鈴木督久（2003）．RDDを巡る対話．マーケティング・リサーチャー，**24**(94), 50-57．日本マーケティング・リサーチ協会．
高橋正樹（2004）．科学史と科学者―林知己夫氏公開インタビュー―．行動計量学，**31**(2), 107-124.
高倉節子（2004）．林先生の足跡を訪ねて―1950年代の頃―．行動計量学，**30**(2), 193-198.
高根芳雄・柳井晴夫（1977）．多変量解析法．朝倉書店．

徳丸壮也（1999）．日本的経営の興亡．ダイヤモンド社．
富永健一（1999）．近代化の理論（講談社学術文庫）．講談社．
統計数理研究所国民性国際調査委員会編（1998）．国民性七か国比較．出光書店．
アンガー，J.マーシャル著，奥村陸世訳（2001）．占領下日本の表記改革．三元社．
渡辺利夫（2008）．新脱亜論（文春新書）．文藝春秋社．
山本武利（2001）．日本兵捕虜は何をしゃべったか（文春新書）．文藝春秋社．
山岡和枝・吉野諒三編（2008）．医療と文化の連関に関する統計科学的研究―生命観の国際比較2006年度米国CATI調査―．統計数理研究所．
山岡和枝・吉野諒三編（2009）．医療と文化の連関に関する統計科学的研究―生命観の国際比較2007年度ドイツCATI調査―．統計数理研究所．
柳原良造（1998）．「日本語」を救った？「読み書き能力調査」．教育と情報（11月号），No. 512, 24-25.
余暇開発センター（1985）．「日米欧価値観調査」7ヶ国データ・ブック．財団法人 余暇開発センター．
読み書き能力調査委員会編（1951）．日本人の読み書き能力調査．東京大学出版会．
吉野諒三（1990）．公理的測定論の歴史と展望．心理学評論, **132**(2), 119-135.
吉野諒三（1992）．社会調査データの国際比較の枠組みのための"superculture"．統計数理, **40**, 1-16.
Yoshino, R. (1992a). Superculture as a frame of reference for cross-national comparisons of national characters. *Behaviormetrika*, **19**(1), 23-41.
Yoshino, R. (1992b). The BIGHT model and its application to the analysis of free-answer responses in social survey. *Behaviormetrika*, **19**(2), 83-96.
吉野諒三（1994）．国民性意識の国際比較調査研究―統計数理研究所による社会調査研究の時間・空間的拡大―．統計数理, **42**, 259-276.
吉野諒三（1995）．国民性の国際比較調査の為の質問文の作成―翻訳のプロセスを中心として―．行動計量学, **22**(1), 62-71.
吉野諒三（1997）．世論調査機関紹介―文部省統計数理研究所―．日本世論調査協会報，79号．
吉野諒三（2001）．心を測る―個と集団の意識の科学―（シリーズ〈データの科学〉4）．朝倉書店．
Yoshino, R. (2002). A time to trust—a study on peoples' sense of trust from a viewpoint of cross-national and longitudinal study on national character—. *Behaviormetrika*, **29**(2), 231-260.
吉野諒三（2003）．信頼の時代．*Eco-Forum*, **22**(1), 特集号「ソーシャル・キャピタル Part II」, 42-51, 統計研究会．
吉野諒三（2003）．インケルス，A.著（2003）．国民性論，の付章「日本における国民性研究の系譜」, 出光書店（→Inkeles, 1996）．
吉野諒三（2005a）．東アジア価値観調査―文化多様体解析（CULMAN）に基づく計量文明論の構築へ向けて―．行動計量学, **32**(1), 133-146.
吉野諒三（2005b）．富国信頼の時代へ―東アジア価値観国際比較調査における信頼感の統計科学的解析―．行動計量学, **32**(1), 147-160.
吉野諒三（2007）．海外の標本抽出面接調査の方法．いんふぉるむ第53回．新情報, **95**, 7-12.
Yoshino, R. (2009). Reconstruction of trust on a cultural manifold: sense of trust in longitudinal and cross-national surveys of national character. *Behaviormetrika*, **36**(2), 115-147.
吉野諒三（2009）．「インド調査」の衝撃．市場調査, No. 281, 4-12.
吉野諒三編（2001）．国民性に関する意識調査データに基づく文化の伝播変容のダイナミズムの統計科学的解析．統計数理研究所研究リポート, No. 84.

吉野諒三編 (2004a). 東アジア価値観国際比較調査—2002 年日本調査報告—. 統計数理研究所研究リポート, No. 91.
吉野諒三編 (2004b). 東アジア価値観国際比較調査—2002 年度中国調査 (北京・上海・香港) 報告—. 統計数理研究所研究.
吉野諒三編 (2005a). 東アジア価値観国際比較調査—2004 年度日本 A 調査報告書. 統計数理研究所研究.
吉野諒三編 (2005b). 東アジア価値観国際比較調査—2004 年度日本 B 調査報告書. 統計数理研究所研究.
吉野諒三編 (2005c). 東アジア価値観国際比較調査—2003 年台湾調査報告—.
吉野諒三編 (2005d). 東アジア価値観国際比較調査—2003 年度韓国調査報告—. 統計数理研究所研究.
吉野諒三編 (2005e). 東アジア価値観国際比較調査—2004 年度シンガポール調査報告書. 統計数理研究所.
吉野諒三編 (2006a). 東アジア価値観国際比較調査—「信頼感」の統計科学的解析. 平成 14-17 年度科学研究費補助金基盤研究 (A). 研究成果報告書.
吉野諒三編 (2006b). 環太平洋 (アジア・太平洋) 価値観国際比較調査—2005 年中国 (北京・上海・香港) 調査.
吉野諒三編 (2007a). 環太平洋 (アジア・太平洋) 価値観国際比較調査—2005 年台湾調査.
吉野諒三編 (2007b). 環太平洋 (アジア・太平洋) 価値観国際比較調査—2005 年韓国調査.
吉野諒三編 (2007c). 環太平洋 (アジア・太平洋) 価値観国際比較調査—2006 年米国調査.
吉野諒三編 (2007d). 東アジア国民性比較 データの科学. 勉誠出版.
吉野諒三編 (2008a). 環太平洋 (アジア太平洋地域) 価値観国際比較調査—2007 年度シンガポール調査報告書. 統計数理研究所.
吉野諒三編 (2008b). 環太平洋 (アジア・太平洋) 価値観国際比較調査—2007 年オーストラリア調査.
吉野諒三編 (2009). 環太平洋 (アジア・太平洋) 価値観国際比較調査—2008 年インド調査.
Yoshino, R., & Hayashi, C. (2002). An Overview of Cultural Link Analysis of National Character. *Behaviormetrika*, **29**(2), 125-142.
Yoshino, R., & Khor, D. (1995). Complementary scaling for cross-national analyses of national character. *Behaviormetrika*, **22**(2), 155-184.
Yoshino, R., Nikaido, K., & Fujita, T. (2009). Cultural manifold analysis (CULMAN) of national character : paradigm of cross-national survey. *Behaviormetrika*, **36**(2), 89-113.
吉野諒三・千野直仁・山岸候彦 (2007). 数理心理学. 培風館.
吉野諒三・鄭躍軍・朴承根 (2003). 東アジア諸国の人々の日本語観. 行動計量学, **30**(1) (通巻 58 号), 311-352.
鄭躍軍編 (2003a). 日本・中国の国民性比較のための基礎研究—中国北京市における意識調査—. 統計数理研究所研究リポート, No. 89.
鄭躍軍編 (2003b). 日本・中国の国民性比較のための基礎研究 (2)—中国上海市における意識調査—. 統計数理研究所研究リポート, No. 90.

国民性の国際比較調査関連の統計数理研究所・研究リポート (前出以外) リスト
No. 54. 社会調査による国際比較方法の研究 (1981, 林 知己夫編)
No. 59. 社会的態度基底構造についての国際比較方法の標準化に関する研究 (1984, 林 知己夫編)
No. 70. 意識の国際比較方法論の研究：連鎖的比較方法の確立とその展開 (1988 年ハワイ・ホノルル

市民調査，林　知己夫・鈴木達三編)
No. 71. 意識の国際比較方法論の研究：(新しい統計的社会調査法の確立とその展開) (1991，林　知己夫・鈴木達三編)
No. 72. 意識の国際比較方法論の研究：(5カ国調査共通ファイルコードブック) (1992，林　知己夫編)
No. 73. 意識の国際比較方法論の研究：(5カ国調査性別，年齢別集計) (1993，林　知己夫編)
No. 74. ブラジル日系人意識調査 (山本勝造，森　浩一編) (1991-1992)
No. 75. 国民性の研究　第9回全国調査 (1993年全国調査)
No. 76. 意識の国際比較における連鎖的調査分析方法の実用に関する研究：(総合報告書) (吉野諒三編，1994)
No. 77. 意識の国際比較における連鎖的調査分析方法の実用に関する研究：(国民性の国際比較の為のマニュアル) (吉野諒三編，1994)
No. 78. 意識の国際比較における連鎖的調査分析方法の実用に関する研究：(イタリア調査の回答コードブック) (吉野諒三編，1994)
No. 79. 意識の国際比較における連鎖的調査分析方法の実用に関する研究：(イタリア調査の自由回答データ) (吉野諒三編，1994)
No. 80. 意識の国際比較における連鎖的調査分析方法の実用に関する研究：(オランダ調査の回答コードブック) (吉野諒三編，1994)
No. 81. 意識の国際比較における連鎖的調査分析方法の実用に関する研究：(オランダ調査の自由回答データ) (吉野諒三編，1994)
No. 82. 意識の国際比較における連鎖的調査分析方法の実用に関する研究：(イタリア・オランダ調査の共通ファイルコードブック) (吉野諒三編，1994)
No. 83. 国民性の研究第10次全国調査―1998年全国調査―
No. 84. 国民性に関する意識調査データに基づく文化の伝播変容のダイナミズムの統計科学的解析 (吉野諒三編，2000)
No. 86. 文化の伝播変容の統計科学的研究―ハワイ日系人・非日系人国際比較調査― (吉野諒三編，2001)

　特に，1953年以来の「日本人の国民性」継続調査研究については，至誠堂 (第1-3巻) と出光書店 (第4-5巻) より『日本人の国民性』として出版されている．それらの本には，関連する参考文献表も掲載されている．
　その他，「統計数理」第43(1)には，「日本人の国民性調査」に関する論文が，*Behaviormetrika*, 29(2) (2002年7月) および30(1) (2003年1月) には以下のように「国民性の国際比較調査」研究が特集されている．

Behaviormetrika, **29**(2)

Yoshino, R., & Hayashi, C.: Editorial. pp. 121-124.
Yoshino, R.,& Hayashi, C.: An Overview of Cultural Link Analysis of National Character. pp. 125-142.
Fugita, S. S., Kashima, T., & Miyamoto, S. F.: Methodology of Comparative Studies of National Character. pp. 143-148.
Miyamoto, S. F., Fuigita, S. S., & Kashima, T.: A Theory of Interpersonal Relations for Cross Cultural Studies. pp. 149-184.
Fugita, S. S., Miyamoto, S. F., & Kashima,T.: Interpersonal Style and Japanese American

Organizational Involvement. pp. 185-202.
Kashima, T., Miyamoto, F., & Fugita, S. S.：Religious Attitudes and Beliefs among Japanese Americans：King Country, Washington and Santa Clara County, California. pp. 203-230.
Yoshino, R.：A Time to Trust—A Study on Peoples' Sense of Trust from a Viewpoint of Cross-National and Longitudinal Study on National Character—. pp. 231-260.

Behaviormetrika, **30**(1)

Kuroda, Y.：The Rainbow Model of American Ethnic Groups and Environment in Japan, USA, and European Nations. pp. 39-62.
Yamaoka, K., & Hayashi, C.：Cultural Link Analysis of Japanese American.
Zheng, Y., & Yoshino, R.：Diversity Patterns of Attitudes Toward Nature and Environment in Japan, USA, and European Nations. pp. 21-38.

さらに，財団法人統計研究会発行の『学際』No. 12 (2004) では「国民性を学際的に見る：国民性の調査—計量的文明論の確立に向けて—」という特集,『行動計量学』No. 32-1, 33-1 (2005-2006) では「東アジア価値観国際比較調査」という特集が発表されている．また,「アジア・太平洋価値観国際比較調査」の特集号が，2009年度に *Behaviormetrika*, Vol. 36, No. 1 と Vol. 37, No. 2 に発刊されている．

Part II
調査データの実践的解析

　Part IIでは，Part Iで述べた国際比較方法論のもとで展開されてきた調査データ解析の実践例を示そう．実践は，机上の論理とは異なり，必ずしも明確に割り切れる方法や解析ではすまないことが多く，試行錯誤の繰り返しであり，Part Iで述べた哲学にすら，矛盾するような部分もあるかもしれない．しかし，現実の試行錯誤の中で，現実を浮き彫りにし，課題解決に向かうのが，「データの科学」であることをご理解願いたい．

　第3章は，吉野が人々の自然観と生命観の深層を追究する試行錯誤を示す．国際比較は，当然，各国の状況を比較することが主目的とされるが，筆者らの調査研究は，表層的な数字の比較ではなく，それぞれの国々の固有性を理解するための知見を加えようとするものである．つまり，まず，日本理解のための国際比較調査となる．

　第4章は，山岡が多重ロジスティック分析などを活用しながら，医療や保健に関する調査データに焦点を当て，国際比較の中での日本人の「健康感」を解析する．この章を前後の章と合わせて読むことによって，「健康観」のような単一のテーマを追求する場合にも，人々の意識全般を把握したうえで，当該のテーマを浮き彫りにすることの重要性が理解されよう．

　第5章は，林文が数量化理論の考えを解説し，それを用いて「日本人の素朴な宗教感情」を浮き彫りにする．ここで得られる知見は，単に「日本人の宗教意識」のみならず，政治や経済，環境問題などを含む，広い分野で日本人を理解するための基礎情報が提供されよう．戦後，数量化理論を盟友水野坦とともに開発してきた林知己夫の研究を支援してきた林文ならではの統計哲学の一端を読み取ることができよう．

　同じデータを扱っていても，データ解析の視点や解析結果について三者に見解が異なる部分もあろう．むしろ，これらを参考に，読者が各人なりのデータの科学の哲学を発展させていくことがあれば幸いである．

3

自然観と生命観
―「オバケ調査の国際比較」にみる生命観の深層―

　本章では，人々の深層構造にあるパーソナリティのタイプ分類など，国際比較のみならず，一般の意識調査データの解析において留意すべき知見に触れよう．

　サブタイトルの「オバケ調査の国際比較」は戯れたタイトルに聞こえるかもしれないが，われわれの先人が，皮相的な解析になりがちなアンケート形式の一般社会調査に対し，一歩踏み出して，人々の宗教観や自然観，生命観などの深層に迫ろうとする研究の発端が，80年代の「オバケ調査」であった．本章では，これに触れることで，先人の得た重要な知見を示したい．

　また，筆者らの国際比較調査の立場は，比較の枠組の中で，まず，日本人の理解を深めることを目的としている．その固有性を理解することで，表層の数字の比較を超え，各国の人々を深く理解する手がかりを得ようとするものである．つまり，われわれにとっては，まず，何よりも日本理解のための国際比較調査であることを強調したい．

3.1　国際比較調査における「数量化」と「データの科学」

　国際比較の CLA や CULMAN という方法論の発展の中で，しばしば用いられた統計解析手法の一つが，「林の数量化III類」である．ただし，これを単に通常の多変量分析手法の一つとしてとらえるのは，少なくとも筆者らの「データの科学」の主旨としては正しくない．「林の数量化III類」は，統計手法というよりは，むしろ，データ解析の実践哲学を実行するための表現法ととらえたほうが妥当であろう．

たとえば，調査票の全質問の回答データに数量化III類を適用すると，いくつかの主因子が抽出される．通常の主成分分析では，これらの主因子が意義をもつか否かは，それらに対応する説明分散の絶対的大小と相対的大小によって判断する．つまり，分散の大小順に並べ，絶対的分散が十分大でかつ，次に続く因子の分散が著しく小となる直前までの因子を意味のある因子として抽出する．

しかし，データの科学における数量化III類は，これとは少々異なる．本来，「日本人の国民性」や米国 General Social Survey（GSS）のような「一般社会調査」の形式をとる調査では，質問項目は国民性の多様な側面をカバーするように選択されている．いくつかの質問項目は項目群として，国民性の特定のトピック（生活水準，政治意識，男女の役割，宗教心，人間関係，ほか）などに関連する項目を構成している．それらの質問項目が必ずしも同じウェイトで，国民性の各側面にかかわっているという保証はない．しかし，これらの項目が国民性の全体像をカバーするように選択された経緯から考えると，数量化III類で抽出された各因子の「絶対的」説明分散量は，あまり大きくならなくとも不思議ではない．重要なのは，分散の相対的大小（因子の順位）である．この順位に対応する因子が，何をとらえているのかをもとの質問項目へ戻って分析するのが，次の手続きである．

ただし，あまりに単独の質問項目とその回答データに固執するのは賢明ではない．個々の質問は，すべての国で同様の意味をなすと想定される質問もあるが，われわれの調査でも本来は「日本的質問」，「ドイツ的質問」というように，ある国の調査で使われてきたユニークな質問を，調査票に取り入れた場合がある．したがって，そのような質問は，ある国と他とを識別するのには役立つが，回答データ数値の単純な大小比較が意味をもつとは限らないので注意する．

これに関連し，Part I で，「同じ項目」でも多少の表現の差で回答結果に差異が生じることを指摘した．一方で，全項目，あるいは特定のトピックに絞った関連項目群に数量化III類を適用し，国際比較すると，全体の位置づけの中で，表現の差は，比較する国々や地域の間の差と比べて十分に小さいことも確認した．

数量化の哲学は，回答者の思考プロセス，つまり「考え方の筋道」をクロス

集計表分析によって吟味するところにも現れ，そのクロス集計分析を一括して解析できるのが，数量化III類であることも前述した．

いずれにせよ，国際比較調査データ分析における数量化理論とは，回答データの分析はもちろん，調査票構成の手続きや回答者の思考パターン（ways of thinking）も広く加味して，事態を把えていくことを強調するものである．

3.2 オバケ調査「合理と不合理の間」—日本人の深層意識と生命観—

　同じ患者を診断して，ドイツ人の医者は「心臓病」といい，フランス人の医者は「消化器系の病気」という．また，アメリカ人の医者は「早速，手術をしましょう」といい，日本人の医者は「とりあえず，薬を出しておきます」と大量の薬をよこし，イギリス人の医者は診断するが手術もせず，薬もよこさない．

　これは誇張ではあるが，各国の状況をよく表している医療文化人類学のカリカチュアであろう．医療は，現代科学に基づいているようにみえながら，文化や歴史に根差す面も少なくない．このカリカチュアの表す状況は，もちろん，各国の医療保険などの社会制度にも関係するが，その深層にある歴史や文化背景，人々の自然観，生命観，宗教などに関連する意識を無視しては，医療の政策推進や制度改革は成功しない．

　医療であろうと，環境であろうと，政治や経済を研究する場合であろうと，一方で客観的データの正確な把握に努め，他方で人々の自然観，生命観，宗教意識，日常生活における人間関係などの広範囲にわたる意識構造，文化や歴史の背景を解明し，それらを相補的に，実証的証拠に基づいた政策立案（evidence-based policy-making）へ結び付ける努力が肝要であろう．

　過去の意識調査では，日本人の「科学」に対する考え方や価値観の特徴，日本人の深層意識構造の中の宗教観や自然観，生命観との関連で，超自然なものについての関心が調べられている．詳細は他書（林編，1979；林，1980；林文，2004；吉野，2008a）に任せるが，ここではその一端を紹介する．特に，その過程で示される人々のパーソナリティの分類は，意識調査データを解析する際にだれもが留意すべき点として浮かび上がってくるであろう．

3.2.1 WHO の「健康」の定義

世界保健機構 WHO では，これまでも「健康」を多義的にとらえ，その定義を幾度か更新してきたが，1998 年 WHO 執行理事会でさらに，従来の "Health is a state of complete physical, mental and social well-being and not merely the absence of disease or infirmity" から，"Health is a dynamic state of complete physical, mental, spiritual and social well-being and not merely the absence of disease or infirmity"（健康とは完全な肉体的，精神的，spiritual および社会的福祉のダイナミックな状態であり，単に疾病または病弱の存在しないことではない）に改める検討が行われた．

この文章の中の spiritual（霊的な，魂の）という概念は，この世界中の統一した定義に含める言葉としては難しいようで，結局，改正は審議保留のままとなっているが，「生きている意味，生きがいなどの追求」の重要性を喚起したものであろう．WHO の検討では，宗教性や，欧米流の「近代医療」に対しての代替医療との関係で，欧米（キリスト教文化）と非欧米（イスラム教や仏教文化）の意識，文化の相違が際立った．このあたりは，明らかにこの 20 年ほどの「グローバリゼーション」と称する「アメリカン・スタンダード」の押し付けへの反動を示したものであろう．

3.2.2 宗　教　心

過去半世紀以上にわたる「日本人の国民性」調査では，日本人のうち，宗教・信心をもつ人はおおむね 3 割程度で大きな変化はないが，他方で，宗教をもつ，もたないにかかわらず，「宗教心は大切である」と思う人々が大半である（1.1.3 項および 5.4 節も参照）．

このような日本人の「宗教観」は，一神教の欧米人には理解しがたいもので，われわれの国際比較研究でも議論が尽きない．つまり，彼らからみると，「それほど宗教心が大切と思っているのならば，なぜ，信心をしないのか？」という自然な疑問が生じる．これは，白黒を明確に分ける二律背反の論理では了解不能な日本人の価値観に密接に関連するであろう．

日本人の深層意識には，人間の力の及ばない何かに対する怖れや畏敬の念といった「素朴な宗教感情（religiosity や spirituality に近い）」があるといわれ

表 3.1 社会的機関や団体等への信頼(「たいへん信頼」と「やや信頼」の合計%)
環太平洋価値観国際比較(2004-2009 ただしシンガポールは東アジア価値観調査 2004)より

調査年 調査国・地域 質問項目	2004 日本	2005 北京	2005 上海	2005 香港	2006 台湾	2006 韓国	2004 シンガポール	2006 米国
宗教団体	15	24	32	60	66	46	82	69
裁判所	79	84	86	87	63	57	93	79
新聞・テレビ	74	61	66	46	32	59	82	44
警察	69	72	77	78	57	50	93	80
政府・官僚	41	81	85	63	42	29	89	45
国会	32	82	86	61	25	11	86	51
非営利団体(NPO/NGO)	45	40	46	64	40	31	76	65
福祉施設	70	73	75	81	56	59	84	62
国連	56	59	59	65	46	58	71	55
科学技術	76	96	94	88	74	75	87	87

注)東アジア価値観調査(2002-2005)と重複する調査国・地域の回答は,今回の調査とほぼ同様のパターンであった.

る.このような素朴な宗教感情は,欧米流の近代化の過程では,原初的(アニミズム)と切り捨てられ,減少するものと想定されてきたが,日本では決して減少傾向にあるわけではない(林,2003;吉野編,2007).欧米流(キリスト教流?)の宗教観では,原初のアニミズムから民族宗教が生まれ,民族宗教間の葛藤からキリスト教やイスラム教,仏教のような世界宗教が誕生したといわれる.しかし「アニミズム」を原初的な宗教であるとみるのではなく,むしろ,その深さを再考するべき時期なのかもしれない.

表 3.1 のように,われわれの環太平洋価値調査では,各社会機関やシステムの信頼感を尋ねているが,日本や中国では既成の「宗教団体」に対する信頼感は低い.日本では 1995 年のオウム真理教事件の影響もあろう.また,中国では長い歴史の中で,しばしば民間の「宗教団体」が時の政府を転覆してきたということの影響もあるだろうか.

3.2.3 自 然 観

端的に述べれば,厳しい冬との闘いの歴史の北欧,水の確保の難しいアラブやモンゴル,厳しい荒野の開拓から始まった米国では,人間は自然の厳しさに

対して闘い続けねば「生存」できないという意識がある．他方で，豊かな実りに恵まれた南欧，東南アジア，日本では，人間は自然の一部として「共存」するという意識がある．自然環境が人々の生命観，宇宙観，自然観，宗教などを含む広義の価値観を形成し，それは自然に向き合う態度や意識に結びつき，自然に対処するあり方に差違を生み出す．人が自然に対峙するにせよ，その一部として溶け込もうとするにせよ，自然と人々の相互作用の結果，各文化や文明における多様性が生まれる．

日本は，ときに台風や地震といった自然災害はあるものの，おおむね温暖で，自然のあるがままに任せても，人の命を脅かすことが少ないほうであろう．また，四季の変化の美しさをとらえ，文学や書画の芸術が生まれ発展してきた．多くの日本人は極端な意見や白黒が明確な判断よりも中間的で曖昧な表現を好み，厳格な教義体系をもった「宗教」（明治時代にできた religion の訳語）ではなく，八百万の神やお天道様といった素朴な宗教感情（日本本来の「宗」という観念）やその影響を受けた「日本の仏教」に親しみをもっているというのも，そういった自然が影響しているといわれる．

厳しい自然環境から生まれた一神教の国々からは，日本人の「曖昧性」を批判されるが，他方でそれを積極的にみると，日本人の「寛容性」のおかげで他の文化や宗教と極端な対立をみせず，共存することが可能であった．

日本だけではない．厳しい自然のアラブのイスラムと，豊かな東南アジアのイスラムでは，その寛容性において著しく異なる．東南アジアのイスラム，戦後の韓国のキリスト教は，当地の人々が寛容であったからこそ土着の宗教と対立せず，取り入れられたが，内実は土着の宗教や価値観が完全に捨て去られたわけではない．東南アジアのイスラム教は，その公の教えと家での土着信仰と多重構造をもつ．韓国のキリスト教は，実は儒教倫理に立つ．近代の数百年間の宗教・政治対立の結果で形成された表面上の宗教ではなく，はるかに長期の文化の中で形成された人々の価値観や態度は根深い．

3.2.4 自然と人間の関係についての意識

「日本人の国民性調査」には，人間が幸福になるためには，自然に「従わなければならない」，「利用しなければならない」，「征服していかなければならな

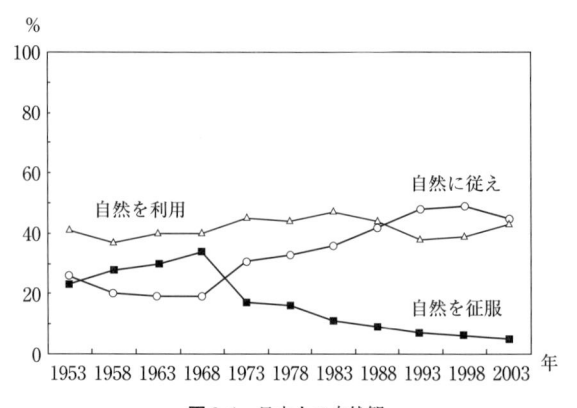

図 3.1　日本人の自然観
人間が幸福になるためには，自然を…すべきと思う．

表 3.2　自然観の国際比較（「人間が幸福になるためには，…」％）

日米欧7ヶ国調査

調査年 調査国・地域	1988 日本	1992 イタリア	1987 フランス	1987 英国	1987 西ドイツ	1993 オランダ	1988 米国
自然に従う	37	67	22	23	37	21	26
自然を利用	48	24	66	67	47	64	66
自然を征服	5	5	6	5	7	2	5

東アジア価値観調査

調査年 調査国・地域	2002 日本	2002 北京	2002 上海	2002 香港	2003 台湾	2003 韓国	2004 シンガポール
自然に従う	40	35	26	35	44	54	50
自然を利用	39	39	46	45	31	33	34
自然を征服	6	25	26	14	16	9	4

環太平洋価値観調査

調査年 調査国・地域	2004 日本	2005 北京	2005 上海	2005 香港	2005 台湾	2006 韓国	2006 米国
自然に従う	46	39	41	43	49	59	30
自然を利用	40	35	33	39	31	33	57
自然を征服	6	24	21	14	18	6	6

い」のいずれと思うかという質問がある．1953年から半世紀,「自然を利用」という回答は40%前後で安定しているが,「自然に従え」と「自然を征服」は,社会状況の影響を受けて変化してきた．特に,「自然を征服」は1973年前後に増加から減少の方向に変わり,逆に「自然に従え」は減少から増加に転じ,1990年代以降は半数近くなっている（図3.1）．1973年はオイルショックがあったり,公害問題が盛んにマスコミで取り上げられ始めたりした時期であり,「日本人の国民性調査」のかなりの質問群の回答パターンに変化がみられた時期である．経済と環境の問題が,日本人の意識全般に大きく影響を与えた時期といえる．

　国際比較調査（表3.2）では,「自然に従う」の意見が最も多いのはイタリアであり,日本と西ドイツが同様の回答パターンを示し,イタリア,西ドイツ以外の欧米（米国,英国,フランス,オランダ）は「利用」が多い．日独の両国は敗戦からの著しい経済復興の共通性からしばしば比較の対象となり,1988年当時はどちらも経済は世界のトップクラスであった．東アジア諸国は「従う」と「利用」がバランスしながらも,どちらかといえば「従う」が多い．つまり,自然の豊かな南欧のイタリアと東アジアでは「従う」が多いほうである．

　さらに詳細にみると,2002-05年にかけて東アジア,特に中国本土における「利用」から「従う」への変化が目につく．その短期間における経済成長と,それに伴い生じた環境破壊の問題が影響しているのではないかと推察される．

3.2.5　森林に対する意識

　前節で日本人とドイツ人との自然と人間の関係の考え方の類似性を指摘したが,林 文（2004）は,四手井綱英らが1980年前後に遂行した日独の各都市（東京,伊奈,フライブルグ,ハノーファー,ゲッチンゲン,ノイエンブルグ）住民調査の結果をまとめ,その根源に「森林に対する素朴な感情」の類似性があるのを指摘している．

　当該の質問は,「A．大きな古い木を見かけたときに,神々しい気持ちになったことがあるか」,「B．深い森に入ったときに神秘的な気持ちになったことがあるか」,「C．山川草木に霊がやどっているような気持ちになったことがあるか」である．Aは,ドイツの各都市は肯定的回答が90%台であるのに対し,

東京は50%台で，BはドイツがEach都市が80%台,東京は50%，Cはドイツ各都市が40%程度，東京は20%強である．日本でも林業の町である伊那市は，ドイツに近い回答パターンを示している．欧州では大都市でも緑の豊かなところが多いが，緑の少ない東京では森林に対する素朴な感情が薄いようである．

これに関連し，ドイツ4都市の住民は90%以上が「森林を散歩することが好き」と答えており，伊那は80%，東京は60%で，日独，さらに日本国内でも温度差がある．他方，伊那とドイツ各市との違いは，別の質問，「森や畑の入り混じった人手の加わった自然と人手の加わらない森や荒地などの自然とどちらが好きか」で，ドイツは人手の加わった自然を80%程度の人が好むのに対し，伊那では60%程度である．東京はさらに少なく40%である．

全般的に，日本に比べドイツは自然に人手を加えるのを当然と考え，そうした森林に親近感とともに神秘感を抱いているようであり，対照的に，日本では人手の加わっていない自然を好む傾向がある．ここにも，自然と対峙して生存してきたドイツの文化と自然と調和して共存してきた日本の文化との差異が現れているのではないであろうか．

林文（2004）は，ドイツでは17世紀初頭にはすでに大規模に破壊されていた森林を人の手によって回復したという歴史を指摘し，日本ではそれほど大規模な森林破壊は経験していないし，林業は自然の一部を無理なく利用するという考えではなかったか，とする．もし，今日の日本での森林管理に問題があるとすれば，そこからの逸脱が一因であろうか？

3.2.6　オバケ調査

日本人の素朴な宗教感情に単なる原初的な宗教以上の意味を認め，1976～78年に林知己夫（林，1980；林編，1979）を中心に「オバケ調査」というニックネームの調査が東京と米沢で遂行され，人々の意識の深層に「合理的-非合理的な考え」と呼ぶ次元が特定された．

米沢は，柳田國男（1977, p.15）の民俗学「妖怪談義」の河童の話で有名であった．柳田國男の時代でさえ，「明治の文明開化も遠くなった今日，河童の存在など信ずるものがいないのは分かりきっているが，なおかつ，伝承として言い伝えられている人々の関心は学問の対象となる」として，研究が遂行され

ていた．
　　…ないにもあるにもそんな事は実はもう問題ではない．われわれがオバ
　　ケはどうでもいるものと思った人が，昔は大いにあり，いまでも少しはあ
　　る理由が，わからないので困っているだけなのである．
　　　　　　　　　　　　　　　　　　　　　（柳田國夫，『妖怪談義』，p. 15）
　林の場合，柳田と同様の研究動機もあったろうが，他方で，通常の調査票を用いた意識調査では本音をつかむのに限界があることを感じ，一歩進んで人々の深層意識を垣間見ようとする工夫へと進んだ．それが「オバケ調査」となり，素朴な宗教的感情，迷信や言い伝え，死に対する感情などが問われている．政治は大義名分，タテマエで動くものであり，通常の世論調査で現れる人々のタテマエは，それはそれで把握することが重要である．しかし，複雑な医療問題や環境問題に対処するとき，人々の深層意識にある生命観，自然観，宗教心，死生観などに触れずには，真の解決は難しい．その試行研究の発端として，この調査が遂行されたのであった．
　「オバケ調査」といわれる所以の超自然のものに対する感情を尋ねた質問では，雪男や UFO などの近代的なもの，幽霊，人のたたりなどの精神的なもの，カッパ，龍などの架空の生き物を 12 種類あげ，それらについて，「存在-非存在（いる，いない）」，「情緒的反応（怖い，怖くない）」，「期待（いたら面白い，つまらない）」の次元に関する八つのうち最もぴったりする言葉を選択させた．どの対象についても最も多かったのは「いない・ない・ばかばかしい」であり，存在を肯定するものはさすがに少なかったが，興味や期待の感情は，特に近代的なものに対して比較的多かった．そのような関心は，米沢よりも東京，若い年齢層，さらに高学歴（年齢との相関はあるが）ほど多い傾向がみられた．
　同様に，迷信に対する意識についても，「信じているかどうか」ではなく，気になるかどうかを尋ねる質問がされた．信じてはいなくても，気になるという感情，つまり関心を示すものとして観ることが，心の深層に触れると考えられた．仏滅の結婚式，友引の葬式，悪い方角への移転，北枕，三隣亡が，「たいへん気になる」または「少し気になる」人が東京でも 2/3 以上あり，この率は，その 20 年ほど後の 1996 年調査でもほとんど変わっていない（林文，2004）．
　このように科学的に説明しきれないものに対する関心は，表面上の論理では

かたづかない素朴な感情であり，現代もかなりの人がもっている特性ではないであろうか．

3.2.7 一般的回答傾向

国際比較のみならず，調査一般についていえることであるが，意識調査の「回答」は「実態」と「一般的回答傾向」との複合体（compound）であることを，念頭におくべきである．Part I では，日本人の中間回答傾向やフランス人の消極的回答傾向などについて言及した．国際比較では，二つの国の間で回答分布の差異がみられたとしても，それが実態的な差異なのか，実態は同じであるが，一般的回答傾向における国民性の差異なのか，慎重に判断すべきことになる．

さらには，「一般的回答傾向」は国民性レベルでも，個人のレベルでも考えられることに注意する．これに関する好例を示そう．

3.2.8 日本人の非自己開示性
「尺度」構成上の注意を喚起させる例

統計数理研究所の過去の調査データ解析で，人々の健康感と病気の症状について，次の質問項目が用いられた．最初の調査は，日米欧の「7ヶ国比較」であった（林ほか，1998）．結果は，図 3.2 のとおりである．

　問 13　ここ 1 ヶ月の間につぎにあげるものに悩みましたか（かかりましたか）．
　　　　　　　　　　　　　　　　　　　　　　　あり　　なし
　　　a．頭痛・偏頭痛・頭が重い
　　　b．背中の痛み（肩こりや腰痛など）
　　　c．いらいら
　　　d．うつ状態（ゆううつになる，気がふさぐ）
　　　e．不眠症（よく眠れない）

この質問は，もともと，医療や保健衛生をテーマとするフランスの CREDOC 調査の項目であった．7ヶ国調査の代表であった林　知己夫は，この項目は，各国の「健康」を示しているだけで，「国民性」研究とはあまり関係のないものとして，その後のブラジル日系人調査などから外してしまったという．しかし，詳細にデータ解析を続けていた林は，後に，むしろ，この調査デー

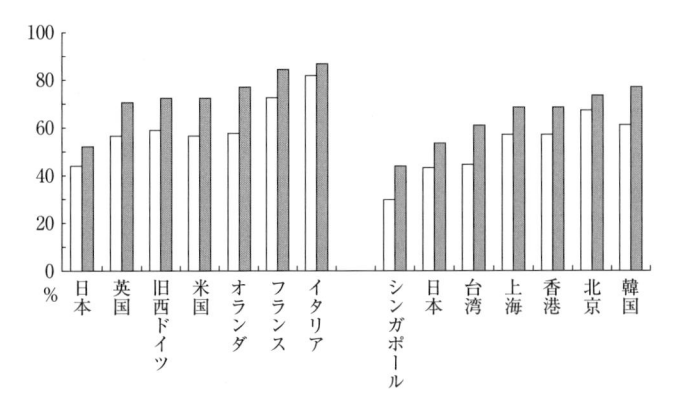

3.2 オバケ調査「合理と不合理の間」―日本人の深層意識と生命観―

7ヶ国国際比較調査（1987-1993）　　東アジア国際比較調査（2002-2005）

図 3.2　病気の自覚症状を 5 項目中一つ以上訴える人の率（□：男性，■：女性）
症状を訴える率はどの国でも男性＜女性であるが実際の寿命は逆である．
日本は低い．しかし，日本の男性の自殺率は先進国の中で一番である．
→「回答」は「客観状況」と「一般的回答傾向」の複合体であることへの警告．

タに「国民性」の差異が明確に出ているのではないかと考えるようになった．

　図 3.2 をみると，症状を訴える率はどの国でも男性よりも，女性のほうが高い．日米欧 7 ヶ国の比較では，日本は男女とも一番低い．したがって，全体として，日本人の男性の率が一番低い．この結果を，そのまま受け取れば，どの国も女性のほうが健康は思わしくなく，日本人の男性が一番健康とみられるであろう．しかし，実態は，どの国でも女性のほうが寿命は長く，他方で，日本の男性の自殺率は先進国の中では一番高いのはよく知られている．つまり，「実態」と「回答」が矛盾するようにみえる．

　おそらく，この質問では「身体」について尋ねながら，「心」の回答が得られているのではないかと推察する．それらの 7 カ国はすべて先進国であり，経済的にも恵まれ，医療や保健制度もそれぞれの問題はありながらも，世界の中ではかなり整備されているほうの国であろう．見かけ上の差異は，各国民性の回答傾向，特に見知らぬ他人（調査員）に対する，自分の健康状況というプライバシーの「自己開示性」（self-disclosure）の程度の違いが大きく影響しているのではないかと推察された．

つまり，一般に女性のほうが男性よりも他人へ心を開く，「自己開示性」が高く，特に日本人の「自己開示性」が低いのは，これまでの社会心理学研究でもよく知られている．医療研究では，女性はおしゃべりで自己開示することによってストレスを減じ，健康を保つホルモンのメカニズムがあるという報告（Taylor, 2004）もある．男性は，おしゃべりでストレスを発散させることは女性ほどではない．特に日本人の男性の社会的支援ネットワーク（重大な相談事ができる友人，知人関係）は極端に限定されていることも指摘されてきた（池田，2000；吉野編，2007；Tsunoda, et al., 2008）．このような「実態」と「回答傾向」の複合が，データとして現れていると思われる．

その後，ハワイや米国西海岸の日系人調査，アジア諸国の調査などでは，この点を明確に認識し，各国の医療・保健の事情とともに，各国民の一般的回答傾向との関連も考察されてきた．たとえば，中国や韓国は，日本よりもかなり自己開示性が高いようである（山岡，2005）．この日本人の「非自己開示性」は，中間回答傾向とも密接に関係していると推察される（Yoshino, 2009）．

いずれにせよ，このデータは，「回答」は「実態（客観状況）」と「一般的回答傾向」の複合体であることを深く認識させた．

さて，上記の知見を念頭に，さらに以下の例をみよう．

米国では，回答者に「悩みはないか」などいくつかの質問に回答させて，苦悩の尺度（distress scale）と称する尺度を構成している．その尺度を日本でも適用し，日米を比較した例が報告されている（稲葉，2008）．このように，海外で活用されている尺度を和訳して使用される事例は多かろう．

それによると，米国は有配偶者でも無配偶者でも男性のほうが「苦悩の度合い」は低く，日本は無配偶者では男性のほうが「苦悩の度合い」は高い傾向があるという．「苦悩の度合い」が最も低いのは，男性は55〜59歳，女性は60〜64歳頃となり国民生活基礎調査とも傾向は一致し，定年退職の頃がほっとする時期なのだろうと解釈されている．

ところが，このデータを示している同書の別の章に掲載されている自殺率のデータ（三野，2002）は日本の男性の自殺率のピークが50歳台にあるのを示し，矛盾に気がつく．ということは，先の「苦悩の尺度」は「苦悩」を本当には測りきれていないのではないか，という疑問が湧いてくる．

そこで，先に示した病気の症状に関する「自己開示性」の傾向について思い起こすと，むしろ，男は内心，深く悩んでいるからこそ他人には「悩み」を報告しない，したがって表面的な「回答」が尺度をなさないのではないかと推察が可能である．この「苦悩の尺度」が無用で全く間違いであるといっているのではない．米国流の行動主義に基づく，見かけ上の1次元尺度としてそのまま用いると誤謬につながりかねない．心の苦悩と，苦悩の自己開示は比例せず，逆U字型関数など，複雑な関係にあるのかもしれない．あるいは，その尺度の適否が文化に依存することもあろう．

海外で活用されている尺度を和訳して使用することは多かろうが，さまざまな文化差や男女差を考慮し，表面上の「行動（回答）」と「認知過程（心の中）」を区別できるデータ解析のリテラシーをもたないと，自己も他人をも誤らせると，自己反省を含め，読者にも注意を喚起したい．「理屈と膏薬はどこにでも貼り付く」とは，林知己夫が繰り返しいっていた，理論や尺度構成，データ解析のための戒めの言葉である．

3.2.9 苦痛の性差

一般に，男性は本当に深く悩んでいると内に閉じこもって，苦痛を外に表そうとはしない．そして，それ自体が苦悩を増す．それに対して，女性は外に表して，ストレスを解消し，苦悩や苦痛を和らげる．社会的支援ネットワークも，母親，同性の兄弟，知人などへ広がっている（ただし，その広がりは正にも負にもなりえる）．その支援のつながりの中で，すぐには解決してもらえるとは限らないが，聞いてもらうこと，「共感」してもらうことで苦痛や苦悩が和らぐといわれる．

このように，生物学的な性差は社会的性差にもつながる．これを敷延すると，人々の意識を解析するにあたり，パーソナリティ・タイプの差を考慮すべきという示唆となる．これが次節の「オバケ調査」の底にある考え方につながる．

3.3 「オバケ調査」の国際比較

近年遂行した「東アジア価値観国際比較」（2002-2005年度）と「環太平洋（ア

表 3.3 「お化け調査」(4 項目) における感情派の合計と順位
環太平洋価値観調査 (問 24)

調査地域	%	順位
日本	220	2
北京	157	6
上海	153	7
香港	213	3
台湾	266	1
韓国	178	4
米国	158	5

ジア・太平洋)価値観国際比較」(2004-2009 年度)では,「a. 超能力や念力, b. 空飛ぶ円盤や宇宙人, c. 妖怪や鬼, d. 幽霊や亡霊, 人のたたり」という超自然のものに対する感情や素朴な宗教観に関する質問が含まれ, 表 3.3 や表 3.4 の結果を得ている.

表 3.3 の「環太平洋(アジア・太平洋)価値観調査」では, 問いは次のようである.

> 問 24 「超能力」や「空飛ぶ円盤」などについて, あなたはどんな感じをもちますか. 1 から 8 までの言葉をよくごらんになって, それぞれについて, あなたの気持にもっともピッタリする言葉を 1 つずつ選んでください.
> 1. つまらない,   2. いてほしい・あってほしい,   3. いる・ある,
> 4. こわい・おそろしい,   5. いてほしくない・あってほしくない,
> 6. たのしい・おもしろい,   7. いない・ない・ばかばかしい,
> 8. こわくない・おそろしくない.

すぐに気がつくように, この質問の回答選択肢は単にイエス・ノーではなく, 異なる側面のものが入り混じり, 一見, 拙い文章になっている. たとえば「怖くないが, いてほしい」と思う人は複数の選択肢のうちどちらにすればよいのかなど, 問題にみえる. 筆者ははじめてこの質問を読んだとき, 素人がいい加減につくったものにみえて, すっきりしなかったものである.

しかし, 後に, この調査の関係者から, あえて, このように尋ね, 回答者本人に「気持にもっともピッタリする言葉」を一つだけ選ばせることにより, その人が対象のもつ多様な側面のうち, どこに反応しているかを浮き上がらせ,

表面上の論理を超え，その人の深層構造（心の奥）を探ろうとしたのだと聞いた．つまり，かなり高等の調査テクニックであることに気がついた（少なくとも，それを意図しているものだと了解した）．

ここでは林編（1979）の尺度構成に沿って，回答カテゴリー「1．つまらない」と「7．いない」を合理的反応項目，その他のカテゴリー「2．いてほしい」「3．いる」「4．怖い」「5．いてほしくない」「6．楽しい・面白い」をあわせて感情（非合理）的反応項目として，人々を「合理派」対「感情（非合理）派」に分類する．つまり，後者では，たとえば 1 と 8，2 と 5 あるいは 4 と 6 は見かけ上は反対や異なる様相を回答しているが，いずれも論理の次元ではなく，情緒や期待の次元で反応しているタイプと捉えられる．林編（1979）では，それらのカテゴリーのまとめ方に幾多の試行錯誤がなされ，数量化 III 類による項目間の連関などが解析されて，その結果，ここで述べたような分類にたどり着いたのであった．こういった人々のタイプの分類が，あらゆる問題に関する意識や価値観，それに基づく行動様式との相関に結びつくことが推察される．

東アジア価値観調査では，次のような素朴な宗教観に関する質問があり，表 3.4 のような結果を得ている．

 問い　次にあげるものをあなたは「ある」または「存在する」と思いますか．
  a. 神や仏，　b. 死後の世界，　c. 霊魂（たましい），　d. 悪魔，
  e. 地獄，　f. 天国や極楽，　g. 宗教上の罪や罰（ばち）」

表 3.4　霊魂など存在するか「する」と「するかもしれない」の合計と順位
東アジア価値観調査（問 11）

調査地域	%	順位
日本	350	5
北京	155	9
上海	197	6
昆明	182	7
杭州	170	8
香港	426	3
台湾	511	2
韓国	370	4
シンガポール	542	1

回答選択肢は,「1. 存在する, 2. 存在するかもしれない, 3. しない」であるが, ここでは選択肢1と2を合わせている. このように, 調査で用いた複数の回答カテゴリーを, データ解析の際に少数に再カテゴリー化するのは, 安定した回答結果を得るための情報縮約のテクニックである. 各種の再カテゴリーの仕方を試行し, もとの詳細な情報は失われるが, それにより得られる結果の安定性を勘案して, 適当な形での再カテゴリーを特定するのである. つまり,「適度に敏感で, 適度に鈍感な尺度」を作るということである（もとの回答分布は, 統計数理研究所ホームページ http://www.ism.ac.jp/~yoshino/ 参照）.

国々の比較において, 中国の地方都市である昆明以外は中国本土の回答は総じて「3.（存在）しない」が多い. 香港とシンガポール（中華系が多い）もパターンが似ている.

韓国は第2次世界大戦以降, キリスト教徒が急速に増えたのであるが, 実態は数百年の儒教の歴史で本来の中国以上に儒教文化が確立した社会の宗教心の特異性に留意する.

いずれの国も宗教の発展に固有の歴史があり, それぞれの複雑さをはらんでいるのは同様であろう. オバケ調査は, たとえば「鬼」を翻訳するレベルで, すでに「国際比較可能性」の大問題に直面する.「鬼」などの一見ありふれた表現の深層に, 各国の土着の宗教や, それらとキリスト教やイスラム教, 仏教という世界宗教との交絡の複雑さが凝縮されている. それをも考慮した深いレベルの解析は, 現時点では, われわれの統計的な標本調査の枠を超えている.

この場合, 大切なのは, 意味の薄い表層の数値に比較に陥らず, まず, 比較の枠組の中で, 日本の固有性の理解を深め, そして, その固有性の視点を他の国々の理解の際の視点として活用し, 考察を進めることであろう.

科学文明観の国際比較

さて, われわれの過去の国際比較調査では, 日本人の「科学」に対する考え方, 価値観の特徴が指摘されている.「日米欧7ヶ国比較調査」（1987-1993年）において,「A. 病気の中には近代医学とは別の方法で治療した方がよいものもある」,「B. 科学技術が発展すれば, いつかは人間の心の中までも解明できる」,「C. 今日, われわれが直面している経済的, 社会的問題のほとんどは科学技術の進歩により解決される」と思うかと尋ねる項目がある. 回答選択肢は,

表 3.5 科学文明観,および科学技術への信頼感

日米欧 7 ヶ国調査 (1987-1993 年)	1988	1987	1987	1987	1988	1992	1993
	日本	西ドイツ	フランス	英国	米国	イタリア	オランダ
A. 近代医学にたよらぬ方がよいものがある	72	77	62	76	72	49	70
B. 科学で人の心がわかる	14	34	65	50	58	52	32
C. 科学で社会経済問題解決できる	15	44	49	43	47	52	35
東アジア価値観調査(2002-2004 年)	2002	2002	2002	2002	2003	2003	2004
	日本	北京	上海	香港	台湾	韓国	シンガポール
A. 近代医学にたよらぬ方がよいものがある	68	68	60	73	71	71	85
B. 科学で人の心がわかる	11	39	32	34	45	28	56
C. 科学で社会経済問題解決できる	11	55	44	37	45	39	56
Q.50j 科学技術を信頼するか	73	97	97	84	76	78	87

A, B, C は「全くそのとおりだと思う」「そう思う」の合計%,Q50j は「非常に信頼する」「やや信頼する」の合計%

「全くそのとおりだと思う,そう思う,そうは思わない,決してそうは思わない」である.

表 3.5 上覧の 7 ヶ国調査では,日本の場合,一般的な科学の問題にはかなり肯定的な態度を示しているが,人の心の問題や社会経済の問題の解決には科学の力に悲観的である.他方で,ドイツは科学に対してかなり否定的な態度であるが,心の問題,社会の問題に対しては日本ほどではない.ドイツやその周辺国でフロイトの精神分析,マルクスの社会経済理論が科学として展開されたのを考えれば,不思議ではなかろう.

さらに,表 3.5 下欄の東アジア価値観調査では,人の心の問題解決については東アジア(日,韓,台湾,北京,上海,香港,シンガポール)は欧米ほど肯定的ではないが,やはり日本だけが著しく否定的なのが目立つ(1988 年と 2002 年の両調査で回答パターンが一貫している).

他方で質問 A の回答率をみると,「近代(西洋)医学」の進んだドイツ,英,米よりも,若干,東洋医学の伝統をもつ中国本土のほうが近代医学に信頼を寄せている.各国の現在の医療,保険制度とも関係しようが,この対比は興味深

い．グローバリゼーションの一端とみるか，自己反省し，さらなる発展を目指すバランス感覚とみるか．

　また，表3.5最下欄は，環太平洋（アジア・太平洋）価値観調査における科学技術に対する信頼感を示している．科学への信頼感はどの国も高いが，中国本土が著しく高いのに注意する．

　国策を考えるに当たり，歴史の短い米国では科学技術に価値がおかれることが多いのに対し，歴史の長いアジアや欧州は「歴史観」に価値がおかれることが多い．中国は後者の典型とみられてきた．しかし，このデータは，科学的発展観を標榜し，政府，産業，軍事の諸分野の近代科学的体制への移行を進めている中国の現在を示す一方，科学の負の面の十分な認識に至っていない側面をも表しているように考えられる．盲目的信頼の表明は，本当の信頼ではあるまい．しかし，この1，2年，国内外から指摘される中国各地の環境問題解決のために，政府は実態把握を進めており，今後，より現実的になっていくのであろうと推察され，時系列的調査が望まれる．

　なお，各国の価値観については，儒教文化圏といわれる東アジア諸国が大局では文字通りのかたくなな儒教倫理からはすでに脱却している一方で，洋の東西を問わず，家族や親への愛情などの普遍的価値観を共有していることについて論じられている（吉野，2005）．ただし，詳細には，各国の歴史の中での儒教の影響の程度の差もみることはできる（Yoshino, 2009）．

　これをさらに確認するデータとして，日米欧7ヶ国調査とアジア太平洋価値観国際比較の結果の一部を示しておこう（Yoshino, 2009）．これは，「親孝行（親に対する尊敬と愛情）」，「恩返し」，「個人の権利」，「個人の自由」の4項目から，大切と思うものを二つ選択させる質問の回答分布である．前者2項目は東洋的な価値観，後者2項目は欧米的な価値観とみられた．

　しかし，確かに東アジアはほとんどの国・地域で「親孝行」と「恩返し」の組合せが過半数に近く，欧米のパターンとは著しく異なるが，欧米でも「個人の権利」と「個人の自由」の組合せは西ドイツ，フランス，オランダが各国内で相対的に多いものの，圧倒的というわけではない．四つの項目を一つ一つみていくと，むしろ，洋の東西を越えて，「親孝行（親に対する尊敬と愛情）」を選択する人々が大多数（7〜8割以上）であることがわかる（角田・鈴

表 3.6 東洋的伝統価値と西洋近代的価値(「親孝行」「恩返し」「個人の権利」「個人の自由」から二つ選択する各組合せの選択率%)

環太平洋価値観国際比較調査

調査地域(調査年)	親孝行 ・恩返し	親孝行 ・権利	親孝行 ・自由	恩返し ・権利	恩返し ・自由	自由 ・権利
日本 (2004)	48.2	11.2	14.1	6.9	11.1	8.7
北京 (2005)	54.7	19.0	13.3	4.5	3.4	5.1
上海 (2005)	58.5	18.2	12.2	4.1	2.6	4.5
香港 (2005)	43.6	14.0	25.9	2.6	7.0	6.8
昆明 (2002)	49.8	20.6	17.1	4.4	2.9	5.1
杭州 (2003)	48.6	22.5	16.1	4.5	2.6	5.8
台湾 (2006)	53.1	17.3	12.3	4.8	6.8	5.7
韓国 (2006)	50.8	18.2	14.5	6.8	5.5	4.2
米国 (2006)	25.5	22.4	11.0	11.5	6.9	22.7
シンガポール (2007)	45.5	30.0	11.9	5.7	2.8	4.1
オーストラリア (2008)	16.6	32.5	12.6	8.6	4.1	25.6

日米欧7ヶ国国際比較調査

調査地域(調査年)	親孝行 ・恩返し	親孝行 ・権利	親孝行 ・自由	恩返し ・権利	恩返し ・自由	自由 ・権利
イタリア (1992)	23.7	29.2	26.3	4.4	2.5	14.0
フランス (1987)	19.3	13.7	20.4	8.4	11.4	26.8
西ドイツ (1987)	8.8	28.0	19.3	3.6	3.4	37.0
オランダ (1993)	11.6	30.1	26.3	2.7	1.1	28.2
英国 (1987)	31.8	20.4	12.5	11.3	8.0	16.1
米国 (1988)	19.5	39.4	12.5	6.3	2.8	19.6
日本 (1988)	47.4	13.7	19.5	4.8	6.9	7.8

上表中,昆明,杭州は東アジア価値観国際比較調査,下表は日米欧7ヶ国比較調査の結果である.上表については,先行する東アジア価値観国際比較調査においても調査された国・地域(日本,北京,上海,台湾,香港,韓国,シンガポール)の結果は,多少の変動はあるものの,全体のパターンとしては同様で,傾向の安定性は確認された.また,上表の日本2004年調査と下表の日本1988年調査の傾向は東アジア2002年日本調査とともに安定性が確認されるが,それに比べると,米国1988年調査と2006年調査の変動は目立つ(米国調査は1988年のGallup社と2006年Kane & Parsons社の調査方法の特性の違いや,この20年近くの政治・経済変動の影響などに留意すべきであろう).

木, 2006, 表 3.3).「洋の東西を越えた普遍的価値」を示唆している (Yoshino, 2009 には, アジア・太平洋価値観国際比較調査のすべての国が含まれた結果が示されている).

なお, このデータの分析では, 日米欧 7 ヶ国は 1988-93 年の調査で, アジア太平洋国際比較は 2004-2006 年の調査なので, 時間的なずれがあるため, 直接の比較には問題がある. しかし, その双方に共通して調査された日本 1988 年調査, 2004 年調査 (および東アジア価値観調査の日本 2002 年調査 [すべて同じ調査機関使用]) の回答パターンがほぼ同様であったことを確認し, これを接続点として, 二つの地域を結び, 日米欧と東アジアを比較するという論拠としたのである. これが CULMAN のパラダイムのもとでの解析の一例である. 厳密に, 時間を超えた比較の妥当性が完全に保証されるわけではないが, 既存のデータの解析を一歩でも先に進める論拠としたのである. なお, 米国調査 1988 年と 2006 年調査は, パターンが同様とみるには問題があろう. これは, このテーマに関し米国人が変化を見せたという「実態」なのか, 調査機関や標本抽出法の差異によるデータの不安定性の問題なのか検討の余地がある.

3.4 がんの告知

日本では, 十分な議論がなされないまま, いつの間にか, 医師はがん患者へ, 病名を告知するのが当たり前のようになってしまっている. しかし, 少なくとも 90 年代半ばころまでは, この告知の問題は医療の世界の重大なテーマであったはずである. 患者によっては, 告知された事実そのものが苦悩を深め, 病気の実態以上のストレスを生じ, 急激に衰弱する危惧も認識されていた.

個人主義で, また訴訟社会の米国では患者や家族に告知しないことで訴えられることを怖れ, 告知を進めていた. これは, 医者側も治療を進めやすいという利点はあったであろう. しかし, それは米国という社会構造や人間関係を考慮した判断であって, 医療も文化や社会状況に依存することに鈍感に, 日本でも同様に告知するようになってしまった. 医者が患者の病気の症状のみをみて治療を施すだけで, 最も重要な医者や患者, 患者を取り巻く職場や学校の人間関係や心の深層を診ない幼稚な医療を進めるシステムが確立してしまったかの

ようである．各々の医師や看護師は尽力しているのであろうが，誤ったシステムや生命観のもとでの尽力は，善意の誤謬となる危惧もあろう．

しかし，少なくとも90年代はたとえば，統計学者の林 知己夫と医師の生越喬二（東海大学）のグループによって，人々のタイプ（「合理派」と「非合理派」）と告知の是非について，真剣に研究が続けられていた．その詳細は，「日本人のこころとがん告知」（日本癌病態研究会 QOL 班, 1996）に報告されている．

その研究では，過去の日本人国民性調査でわかっている日本人らしさの特徴（職場のリーダーとして「人情課長」タイプを好み，信心をもたない人も「宗教心」を大切と思う，など）や，超自然やオバケへの関心の度合，迷信を信ずる度合などと，「自分が癌のとき，医者からどのような時でも告知してもらいたいか，治療の可能性次第では告知してもらいたいか，どのような場合でも告知してもらいたくはないか」などの質問を，病院の患者らからアンケート調査をしてまとめたものである（日本人全体を対象とした調査ではない）．

各質問群から，超自然・オバケ関心尺度，迷信尺度など，いくつかの尺度を構成し，数量化III類で多次元データ解析し，回答者のパターン分類を試み，その結果，次の四つのパターンを得た．

　　合理的志向の考えの人（合理的な人と略す）
　　やや合理的志向の考えの人（やや合理的な人と略す）
　　やや合理的志向でない考えの人（やや合理的でない人と略す）
　　合理的志向でない考えの人（合理的でない人と略す）

しかし，林は，たとえホンネではなくタテマエであろうと回答者が答えた回答をそのままデータとする世論調査の場合とは異なり，その表面的な分類をそのままは受け取らず，さらに回答者のホンネとタテマエの区別を考慮に入れた．つまり，「告知してほしい」は，「本当のことを知ることは正しいことだ，よいことだ，立派なことだ」という社会的に望ましいこと（social desirability）を含意しているので，タテマエとしての回答であり，すべてが本心であるかは疑わしいと，以下のように推察する．

表面的回答では，「告知希望」が全体の1170人中の45%ほどいる．この分析の「合理的な人」で「告知希望」は大体のところ，本心であると思われ，全体の1170人中の177人いる．「やや合理的な人」で「告知希望」は，その半分

が本心と仮定すると，123人の半分62人くらいである．これらを合計すると，(177＋62)/1170＝20％ となる．一方で，「合理的でない人」，「やや合理的でない人」で「告知希望」は，タテマエ意識が強いと推察する．こういう人は，たとえ本人が「告知を希望する」と言っても，慎重に扱うべきと思われる．つまり，表面的回答45％の半分ほどしか，ホンネではないということが推察される．

他方で，「合理的な人」でも，「どんな場合も告知してほしくはない」という人が31人いるが，それらは何らかの明確な理由があってのことであると推察され，さらに「やや合理的な人」で同様な回答者52人の半分の26人を加えると，全体の5％ほどとなる．これらの人に，告知してしまうと大変なことになる危惧があるので，くれぐれも注意が必要である．

さらに，「告知を希望しない」と「治癒の程度による」を合わせると，次のようになった．

	「告知希望せず」と「治癒の程度による」	「告知希望」
合理的でない人	55　(60)	31　(29)
やや合理的でない人	55　(44)	41　(46)
やや合理的な人	40　(47)	51　(45)
合理的な人	34　(33)	56　(59)

「合理的な人」と「合理的でない人」で，「告知希望」が逆転しているのに注意．また，治癒可能性の認識も重要な要素であろう．つまり，かなりの程度の治癒が可能であるならば，「告知」してもらい治療に積極的に立ち向かうが，そうでなければ希望しない．あるいは，そもそも，多くの人々は深刻な状況は，明確ではないがそれとなくわかるような言い方で知らされることを望み，そのほうが一縷の望みが残り，また時間をかけて現実の困難を受け入れ，対処していけるようになっていくことを望んでいるのではないであろうか？

林らの研究成果について，林自身は，問題の重要さに鑑みてタイプの弁別率が十分には高くない（3/4程度）ので，まだ実用に不十分と判断している．しかし，その問題意識の真剣さと，自らの成果に対する厳しい評価は，現今の治療や薬剤評価の甘さに対して，鋭い批判ですらあろう．林らの弁別力にはるかに及ばない結果を得て，なお効果ありと報告している研究も少なくない．

いずれにせよ，要点は，人々の意識のデータを解析するに当たり，性別や年齢層別など外的基準が明確な変数を乗り越えた，「合理派」や「非合理派」などともいうべき人々のパーソナリティのパターンがあり，それが意識調査データの全体を構成するが，医療の問題などのように，個人のレベルで回答データを解析する場合は，人々のパターン分類と「回答」の交絡を考えなければ，大きな誤謬をもたらすということであろう．

3.5 告　　白

以下では，最近の筆者らの意識調査の結果のうち，林らの研究に関連するデータを瞥見してみる．それらは本来，林らの研究の主旨で遂行されたわけではないので，ただちに，林らと同様の解析ができるわけではなく，残念ながら，皮相的な解析にならざるをえないが，少しでも先人の知見に加えるものを得ることを目指した試行錯誤であることを了解願いたい．

東アジア価値観比較調査の「2002年日本B調査」は，一般社会調査の形をとりながらも，特に生命観や霊性に関する項目を多く取り入れてあり，たとえば以下のような問題が含まれている．

　　（この問題は，相手が明らかに病人のときなどは，とばす．）
　　次の問いは少し重い問題なので，もしお答えしたくなければ，しないでもよろしいですが，一応おうかがいします．次のカードを見て，あなたのお気持ちに近い方をお選び下さい．（調査員は，この質問に限り，質問文を読み上げないこと．）
　　問17〔カード18〕あなたが万が一，治すのが難しい病気にかかった場合を想像してください．あなたは，ご自分の家族，親，兄弟姉妹，あるいは親友，恋人など，親しい人に知らせると思いますか．
　　（回答選択肢）　1．親しい人に知らせて，相談したい
　　　　　　　　　　2．親しい人に心配をかけたくないので黙っている

ここでは，前述の林らの研究動機に触発されて，上記のような深刻な状況で「告白」する人のタイプ，しない人のタイプを同定しようと試みて，他のいくつかの質問項目との関連を見る分析を試行した．問いの前の（　）内の文や，問いの冒頭の表現でわかるように，特に，この項目は慎重に取り扱い，たとえ回答者から回答協力のインフォームド・コンセントを得たとしても，調査後に

回答者の心の奥に傷を残す危惧がないように配慮した．それが完璧に達せられているかは明確に知ることはできないが，少なくとも調査研究者の倫理の問題として，配慮を尽くした．

さて，「告白」のタイプの同定のために，他の多数の項目との関連の分析を試行したが，結論から述べると，なかなか単純な構造はつかめなかった．しかし，あまりに多数の関連項目を同時に扱うのではなく，いくつかの組合せで解析し，幾多の項目や項目群の解析の試行錯誤の結果，「告知」との意味のありそうな関連がみられ，たとえば次のような構造が浮かび上がった（以下に示した以外にも，社会的支援の範囲［家族や友人，知人など］などの項目も関連を調べたが，明確な関連を浮き彫りにはできなかった）．

（臓器移植）問21　現代の進んだ医療の一つとして，交通事故や病気などで亡くなった方の心臓や肝臓などの臓器を，重い病気で苦しんでいるほかの人に移植することが可能になっています．万が一，家族や身内が事故などで脳死状態になったとき，重い病気に苦しむ他人のために，臓器を提供してください，といわれたとしたら，どうなさいますか．
　1　他人の命を救えるのだから，臓器をとりだしてもらってよい
　2　他人の命を救うためとはいえ，亡くなった身内の体から臓器をとりだしてもらいたくない

（病気の症状）問13　ここ1ヶ月の間につぎにあげるものに悩みましたか，かかりましたか．

	あり	なし
a. 頭痛・偏頭痛・頭が重い	1	0
b. 背中の痛み・肩こりや腰痛など	1	0
c. いらいら	1	0
d. うつ状態・ゆううつになる，気がふさぐ	1	0
e. 不眠症・よく眠れない	1	0

問13は，5項目の症状の個数が2個以下，3個，4個以上の3分類にし，数量化III類で解析した．この個数の分類は，いくつかの組合せを試行錯誤したうえで，関連が浮き上がってきたものを採用したのであった．

（社会的支援）問5　あなたのご家族も含めて，あなたの周りには，次にあげたような人がどの程度いらっしゃいますか．あてはまる番号を1つずつ選んで下さい．
　a. 物や金銭を貸してくれたり，手伝ってくれる人
　b. あなたの現在の気持ちや状態を理解してくれている人
　c. 気軽に電話したり，会ったりして相談できる人
　d. あなたのことを高く評価していたり，敬意を払ってくれている人

回答選択肢 　1 たくさんいる，2 まあまあいる，3 ひとりだけいる，4 特にいない

　この場合は，回答を「1. たくさん，2. まあまあ」，「3. ひとり」，「4. いない」の3段階に分類し，数量化 III 類を適用した．
　これらの項目群の解析の結果得られた知見は，以下のとおりに要約される．
　(1)　「症状の程度（個数）」と「社会支援の程度」の次元は独立であった．
　(2)　「告白する」と回答する人に多いタイプは，社会的支援が多くの面（金銭を貸してくれる人，気持ちをわかってくれる人，相談相手，自己を評価してくれる人など）で「たくさんある，まあまあある」と回答する．また「病気の症状」は「なし」というか，または5個のうち1, 2個くらいあげる．さらに，家族から他人への「臓器移植」は肯定する．
　(3)　一方，「告白しない」と回答する人に多いタイプは，気持ちをわかってくれる人や相談相手が一人もなく，病気の「症状」の数は中くらい（5項目中3個）の回答をあげる人である．さらに，そのタイプは家族から他人への「臓器移植」は否定する人が多い．

　以上の結果は，あくまでも限られたデータの解析結果にすぎないが，自己開示性とタテマエ（社会的望ましさ social desirability）に関連し，特に大問題は抱えていない普通の人の通常の態度として，(2) のような症状の訴え，告白，臓器移植肯定の態度が現れるのではないかと観ている．このあたりの問題を中心に，さらに試行錯誤を継続中である．

　Tsunoda, et al.(2008) では，より統計的に高度な分析（健康感，宗教性，霊性などの関係についてのマルチロジット分析）をしている．その論文においても，2004年日本調査B（吉野編，2005）のデータのうちの，マルチロジット分析にかける独立変数，従属変数となる項目の選択や，それぞれの変数を作る際の回答カテゴリーの再カテゴリー化は，幾多の試行錯誤を経て，ようやく有意味な関連が現れるものにたどりついている．
　最近では多変量解析の統計ソフトウェアが簡単に活用できるが，ただ得られた調査データをソフトウェアにかければ何か意味のあるものが自動的に得られるわけではない．論文に報告されるデータ解析の結果の裏には，数え切れない試行錯誤があることを銘記していただきたい．

3.6 実証的証拠に基づいた政策立案へ

筆者らの医療に関する調査研究は試行錯誤を始めたばかりであり，いまだ確立したものではない．その動機となった林らの研究の一つの意義は，性別や年齢層別などの外的基準が明確な変数を乗り越えた，「合理派」や「非合理派」などのパーソナリティのパターンの存在を特定したことにある．われわれも，医療の問題などのように，個人レベルで回答データを解析する場合は，そのようなパターン分類と「回答」の交絡を考えなければ，大きな誤謬をもたらす危惧があることに留意していかなければならない．

この「合理性-非合理性」の次元は，医療のみならず，住民意識の解析，選挙投票行動の予測問題，環境問題をはじめ，各国の政府間交渉などを含め，政策立案一般に無視できない基本的な視点となるのではないかと思われる．また現今では，世論調査の低回収率のために，標準的な標本抽出誤差理論が適用できなくなっているが，そのような不完全なデータから重要な情報を読み解くリテラシーのために，この人々のパターン分類に基づくプロファイリングは鍵となるであろう．

たとえば，「オバケ調査」の超自然に対する感情の質問は，「原子力に対する意識調査」でも用いられている（林・守川，1994；北田・林，1999）．この住民の意識調査では，原子力発電推進に対する意識は，当然，原子力に関する知識や社会的態度と関連あるが，他方で，前述した「素朴な宗教感情や深層意識」に示される「合理性-非合理性（あるいは，論理-感情）」の次元との関連が特定されている．すなわち，一方で「合理的考え」は原子力に対する強い賛成と強い反対の両方に密接に関連し，他方で「非合理的考え方」は中間的意見に密接に関連している．

意見を求められたときに，合理的（論理的）理由をつける回答行動は，賛成にせよ，反対にせよ，極端な意見をいう人，あるいは Yes/No を明確に述べる人に共通している．超自然や迷信に関心を示すような非合理（感情）的な考えの人は，「どちらとも言えない」「場合による」という中間的な回答をする傾向があり，そのような回答は，むしろ，ホンネの気持ちを含んでいるとみられる．

また極端な回答の人は他人の説得には応じにくいが，ときには自ら突然意見を変え，しかも反対の極へと変える傾向がある．他方で，中間回答の人は，関連する事故や事件のマスコミの報道や宣伝に流されやすい．ここでいう「合理」は，決して論理的で正当であるというわけではなく，その主張する人や国民の性格として本人の論理を振り回して自己主張するタイプということである．また，ここでいう「不合理」も不適切な態度というわけではなく，むしろ，容易には白黒の判断を下さずに周囲の様子をみたり，心の奥底でさまざまな考えや思いを巡らしたりしながら，明確な自己主張は避けるタイプということである．

　このようなタイプの違いがあるのは，日本人のみならず，広く観察されている．血液型は日本人はすべてA型で，米国人はすべてO型というようなことはなく，どちらの国民にもA，B，AB，O型がいるが，その分布が異なる．同様に，各個人のパーソナリティの分布が国ごとに異なることで，国民全体として現れる性格が異なるように現れるのである．

　日本人の中間回答傾向は合理的に割り切った考えを避ける態度であるが，根底では，多くの人が欧米流の近代科学では説明できないものへの関心をもっていることにも関係があろう．最近，世界的な宗教離れ（世俗化，既成宗教からの乖離）やスピリチュアリティ（霊性）への関心の高まりがみられ，表面上はともかく，その深層には，洋の東西を問わず，日本人と同様の意識があることを示唆している．日本人のもつ素朴な宗教心の底にある「寛容性」が，世界の多様な価値観を連鎖する接続点となり，各国の政策の多様性を包摂し，世界の平和と無理のない着実な経済発展へと結びつくことを期待する．

参 考 文 献

林　知己夫 (1980). 日本人の意識の底を探る―オバケ調査. 数理科学, **18**(6), 23-32.

林　知己夫編 (1979). ノンメトリック多次元尺度解析についての統計的接近. 統計数理研究所・研究リポート, No. 44.

林　知己夫・守川伸一 (1994). 国民性とコミュニケーション（原子力発電に対する態度構造と発電側の対応のあり方）. *INSS Journal*, No. 1, 93-135.

林　知己夫ほか (1998). 国民性七か国比較, 出光書店.

林　文 (2004). 日本人の自然観と素朴な感情. 学際, No. 12, 32-38.

池田謙一 (2000). ネットワークの中のリアリティと投票. ソーシャル・ネットワークと投票行動（飽戸　弘編）. 木鐸社.

稲葉昭英（2008）．ストレス研究の諸概念．家族のストレスとサポート（石原邦雄編，改訂版）．放送大学教材．

北田淳子・林　知己夫（1999）．日本人の原子力発電に対する態度―時系列から見た変化・不変化．*INSS Journal*, No. 6, pp. 2-23.

三野善央（2002）．不況，うつ病そして自殺．教育と医学，**50**(55), 5.

水野欽司ほか（1992）．第5日本人の国民性．出光書店．

日本癌病態治療研究会 QOL 班（1996）．日本人の心とガン告知．

日本人の自然観研究会（1996）．日本人の自然観―自然環境破壊に対する意識の根底をなすもの―．報告書．

Taylor, S. (2004). Reuter 紙の May 19 の記事．

統計数理研究所（2004）．国民性の研究第11次全国調査―2003年全国調査．統計数理研究所研究リポート 92.

角田弘子・鈴木達三（2006）．一番大切なもの―東アジア価値観国際比較調査データ分析から幾つかの話題―．行動計量学，**33**(1), 1-12.

Tsunoda, H., Yoshino, R., & Yokoyama, K. (2008). Components of Social Capital and Socio-Psychological Factors that Worsen the Perceived Health of Japanese Males and Females. *The Tohoku J. of Experimental Medicine*, **216**(2), 173-185.

山岡和枝（2005）．東アジアの人々の「健康感」と関連する社会・文化要因:「東アジア価値観調査」と「医療と文化調査」結果の分析．行動計量学，**32**(2), 191-200.

柳田國男（1977）．妖怪談義（講談社学術文庫）．講談社．

吉野諒三（2001）．心を測る―個と集団の意識の科学―（シリーズ〈データの科学〉4）．朝倉書店．

吉野諒三（2005）．東アジア価値観国際比較調査―文化多様体解析に基づく計量的文明論の構築に向けて．行動計量学，**32**(2), 133-146.

吉野諒三（2008a）．「国民性」と環境問題―文化の多様性を受け入れる政策立案のために―．環境情報科学（特集号），**37**(1), 21-26.

吉野諒三（2008b）．UFO は存在するか？―お化け調査再考「合理と非合理の間」―．市場調査，**273**, 4-13.

Yoshino, R. (2009). Reconstruction of trust on a cultural manifold. *Behaviormetrika*, **36**(2), 115-147.

吉野諒三編（2005）．富国信頼の時代へ．行動計量学，**32**(2), 147-160.

吉野諒三編（2007）．東アジアの国民性　データの科学．勉誠出版．

4

健 康 と 心
―ロジスティック回帰分析―

4.1 ロジスティック回帰分析

心やからだの健康にはさまざまな要因が関係する．これらの要因が健康にどのような影響を及ぼしているかを分析するうえで，ロジスティック回帰分析が役に立つ．

ロジスティック回帰分析（logistic regression analysis）は，1948年に米国のフラミンガムで開始された冠状動脈性疾患に関するコホート研究であるフラミンガム研究（Framingham study）で，発症リスクとして多重リスクファクター（multiple risk factor）という概念に基づいて，線形判別関数として提案されたのが最初とされる(Cornfield, 1962)．その後，最尤推定法によりパラメータを推定する方法も提案され，ロジスティックモデルは，医学や教育学，社会学をはじめ，さまざまな分野で分析ツールとして利用されている．ロジット変換を行うという意味で，多重ロジット分析と呼ぶこともある．

本節ではその概要について，4.2節で述べる実際の調査結果のデータをもとに解説する．

4.1.1 ロジスティック回帰モデル

いま，研究デザインとして，健康満足度の高低に関連する要因の影響を評価するという問題を考えてみよう．医学では，ベースライン時点での要因を調査し，同じ対象について経時的にフォローアップを行う前向きコホート研究といわれる研究デザインを考えることが一般的であるが，ここではいわゆる一時点

で要因とその結果として生じたであろう健康満足度を調査するという横断研究の結果を分析する．健康満足度の高低（1, 0 の 2 値変数）を結果変数と見なし，要因として性別，年齢，社会階層意識を説明変数として取り上げ，それらの関連について検討するものである．

ロジスティック回帰モデルでは，一般にある事象の発生する確率（割合）p を，その現象の生起を説明するために観測された r 個の変数群 $x=(x_1, \cdots, x_r)$ で説明しようと考える．このとき，$x=(x_1, \cdots, x_r)$ という状態のもとで，当該の現象が発生するという条件つき確率を $p(x)$ と表し，これを

$$p(x) = Pr\{発生 | x_1, x_2, \cdots, x_r\} = F(x_1, \cdots, x_r) \tag{1}$$

という関数 F を用いてモデル化する．先の問題では，健康満足度が高いという現象が，説明変数である性別 $X_{性別}$（1 ＝男性，0 ＝女性），年齢 $X_{年齢}$（連続量），社会階層意識 $X_{社会階層意識}$（1 ＝上，2 ＝中，3 ＝下の 3 段階）の状態のもとで生じるという条件つき確率 p を求めることになる．

データは，表 4.1 のように 1 人のデータが 1 行にまとめられた形式を想定する．

このとき，たとえば性別により健康満足度が異なるかを調べるなど，個別の変数の影響をみるには，性別と健康満足度の 2 変数について 2×2 クロス表（分割表）にデータをまとめ，χ^2（カイ 2 乗）独立性検定で関連の有無を検定する．あるいは関連性の指標であるオッズ比 ψ を求め，それが 1 より大きければ男性で健康満足度が低く女性でそれが高い，それが 1 より小さければその逆であり，それが 1 であれば男女で変わらないという解釈ができる．

では，連続量である年齢により健康満足度が異なっているかを調べるにはど

表 4.1 データ例

個人番号	健康満足度	性別	年齢	社会階層意識
1	1	1	60	3
2	0	0	48	3
3	1	1	36	1
4	1	0	51	2
5	0	1	60	3
⋮				

うすればよいか．

いま考えている問題では，健康満足度の高低という2値変数なので，たとえば健康満足度の高低の2群の間で年齢に差があるか検定を行うことも可能であろう．しかし，年齢を連続量として，それが1単位（1歳）増えたら，満足度が高くなる（「1」となる）確率がどのくらい高くなるかということについては，評価できない．

そこで，発生確率 $p(x)$ と説明変数 x との関係を表すために，説明変数 x の影響を通常の回帰モデルで表現してみるとする．

$$p(x) = \beta_0 + \beta_1 x_{性別} + \beta_2 x_{年齢} + \beta_3 x_{社会階層意識} \tag{2}$$

ところが，右辺の値域は $(-\infty, \infty)$ だが，これと左辺の発生確率 $p(x)$ の値域 $[0, 1]$ とは合わない．右辺の値域も $[0, 1]$ を超えないような何らかの関数でモデル化する必要がある．そこでロジスティック関数（logistic function）が利用される．すなわち，

(1) 3個の変数の影響を線形な合成変数

$$Z = \beta_0 + \beta_1 x_{性別} + \beta_2 x_{年齢} + \beta_3 x_{社会階層意識} \tag{3}$$

で表し，

(2) 関数 F を Z のロジスティック関数（logistic function）

$$p(x) = F(Z) = \frac{\exp(Z)}{1 + \exp(Z)} = \frac{1}{1 + \exp(-Z)} \tag{4}$$

としたのがロジスティック回帰モデル（logistic regression model）である．

図4.1に示すように，$(-\infty, \infty)$ の値域をもつ説明変数の合成変量 Z と値域が $[0, 1]$ となる発生確率 $p(x)$ とをロジスティック関数で結合させたモデルである．変形すると

$$\log \frac{p(x)}{1-p(x)} = \beta_0 + \beta_1 x_{性別} + \beta_2 x_{年齢} + \beta_3 x_{社会階層意識} \tag{5}$$

となり，見かけ上，重回帰モデルのような式が現れる．式（5）の左辺を確率 $p(x)$ のロジット（logit）と呼び，ロジスティック回帰モデルを用いた分析をロジット分析（logit analysis）とも呼ぶ．

説明変数の合成変量 $Z(-\infty, \infty)$ の値域と発生確率 $p(x)$ の値域 $[0, 1]$ を合わせるために Z をロジット変換する（図4.1）．

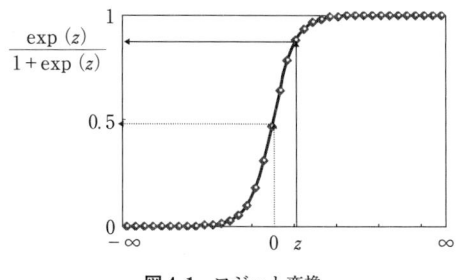

図4.1 ロジット変換

上記のモデルでは社会階層意識を連続量として取り扱った．一般には説明変数 x が連続量のとき，従属変数と関連が有意でも，その関連が直線的（比例関係がある）とは限らない．後述のように，連続変数であってもカテゴリー変数を利用して，関連する変数間の線形性を確認することが大切である．

一般に，説明変数 x がカテゴリー変数のときには，当該のカテゴリーに属する場合は1を，そうでない場合に0を与える，ダミー変数（dummy variables，あるいは design variables）と呼ばれる2値変数 x_k を

$x_k =$ 1，説明変数の第 k カテゴリーに属する
0，説明変数の第 k カテゴリーに属しない

と定義し，説明変数の第 k カテゴリーの効果を表すパラメータを $\beta_k (k=1, \cdots, K)$ とすると，

$$\mathrm{logit}\, p(x) = \alpha + \sum_{k=1}^{K} \beta_k x_k \qquad (6)$$

と表現できる．このような2値変数 $\{x_k\}$ はカテゴリー変数の場合にはパラメータ間に制約条件をおくが，一般的には

(a) 第1カテゴリーのパラメータを0とおく，または

(b) パラメータの総和を0とおく，

として推定することが多い．(a)の場合にはパラメータの推定値の解釈は，第1カテゴリーに対する差，(b)の場合には着目する二つのカテゴリー間の差をとり解釈する．

このような制約条件の違いは，カテゴリー推定値，特に2値の説明変数の解釈をする場合に，ときに混乱を招く場合がある．つまり推定値の正負の符号が逆になるので，注意が必要である．

4.1 ロジスティック回帰分析

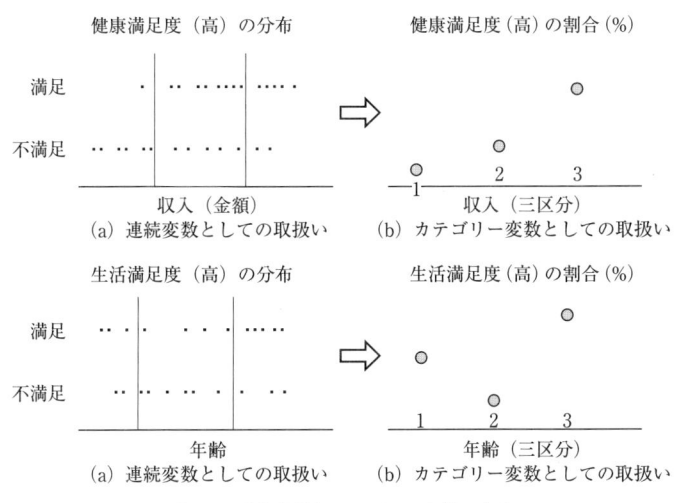

図 4.2 連続変数とカテゴリー変数の意味

カテゴリー変数を利用することは，関連する変数間の線形性を確認するうえでも役に立つ．一般には説明変数 x が連続量のとき，従属変数と関連が有意でも，その関連が直線的（比例関係がある）とは限らない．そこで，

(1) 分位数などを用いてカテゴリー変数とし，
(2) ダミー変数により，各カテゴリーの推定値が直線的かどうかを確認し，
(3) 直線的なら連続量で，直線的でないならカテゴリー変数として取り扱う．

たとえば収入や年齢のような変量を，連続変数とする場合とカテゴリー化する場合との違いについては，図で確認してみると明らかである．

図 4.2(a) の場合のように，収入が増加するにしたがい満足度が直線的に高くなるようであれば，関連は直線的と見なして連続量として取り扱う，あるいはカテゴリーを順序変数と見なして連続量として取り扱うことが妥当であろう．しかし，関連が図 4.2(b) のようなとき，これを連続量として取り扱うと関連を見逃すことになる．この例のような U カーブあるいは J カーブを示す関連は，たとえば心疾患の発症と飲酒との関連でしばしばみられる．分析に際しては，一つずつ丁寧に関連性を確認し，適切な変数変換を行った後で解析を進めていくことが大切である．

4.1.2 ロジスティックモデルのデータ形式，オッズ比の計算と解釈

健康満足度が高である確率（割合）$p(x)$ と「低」である確率（割合）$(1-p(x))$ との比をオッズ比といい，説明変数 x が連続変数の場合には，式 (3) より，次のように表せる．

$$\frac{p(x)}{1-p(x)} = \exp(\alpha + \beta x) = e^{\alpha + \beta x} = e^{\alpha}(e^{\beta})x \tag{7}$$

x が1単位増加するとオッズは e^{β} 倍になる．つまり，単位あたりのオッズ比 ψ は，

$$\psi = e^{\beta} \tag{8}$$

で推定されることになる．

説明変数がカテゴリー変数で，その第 s カテゴリーの第 t カテゴリーに対するオッズ比

$$\psi_{st} = \frac{p_s/(1-p_s)}{p_t/(1-p_t)}$$

を考える．その対数は，

$$\log \psi_{st} = \log \frac{p_s/(1-p_s)}{p_t/(1-p_t)} = \log \frac{p_s}{1-p_s} - \log \frac{p_t}{1-p_t} \tag{9}$$

となる．もし，他の説明変数が同じ値をもてば，上式は

$$\log \psi_{st} = \beta_s - \beta_t$$

となる．このとき，オッズ比は，対数オッズ $\log \psi_{st} = \beta_s - \beta_t$ から $\log \psi_{st} = \exp(\beta_s - \beta_t)$ で推定されることがわかる．これは，他の変数が連続変数の場合でも，あるいはカテゴリー変数と連続変数が混在していても同様に計算できる．これをロジスティック回帰モデルで調整されたオッズ比（adjusted odds ratio）という．これは，他のリスクファクター，交絡因子（confounding factor）を調整したものと考えられる．

連続変数の場合，場合によっては1単位の変化は小さすぎるので，必要に応じて10単位，50単位など，単位を適当に大きくして表現する．

4.1.3 モデルの評価

モデルは，適合度と有意性の二つの面から評価できる．

a. 適合度検定

モデルの適合度（goodness of fit）の評価とは，モデルがどの程度データに適合しているかを，データと推定値との差などを用いて評価することであり，その差が合理的に十分に小さければモデルが適合していると判断する．

モデルの適合度を総合的に評価する尺度としては，以下が一般的である．

デビアンス（Deviance）G^2 尤度比検定統計量

ピアソン（Pearson）残差に基づくピアソン χ^2 統計量

これらの分布はモデルが正しいという仮説のもとで漸近的に自由度が

総プロファイル数 − モデルに含めた項目数 − 1

の χ^2 分布にしたがう．デビアンス G^2 が自由度とほぼ等しくなればモデルの当てはまりがほぼよいと判断される．ただし，ほとんどのカテゴリーの頻度が小さい場合にはこの漸近性が成立しないため，これらの統計量を用いた適合度検定の利用はできない．

このほかホスマー・レムショウ（Hosmer-Lemeshow）検定を用いることもある．これは，発生確率 $p(x_j)$ の推定値で事前に決めたいくつかの群（たとえば10）に分割する χ^2 検定であり，実用的な適合度の検定方法として，よく利用されている．

b. モデルの有意性検定

モデルや説明変数の有意性検定には，ワルド検定，尤度比検定，スコア検定が利用できる．

ワルド検定は適用したモデルの中での変数の有意性検定として，また，検定に基づく信頼区間の計算に多用されている．尤度比検定は説明変数群の有意性の検定として階層的なモデル間の比較に利用できるが，そうでない場合には利用できない．スコア検定は尤度関数を注目する説明変数（群）の係数で微分し，その漸近的分布を利用する方法であり，優れた特徴を有するが，一般の統計ソフトウェアでは標準機能として出力されているのは少ない．

特に，各層が小標本（一概にはいえないが $n = 5 \sim 10$ 程度）の場合はスコア検定のほうが尤度比検定より好ましいとされる．

c. 変数の有意性検定

変数 x_1 の有意性を議論する場合の例

(1) 一つの変数 x_1 だけしかない場合

　　　　　帰無仮説 H_0：定数項だけのモデルが正しい．

　　　　　対立仮説 H_1：変数 x_1 を含めたモデルが正しい．

を検定する．

(2) 1対の変数 x_1, x_2 の場合

変数 x_1 の有意性は変数 x_2 を含める場合とそうでない場合で変化してしまう．この場合は，

　　　　　① {定数項} と {定数項, x_1} を比較する

　　　　　② {定数項, x_1, x_2} と {定数項, x_2} を比較する

の2通りが考えられる．

(3) 多くの変数 x_1, x_2, …, x_r の場合

変数 x_1 を含むと考えられるすべてのモデルのよさを比較し，変数 x_1 の有意性を検討することになるが，これは大変な作業であるので，一般には，一定の基準に基づいた変数選択により関連する要因項目を選択することになろう．

4.1.4 変数選択

説明変数が多い場合には，変数選択を行って，より関連の強い変数を検討することがある．

変数選択には大きく分けて，総当たり法と逐次選択の2種類がある．前者は説明変数の考えられるすべての組合せのモデルを検討し，その中で最適なモデルをある規準（例，AIC 規準）で探索するものである．これは変数の数が大きくなるとその組合せはかなり多数となり，実用上，計算がかなり難しくなる．現実には，通常，後者の逐次選択法（stepwise method）を利用する．

逐次選択法もさらに分けると，主要なものとして① 変数増加法（forward），② 変数減少法（backward），③ 変数増減法（stepwise）の3種類あり，それぞれ統計パッケージに組み込まれている場合が多い．変数増加法は，有意な変数を1個ずつモデルに取り入れていく方法である．変数減少法は，その逆に，最初にすべての変数を取り込んでから，有意でない変数を1個ずつ除去していく方法である．これらに対して変数増減法は，変数増加法のようにいったん取り込んだ変数も取り込んだ変数の組合せによっては有意でなくなることがある

ので，その場合は除去する機能を組み込んだ方法である．一般には増減法を利用することが多い．

4.1.5 実際の解析例

先の表4.1のデータを利用してロジスティック回帰分析により，健康満足度（HS）に関連する要因を検討する解析を行ってみよう．ここでは性別（GENDER），年齢（AGE），社会階層意識（SRSS）を要因として用い，統計ソフトウェア・パッケージSASのLOGISTICプロシージャを利用している．ここでは説明変数として3項目だけを取り上げたが，変数がもっと多くなっても解析の手順については同様である．なお，統計ソフトウェア・パッケージSPSSでは回帰の2項ロジスティック回帰分析を利用できる．また，先に述べたSASのCATMODプロシージャと，SPSSの多項ロジスティック回帰分析が機能的にほぼ対応する．

a. データ形式

( ) 内は変数のとりうる値を示す．

　　結果変数　HS (1, 0)

　要因項目　GENDER (1, 0)，AGE (連続変数)，SRSS (1, 2, 3)

表4.2 解析で用いる変数

入力データ	入力時
結果変数	
健康満足度	HS = 1 （満足度：高）
	HS = 0 （満足度：低）
説明変数（要因）	
性別	GENDER = 1 （男性）
	GENDER = 0 （女性）
年齢	AGE：連続変数
社会階層意識	SRSS = 1 （上） SRSS1 = 1, SRSS2 = 0
	SRSS = 2 （中） SRSS2 = 1, SRSS1 = 0
	SRSS = 3 （下） SRSS1 = 0, SRSS2 = 0

b. 目標とする解析結果

ここでは「社会階層意識が上の人ほど健康満足度が高い」という仮説を，性差や年齢の影響を調整しながら検討する場合を想定する．解析例は健康満足度

が「高い vs. 低い」という形式にデータがまとめられているため，要因との関連性の指標としてオッズ比を用いる．

解析で用いる変数を表 4.2 に示す．ここでは，解析結果を表 4.3 のようにまとめることを目標としてみよう．社会階層意識の健康満足度に及ぼす影響を推定すると，社会階層意識の高いグループのそれが低いグループに対するオッズ比は 1 より大きく，95% 信頼区間も 1 を含まず，グループ 1（社会階層意識が上），グループ 2（同，中）は 5% の有意水準でグループ 3（同，下）に比べて有意に健康満足度が高いという結果となった．一方，単調性のトレンド検定の結果はすべて 5% で有意となった．したがって，「社会階層意識が上の人ほど健康満足度が高いという関係がある」という仮説が検証された．さらに性別，年齢を調整した場合でも同様な傾向が認められた．

表 4.3 社会階層意識の下グループに対するオッズ比の推定結果（$n=751$）

項目	グループ 1	グループ 2	グループ 3	トレンド検定 χ^2 値（P 値）
社会階層意識	上	中	下	
標本サイズ	92	434	225	
健康満足（高）の数	79	354	151	
粗オッズ比	2.98	2.17	1.0	
95% CI	1.55-5.70	1.50-3.14		
				19.0（<0.0001）
年齢調整オッズ比	3.04	2.23	1.0	
95% CI	1.58-5.84	1.54-3.23		
				19.7（<0.0001）
多変量調整オッズ比	3.04	2.25	1.0	
95% CI	1.58-5.83	1.55-3.26		
				19.8（<0.0001）

注）年齢調整（年齢は連続変数）および多変量調整オッズ比（オッズ比と 95% 信頼区間 CI）はロジスティックモデルから推定した．多変量での調整項目は性別，年齢である．トレンド検定の社会階層意識の各カテゴリーのスコアは，各レベルを 1 から 3 という順序づけられたカテゴリーとして，連続量として取り扱ったときの推定値の有意性検定結果をトレンド（傾向性）検定としている．

c. 解析の手順

1) 粗（無調整）オッズ比の計算　ロジスティックモデルで社会階層意識のグループ 3 に対するグループ 1, 2 の粗（無調整）オッズ比が計算できる．モ

デルは，数式で表すと

$$\text{logit } P(X) = \beta_0 + \beta_{\text{SRSS1}}\text{SRSS1} + \beta_{\text{SRSS2}}\text{SRSS2}$$

となる．なお，この無調整モデルはデータに完全にフィットしたモデルである．

2) 年齢調整オッズ比 社会階層意識に年齢の変数 AGE を加え，それについて調整したときの社会階層意識のグループ3に対するグループ1, 2の年齢調整オッズ比を，次のモデルにより推定する．

$$\text{logit } P(X) = \beta_0 + \beta_{\text{SRSS1}}\text{SRSS1} + \beta_{\text{SRSS2}}\text{SRSS2} + \beta_{\text{age}}\text{AGE}$$

3) 多変量調整オッズ比とトレンド検定

(1) 多変量調整オッズ比

年齢のほか，性別の変数 GENDER を加えた多変量調整モデル：

$$\text{logit } P(X) = \beta_0 + \beta_{\text{SRSS1}}\text{SRSS1} + \beta_{\text{SRSS2}}\text{SRSS2} + \beta_{\text{age}}\text{AGE} + \beta_{\text{gender}}\text{GENDER}$$

により多変量調整オッズ比を求める．

(2) 多変量調整トレンド検定

「社会階層意識が高くなるにともない健康満足度が増加する」という量反応関係（dose response relationship）を検証するためのトレンド検定を織り込んだ多変量モデルは

$$\text{logit } P(X) = \beta_0 + \beta_{\text{SRSS}}\text{SRSS} + \beta_{\text{age}}\text{AGE} + \beta_{\text{gender}}\text{GENDER}$$

と現され，これにより単調性のトレンド検定を行う．ここで，変数 SRSS にはグループ1のスコアを1，グループ2のスコアを2，グループ3のスコアを3として与え，連続量として取り扱ったものである．トレンド検定仮説は

$$H_0 : \beta_{\text{SRSS}} = 0$$
$$H_1 : \beta_{\text{SRSS}} < 0$$

である．ただし，検定は両側検定で行うのが通常である．

以上，ロジスティック回帰モデルについての概要を述べた．詳細は，丹後ほか（1996），Allison（1999）などを参照されたい．

4.2 医療・保健における調査データ解析―東アジアの人々の健康―

人々の健康はそれを取り巻く文化や社会的環境，行動により影響を受ける．たとえばプラセボ（薬として効く成分が入っていない偽薬）が人間の心身に及

ぼす影響についても，文化や社会的背景によって異なってくる可能性があり，国際比較の際にはこのような違いも含めて考えることが大切である．文化や社会的背景の影響は個人のレベルでの関連だけをみているとなかなかつかみにくいが，木をみて森をみずではなく，森をみてから個々の木々をとらえるように，まず国際比較のような大きな単位で比較することによりみえてくることがある．

　ここでは，2002-2004 に東アジア（日本，韓国，シンガポール，中国本土の 5 都市，および台湾）で行った東アジア価値観国際比較調査（代表：吉野諒三）結果から，人々が心とからだの健康についてどのように感じているか，また，それらにはどのような文化・社会的要因が関連しているかについて国際比較調査データを分析した結果を，主として Yamaoka (2008) の論文に基づいて述べ，さらに他の調査結果からの知見を加えた．東アジア価値観比較調査の詳細については（吉野編，2007）を参照されたい．

4.2.1　医療・保健分野における文化・社会的要因の分析

　世界各地で無差別テロが勃発し，一方で経済的不況によるリストラなど，今日，さまざまな面での社会的緊張が大きな社会的問題となっている．社会的緊張の高まりが，人々の健康に及ぼす影響は計り知れない．これはストレスと深く関係する．

　ストレスは，20 世紀初頭キャノン（W. Cannon）がアドレナリンにより身体的変化が生じることを動物実験で明らかにし，セリエ（H. Selye）が外界からの異物の侵入で身体に共通に現れる副腎皮質の肥大，胸腺や脾臓の萎縮，胃・十二指腸潰瘍といった身体の非特異的反応を「ストレス」とした「ストレス学説」を提唱し，以後，ストレス科学として医学において発展してきた．しかし，社会的緊張から生じるストレスやその対処方法も，当然，文化や社会環境などにより異なり，単に右から左へと文化や社会環境の異なる民族へ適用することはできないであろう．

　病気と健康の研究，医療の実践は，一見現代科学に基づいているようにみえながら，実際は非常に根深く文化的に意味づけられた側面が少なくない．人々の健康状態を左右する要因は，人種（ethnic group）あるいは民族（race）に

より影響を受ける．特に，痛みや病気の表現の仕方，あるいはストレスの影響の文化や民族による差異については古くから検討されている（ペイヤー，1999；大貫，1985；瀧澤，1998；大木，2002 など）．

林 知己夫らは連鎖的比較研究法（Hayashi, 1996；Yoshino & Hayashi, 2002）に基づく計量的文明論（林，2001a）の立場から，統計的標本調査データを用いて，「病気の症状の訴え」という態度が深く文化の相違を反映していることを，日米欧7カ国で行った「国民性7ヶ国比較調査」のデータ解析結果から浮き彫りにした（林ほか，1998, I部6章を参照）．

一方，身体と社会・文化要因との関連では，近年では自覚的健康度，うつ状態，心身症とソーシャルキャピタルとの関連が研究され，「医療文化人類学」（医療人類学研究会編，1992）や「社会疫学」（Kawachi & Berkman, 2000）が展開されてきた．たとえば河内ら（Kawachi, et al., 1999）は，人々の寿命と対人的信頼感やソーシャルキャピタル（ボランティア活動への参画など）との相関を報告している．また，このような社会疫学の考え方は，WHOが1986年にオタワ宣言として提唱したヘルスプロモーションとも共通し，そこでも，個人だけではなく社会環境も含めた人々を取り巻く環境の改善が重視されている．これは，集団に対するアプローチ（population approach）としてRose（1992）が提唱した予防医学においても，ハイリスク者に対するアプローチ（high risk approach）とともに重要な戦略として取り上げられている．

一方，健康感には自己開示（self-disclosure）が影響する可能性があり，それが文化により異なる可能性があることも示唆されている．自己開示の影響は，かねてから指摘されてはいるが，その要因に関していまだ明確な関連が示されておらず，性差も含め，西洋と東洋では大きな相違がある可能性がある．そしてそれは健康感や生命観にも深く影響していると思われる．このような関連性の解明には，さまざまな国々の人々を比較することが重要となろう．

4.2.2 ソーシャルキャピタル

近年，ソーシャルキャピタル（social capital）（社会関係資本）という社会的要因の健康への効果について注目されている．ソーシャルキャピタルは，いまのところ，各研究者の関心の焦点の違いなどで，さまざまに定義がされてい

る.たとえば,パットナム(Putnam, 1993)らは,「ソーシャル・キャピタル」を「人々の協調行動を活発にすることによって社会の効率性を高めることができる『信頼』『規範』『ネットワーク』といった社会組織の特徴」と定義している.狭義には社会における相互信頼や相互利益,相互扶助に対する規範をさすこともある.対人関係には,ソーシャルサポートやソーシャルネットワークも含まれよう.ソーシャルサポートは信頼できる関係の質的側面,ソーシャルネットワークは家族・親戚・友人の数や所属する組織などによって示される量的側面である.

一方で構造的,認知的という次元による分類もある.構造的次元はソーシャルネットワークを,たとえば参加しているボランティア組織の数など,具体的な行動として特徴づけられる.認知的次元は,人々への一般的信頼感や互酬性の規範,対人相互関係(ソーシャルサポート)などを反映したものとされる.他方で,その取り扱う単位が,個人レベルと地域や領域,民族,国家レベルなどの集団レベルに分けられる.個人レベルでは,ソーシャルキャピタルは個人が属するネットワークを示し,グループレベルでは社会構造の特徴として考え,この意味で,ソーシャルキャピタルは人々の属する社会(グループ)のリソースに関連するものとしてとらえる.

4.2.3 ソーシャルキャピタルと健康

先述したように,人々の健康感や幸福感などといった精神面も含めた,心と健康へのソーシャルキャピタルの影響を,「参加しているボランティア組織の数」という構造的次元,一般的信頼感(個人への信頼感),互酬性の規範といった認知的次元など,さまざまな角度からとらえた研究がなされている.主として欧米諸国を中心とした研究であったが,近年では多くの国で研究がなされている.たとえば,健康状態のよさや幸福感といったものと信頼感などのソーシャルキャピタルが深く関係していることが指摘されている(Kawachi, 1999).社会参加の多さが人々の相互の信頼を増加させ,自覚的健康度が高くなり(Subramanian, et al., 2002),一方,ボランティア組織への平均加入数が低い人ほど,健康状態が悪いと回答する割合が高くなる(Lindström, 2005)ことも報告されている.また,カナダの(Veenstra, 2005)の自覚的健康感と

行政に対する信頼や近隣の人々への信頼感との関係の研究,オーストラリア (Baum & Ziersch, 2003),ロシア (Rojas & Carlson, 2006) の研究でも対人的信頼感と健康とが関連することが報告されている.

ヨーロッパ,北アメリカ,およびアジアを含む国レベルの研究では,ソーシャルキャピタルが健康満足度に関連していること (Bjornskov, 2003),また米国とカナダでの世界価値観調査 (World Values Survey) による国際比較調査のデータの解析で,地域の社会的規範や信頼感,社会的ネットワークが人々の健康や幸福感に及ぼすことが指摘してきた (Helliwell & Putnam, 2004).一方で,カナダでの横断調査の結果では,それらの指標は健康状態に関連しなかったという報告もある (Veenstra, 2005).

これらの調査結果の差異は,一方でソーシャルキャピタルの概念や測定方法などの差異によるものがあり,他方で実際に各国や地域の社会,経済,属性などの要因の関連の度合が異なっているためとも考えられる.したがって,サンプリングも含む調査方法の違いなど,結果を解釈する際には慎重に考慮したうえで,健康に及ぼすソーシャルキャピタルの影響における文化差を検討すべきである.

最近の研究では,個人レベルとそのおかれている地域環境レベルの双方をモデル化して検討するという,階層構造を想定したマルチレベル解析も主要な分析方法となってきている.Yip, et al. (2007) による最近の報告では,田舎の地方の都市でソーシャルキャピタルと,健康と幸福との関係を調べ,その結果から,認知的ソーシャルキャピタル(対人的信頼感)が村のレベル,個人レベルともに健康感や幸福感と関連していることが示されている.しかし,Kawachi, et al. (2004) によるレビューも含め,これまでにこれらの研究の多くが米国と欧州諸国からのデータに基づいたものであり,アジアの人々を対象としたものはわずかである (Yip, et al., 2007).そこで,本論では,東アジアでの調査結果をもとに,個人レベルでソーシャルキャピタルなどの社会要因が健康に及ぼす影響を検討した結果について,欧米諸国との比較を行いながら論じる.

4.2.4 東アジア地域の分析
a. データ

用いたのは「東アジア価値観国際比較調査」(代表：吉野諒三) データで，調査対象は，日本，韓国，中国（北京，上海，杭州，雲南，香港の各都市部），台湾，シンガポールのそれぞれの国や地域に居住し，それぞれの国の国籍をもつ成人全体であった（表4.4）(調査の詳細は，吉野編，2007参照). さらに，比較のために，20年ほど遡るが，「意識の国際比較調査」(代表：林知己夫) の日本と米国と欧州の5カ国（旧西ドイツ，フランス，英国，オランダ，イタリア）の結果（表4.5）を用いた（調査の詳細は，林ほか，1998参照).

「7ヶ国意識の国際比較調査」および「東アジア価値観調査」の詳細は，ここでは省略するが，用いたデータの実施年，回収標本数は表4.4，表4.5のとおりである．なお，台湾と韓国においては，東アジア価値観調査とほぼ同時期（1～2週間後）に同じ母集団から抽出した同等と想定されるサンプルで「医療と文化調査」(代表：山岡和枝) を行っており，共通質問を含んでいるので，回答分布の調査間のバラツキ（分散）をある程度評価できる．

b. 分析に用いた項目と分析方法

オリジナルの調査票は各国・地域で社会的，文化的な態度や価値観に関連する数十問の質問で構成されており，文化的アイデンティティや，社会経済状態，人間関係，リーダーシップ，宗教的態度，科学技術に関する社会的価値観，政治，社会保障，クオリティ・オブ・ライフ（生活の質，QOL），健康，属性などの

表4.4 東アジア価値観調査結果

国・地域	調査年	回収標本数
日本	2002	787
北京市	2002	1062
上海市	2002	1052
雲南市	2002	1021
杭州市	2002	911
香港	2003	1057
台湾	2003	732
韓国	2003	1006*
シンガポール	2004	1037*

*割当法による

表4.5 7ヶ国国際比較調査結果

国・地域	調査年	回収標本数
旧西ドイツ	1987	1000
フランス	1987	1013
英国	1987	1343
米国	1988	1563
日本	1988	2265
イタリア	1992	1083
オランダ	1993	1048

質問が含まれている．すべての調査票は，翻訳・再翻訳法で確認されているが，文化の相違による質問のもつ意味の相違などについては言語的な翻訳の一致性だけからでは完全には解決できないことは，国際比較可能性の基本問題である（Part I 参照）．結果については，このような限界を考慮して，慎重に解釈する必要がある．

分析では，データの特徴を把握するために，まず単純集計表で頻度を比較し，

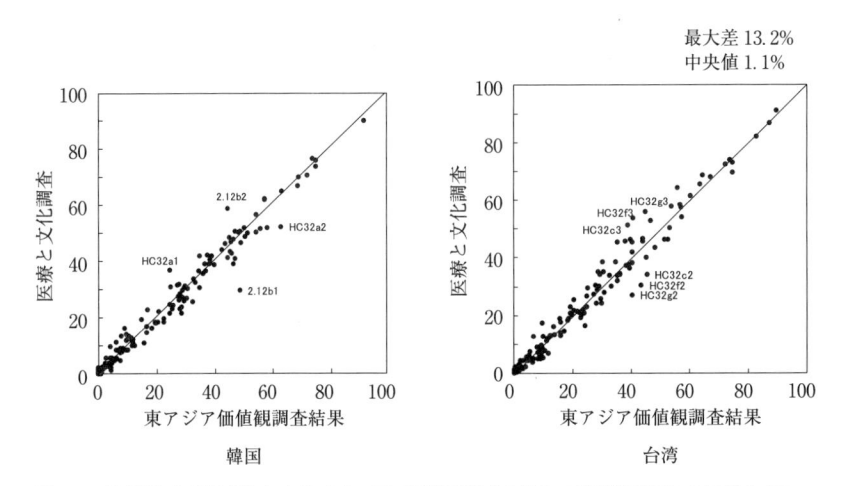

図 4.3 「医療と文化調査」および「東アジア価値観調査結果」の共通質問にみる回答分布の一致性

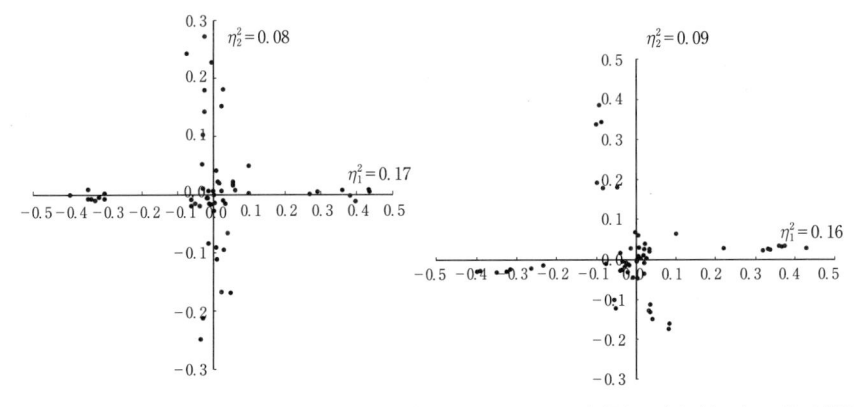

図 4.4 韓国における「医療と文化調査」（左図）および「東アジア価値観調査」（右図）の共通質問における回答データの構造の整合性の比較

さらに複数の質問項目間の関連を数量化III類によるパターン分類で検討した．その後，健康感と他の諸要因との関連をロジスティック回帰分析により検討するという手順で行った．

なお，台湾と韓国については，ほぼ同時期に調査が実施された二つのデータをもとに，共通質問を用いて回答の一致具合の検討を行った．図4.3は韓国および台湾での調査の共通質問の各々について，それぞれの回答分布の一致度を表示している．図4.4は，「東アジア価値観調査」と「医療と文化調査」の双方の韓国のデータについて，数量化III類を用いて，それらの回答データの構造を比較検討した結果である．全体として，データの構造は，様相がかなり整合していると判定できよう．詳細は（山岡・李，2004）を参照されたい．

1) ソーシャルキャピタルの指標　ソーシャルキャピタルの構造的次元として，ボランティア組織への参加数を指標として取り上げた．これは所属しているボランティア組織（スポーツ，趣味，文学グループ，同窓会，教会グループ，政治団体など）について尋ね，その個数を測定して指標としたものであり，先に述べた河内らの研究でも取り入れられている指標である．日本語調査票での質問は下記のとおりである．

問54〔カード36〕あなたは，現在，何らかの組織やクラブの会員になっていますか．このカードをご覧になって，どれに所属しているのか教えてください．いくつでもよいです．(M.A.)
 1. 自治会，町内会
 2. PTA，父母の会
 3. 婦人会，老人会，青年会
 4. 消防団，防犯協会
 5. 農協，漁協，森林組合
 6. 商工会，その他の業界団体
 7. 労働組合
 8. スポーツ，レクリエーション，趣味・文化サークル
 9. 県人会，同窓会，OB会
 10. 宗教団体
 11. 生協（生活協同組合），消費者運動
 12. 政治団体，後援会
 13. 市民団体，住民運動，自然保護団体
 14. その他
 15. どれにも入っていない

国によってボランティア組織といってもその組織の種類，形態，総数は異なる．中国のように，多くのNGO/NPOが実は政府と深く結び付いているというようなこともある．また，日本でも自治会加入など，「自発的参加」としてとらえているか，近所づきあいとしての暗黙の強制に近いととらえるか，人によっても判断が異なるであろう．したがって，国際比較で，その参加数の細かい違いをそのまま扱うと，この分析の趣旨とは異なる影響を与えてしまうかもしれない．

そこで，ここでは多少粗い観点ではあるが，少なくとも何かそういったものに参加しているかどうかを，なし（＝0），あり（＝1以上）と2区分してみた．

認知的次元の信頼感として，互酬性の規範（問36）と対人的信頼感（問38）の二つの質問を用いた．これらの質問は，もとはNational Opinions Research Center（NORC，米国）によって行われたGeneral Social Survey（GSS）に由来する．日本語調査票では，以下のようになる．

[問36] たいていの人は，他人の役にたとうとしていると思いますか，それとも自分のことだけ考えていると思いますか．
1　他人の役にたとうとしている
2　自分のことだけ考えている

[問38] たいていの人は信頼できると思いますか，それとも，常に用心した方がよいと思いますか．
1　信頼できると思う
2　常に用心した方がよい

組織への信頼では，以下に示すように，社会の制度や組織に関連するGSS本来の9項目と，われわれが追加した「科学技術への信頼」の1項目について，信頼の程度を尋ねた．

問41　〔カード24〕あなたは，次にあげる組織や制度，事がらをどの程度信頼しますか．「非常に信頼する」「やや信頼する」「あまり信頼しない」「全く信頼しない」のいずれかでお答え下さい．（1つずつ○印）

	非常に信頼する	やや信頼する	あまり信頼しない	全く信頼しない	わからない
a. 宗教団体	1	2	3	4	9
b. 法律や裁判の制度	1	2	3	4	9
c. 新聞・テレビ	1	2	3	4	9

d.	警察……………1	2	3	4	9
e.	国の行政………1	2	3	4	9
f.	国会……………1	2	3	4	9
g.	NPO・NGO（非営利団体や非政府組織）				
	……1	2	3	4	9
h.	社会福祉施設………1	2	3	4	9
i.	国連……………1	2	3	4	9
j.	科学技術………1	2	3	4	9

これもボランティア組織への参加数の場合と同様に，国により組織の形態や意味が異なるとも考えられるが，一つの指標として取り扱ってみた．

さらに，次のように，悩みごとなどの相談相手（問45）を取り上げた．この「相談相手」は認知的なソーシャルキャピタルの次元に関与すると見なされ，ソーシャルサポートの一つの指標といえよう．

> 問45 〔カード27〕あなたは悩みごとや重大な相談事を，まずどなたに相談していますか，あるいは，するとおもいますか．
> 1　父親
> 2　母親
> 3　きょうだい
> 4　その他の家族や親戚
> 5　学校の先生や塾の先生
> 6　友だち
> 7　その他（記入　　　　）
> 8　相談できる人がいない
> 9　特に悩みはない

2) 属性，その他　属性（性別，年齢，学歴）に関する質問項目のほか，さらに以下のように宗教の有無（問42a），社会階層意識（問6），不安感（問10）を取り上げた．

> 問42a．宗教についておききしたいのですが，たとえば，あなたは，何か信仰とか信心とかを持っていますか．
> 1　もっている，信じている
> 2　もっていない，信じていない，関心がない
>
> 問6 〔カード3〕かりに現在の日本社会全体を，ここに書いてあるように5つの層に分けるとすれば，お宅はこのどれにはいると思いますか．
> 1　　2　　　3　　　4　　　5　　　8　　　　　　　9
> 上　中の上　中の中　中の下　下　その他（記入　　　）わからない

問10 〔カード6〕ときどき，自分自身のことや家族のことで不安になることがあると思います．あなたは，次のような危険について不安を感じることがありますか．

	非常に感じる	かなり感じる	少しは感じる	全く感じない	その他	わからない
a. まず，「重い病気」の不安はどの程度でしょうか．	1	2	3	4	8	9
b. では，「交通事故」についてはどうでしょうか．	1	2	3	4	8	9
c. では，「戦争」についてはどうでしょうか．	1	2	3	4	8	9

なお，収入に関する質問は，国によっても異なるが，プライバシーに関与するので回答者が答えず，欠測値が多くなる傾向がある．この欠損値に関して，ランダム（missing at random：MAR）という仮定は適切でなさそうである．たとえば，日本人は金銭のことを表立って話すことは「はしたない」と思うことや，他の国でも犯罪などの危険を考慮して，ある程度以上の資産家は収入を知られたくはないというようなことはありそうである．

実際に，7ヶ国調査データの分析の際に，収入の欠損値を一つのカテゴリーとして他の変数との関連を分析したところ，国によって，他の変数との関係が異なっていることがわかった．つまり，ある国では低所得層が回答せず，また別の国ではむしろ高所得者層が回答しない傾向があった．また，収入の回答と社会階層意識との回答はある程度相関すると考えられることから（スピアマン相関係数は 0.32 ［男性 0.33，女性 0.31，$p<0.001$］），経済レベルの指標として，比較的欠損値の少ない社会階層意識の項目を用いることも一つの方法と考え，ここで用いた．もちろん，この指標は主観的評定の回答であるから，その解釈には注意を要する．

3) **健康指標**　「健康」と一口でいっても，WHO憲章による「健康とは，身体的，精神的，社会的に完全に良好な状態であり，単に疾病のない状態や病弱でないことではない」という定義にもみられるように，さまざまな側面がある．死亡率や症病の有無，疾病リスクの大きさ，ストレスの有無，自覚症状，健康満足度，幸福感，などなど，さまざまな指標が人々の「健康」状態を表す指標として考えられる．

なお，WHOの健康の定義に関しては，WHOの従来の健康定義に spiritual

とdynamicを加えた新しい文章へ改正するという健康定義改正案が，第52回世界保健総会で，アラブ諸国を中心とするWHO東地中海地域地方事務局からWHO執行理事会に提案された．この定義に関しては，日本でも公衆衛生関係者の間でその日本語訳について話題になっていたものである．この案は結局，事務局長預かりとなり定義改正は行われなかった．

新しく健康定義に盛り込むことを提案されたspiritualとdynamicは，イスラム文化の影響を強く受けた健康観をもつ人々からであった．医療と宗教は，ともに健康を課題として取り組むという共通点があるが，特にspiritualの問題は文化的背景によってアプローチも多様であり，健康目標達成の施策と評価方法も一義的ではなく，加盟国それぞれの国民がもつ健康観によって解釈に幅が生じる可能性がある．WHOの健康定義の一部である精神的および社会的福祉の状態を加えた総合的な健康評価についていまだ明確な指針は出されていない状況では，ますます混乱をきたす可能性があるということが大きな理由であったようである．これらの詳細については臼田（2000）に述べられている．

ここでは，自覚的健康感に関する質問項目として，自覚症状の訴えの個数（5

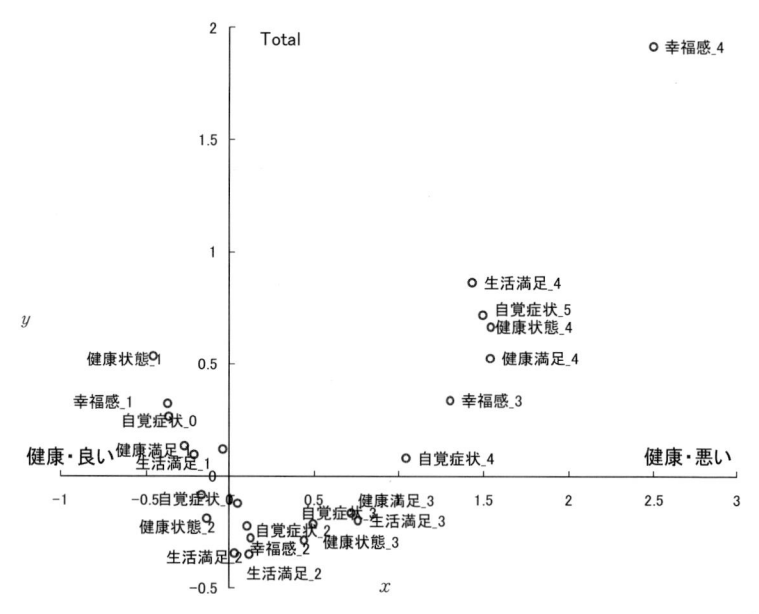

図4.5 健康指標の数量化III類によるパターン分析結果

表 4.6　健康指標間の相関係数（スピアマン）

項目	自覚症状	健康満足度	生活満足度	健康状態
健康満足度	0.16			
生活満足度	0.15	0.22		
健康状態	0.24	0.48	0.16	
幸福感	0.19	0.20	0.30	0.31

米国，ドイツ CATI 調査結果

項目の症状への反応個数もしくは反応の有無），健康満足度，生活満足度を取り上げた．ここで用いた五つの自覚症状（すなわち，頭痛，背中の痛み，いらいら，うつ状態，不眠症）の項目は，フランスの CREDOC（現在は IRDES）という調査機関が用いていた 5 項目である．これらの自覚的健康感の指標は相互に関連している．

東アジア調査では調べられていないが，これらの項目のほか，自覚的健康度として健康度を 5 段階で尋ねた質問や幸福感などの質問も加えて，米国とドイツで行った RDD CATI（Random Digit Dialing with Computer Assisted Telephone Interviewing System）調査結果から項目間の関連性を相関係数（Spearman）と数量化 III 類でパターン分析した結果からとらえてみよう（図 4.5 と表 4.6）．なお，米国とドイツでの CATI 調査の詳細は山岡・吉野（2008, 2009）を参照されたい．

図 4.5 からは，項目・カテゴリーの関連が U 字型を呈する構造（ガットマンのスケログラム・アナリシスのように，たとえば U 字のプラス側では，プラス側の反応の多い人のみが反応するような項目が原点から離れ，マイナス側への反応の多い人が反応するような項目は原点付近に布置することを示す）を呈しており，ほぼ 1 次元で表されていることがわかる．このようなとき，反応の個数をそのまま「得点」として，健康度を表す指標とすると，1 次元の順序構造を保っている尺度となることが期待されるので，そのように得点化するのも一つの手である．ここでは，自覚症状（SRHS）（問 4），主観的健康満足度（HS）（問 5），生活満足度（LS）（問 14）を健康指標として用いた．これらの指標から，自覚的健康度を把握することにしたのである．

問4 〔カード1〕ここ1ヶ月の間につぎにあげるものに悩みましたか.（かかりましたか.）

		あり	なし
a.	頭痛・偏頭痛・頭が重い………………………	1	2
b.	背中の痛み（肩こりや腰痛など）……………	1	2
c.	いらいら…………………………………………	1	2
d.	うつ状態（ゆううつになる，気がふさぐ）…	1	2
e.	不眠症（よく眠れない）………………………	1	2

問5 〔カード2〕あなたと同じ年の人と比べて，あなたの健康状態はいかがですか．
  1 非常に満足している   4 満足していない
  2 満足している   8 その他（記入   ）
  3 あまり満足していない   9 わからない

問14 〔カード10〕あなたの生活についておききします．ひとくちにいってあなたは今の生活に満足していますか，それとも不満がありますか．

1	2	3	4	5	8	9
満足	やや満足	どちらともいえない	やや不満	不満	その他（記入　）	わからない

c. 東アジアの人々の健康指標間の関連

　健康満足度，自覚的健康度，自覚症状の国・地域での関係を，数量化III類によるパターン分類により検討した．国・地域別，性別に分析した結果，全体的に第1軸では症状の訴えの有無（一つでも症状があるか否か）が，第2軸では「いらいら」「うつ」「不眠」といった，いわば「精神的症状」と，「頭痛」「背中の痛み」といった，いわば「身体的症状」が分かれるところが多く，一部，やや異なった関連を示す地域があったものの，「不眠」を除いては比較的類似した関連がみられることがわかった（図4.6(a), (b)：日本での男女別分析例参照）．

　さらに自覚症状を一つでも症状があるか否かという2値変数として取り扱い，これに健康満足度，生活満足度を加えて国・地域別に分析した結果からも，いずれの国でも主観的健康のいくつかの側面を持った三つの指標は，同じように健康を表す指標と見なして用いることは妥当と考えられた．

　次に，「東アジア」のみのデータ，さらに「東アジア」に7カ国と環太平洋価値観調査結果など他の調査結果を含めたデータに自覚症状項目のパターン分類を行った．なお，後者ではサンプル数が大きく異なるものがあるため，分析の際にはサンプル数が同じになるように重み付けした方法により分析を行って

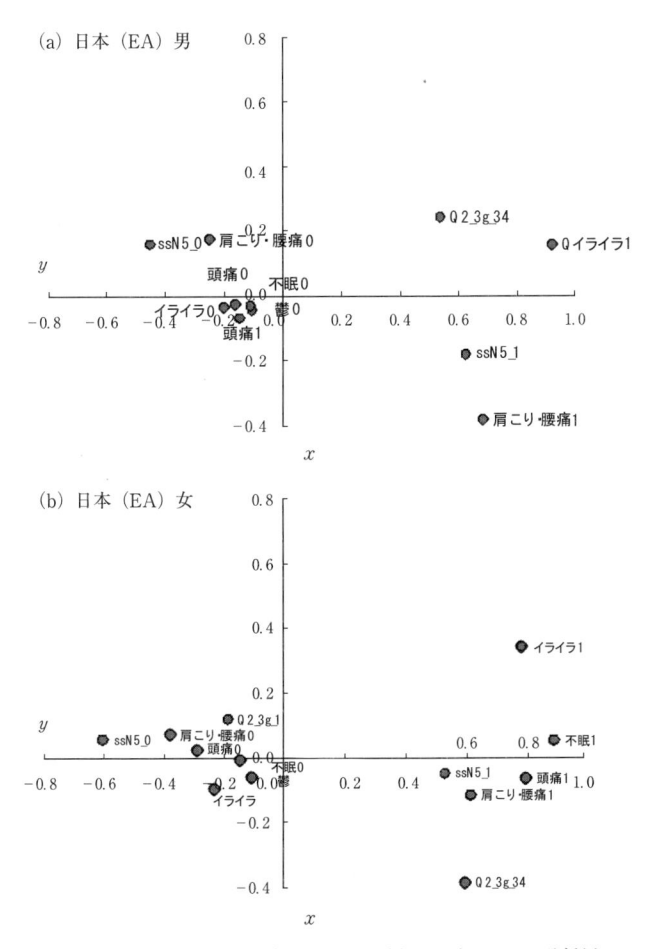

4.2 医療・保健における調査データ解析—東アジアの人々の健康— 151

(a) 日本（EA）男

(b) 日本（EA）女

図 4.6 自覚症状項目の男女別パターン分類：日本データの分析例

ある．結果は図 4.7，図 4.8 に示す．図中では近い位置にある国・地域や項目どうしは，関連が強いことを表している．精神的症状の多さとフランス，イタリア，中国の各地域が関連し，身体的症状の訴えの多さと韓国が関連しているなど，国や地域による自覚症状の訴えの違いがみられた．

次に個別の指標での分布を男女別に求め，図示した．ただし，「7ヶ国国際比較調査」は 1987-1993 年，東アジアでの調査は 2002-2004 年に遂行されており，10 年ほどの違いがあることに留意しよう．

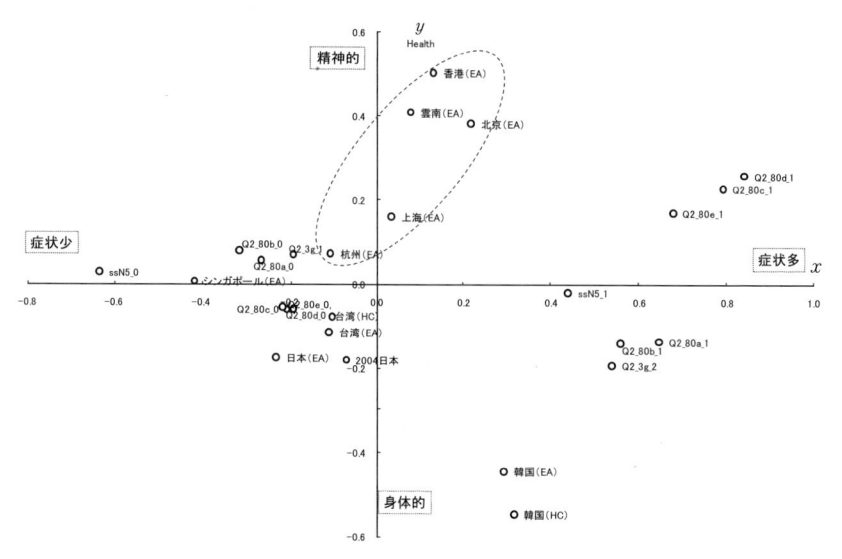

図 4.7 「東アジア」での自覚的健康度のパターン分類結果

　自覚症状の国ごとの平均反応個数は，「東アジア」の中ではシンガポール，杭州，台湾，日本で低く，韓国で高く，「7ヶ国国際比較調査」では，日本がやはり低く，フランス，イタリアで高い傾向が認められた（図4.9）．自覚的健康度に関しては，双方の時期で調査が実施された日本人のデータをみると，健康問題に関する訴えは男女とも「東アジア」調査では高くなっているが，これは「背中の痛み」の項目に関して「東アジア」調査では（肩こりや腰痛など）という説明が付記された影響であろうと思われる．身体的には同じ部位の痛みを指す言葉でも，各国で日常よく使われる表現であるか否かで回答分布に影響が出る例であろう．

　健康不満足の割合は，国別では韓国が男性と女性の両方（それぞれ37.2%と52.8%）とも最も高く，シンガポール（6.0%と10.9%）が最も低かった（図4.10）．また，日本人のデータをみると，調査時点は異なるがほぼ類似した回答割合であった．先の「7ヶ国国際比較調査」結果では，欧米に比べて日本で不満足が多いことが認められていたが，「東アジア」を加えた分析により，欧米諸国に比べ「東アジア」は不満足が多く，その中では日本のみが多いということではないことがわかった．なかでも韓国の不満足の割合の多さは男女とも

4.2 医療・保健における調査データ解析—東アジアの人々の健康— 153

図 4.8 「東アジア」に 7 ヶ国と環太平洋調査結果を含めた自覚症状項目のパターン分類結果（サンプル数が等しくなるように，分析の際に重みをつけて解析した）

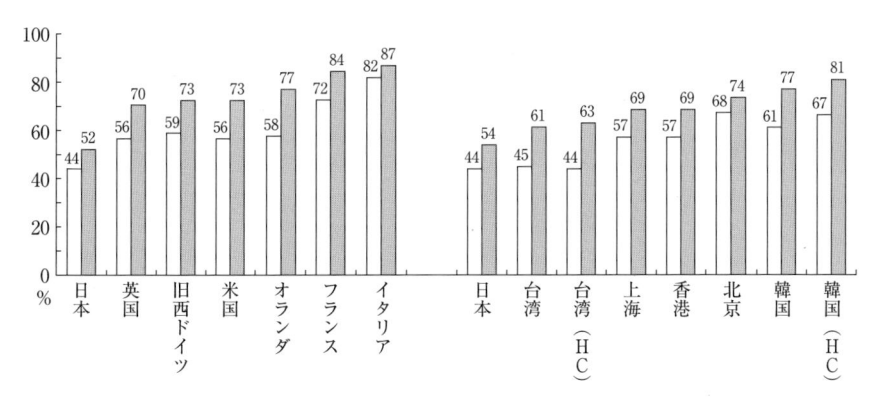

図 4.9 自覚症状 5 項目中一つ以上ありの割合（□：男性，▨：女性）
7 ヶ国国際比較調査（1987-1993），東アジア調査（2002-2004），HC は「医療と文化調査」．

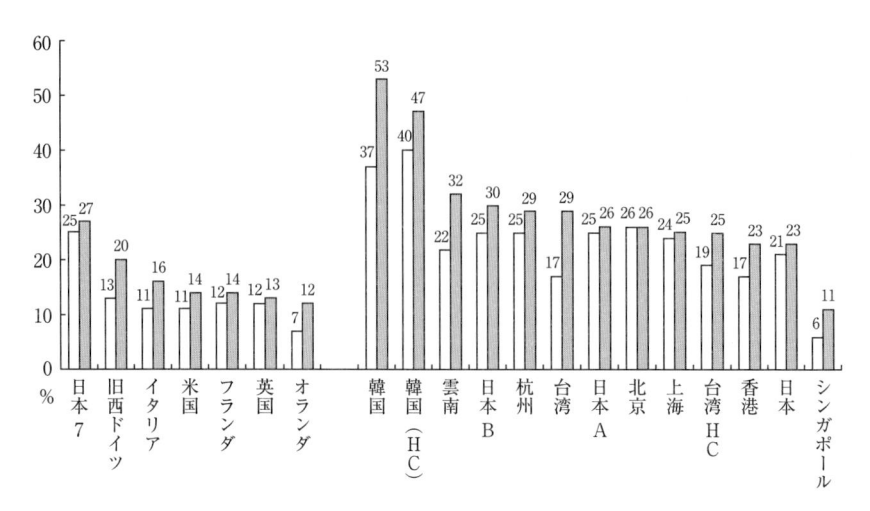

図 4.10 健康満足度「不満足」の回答割合 (□:男性, ■:女性)
7ヶ国国際比較調査 (1987-1993), 東アジア調査 (2002-2005).

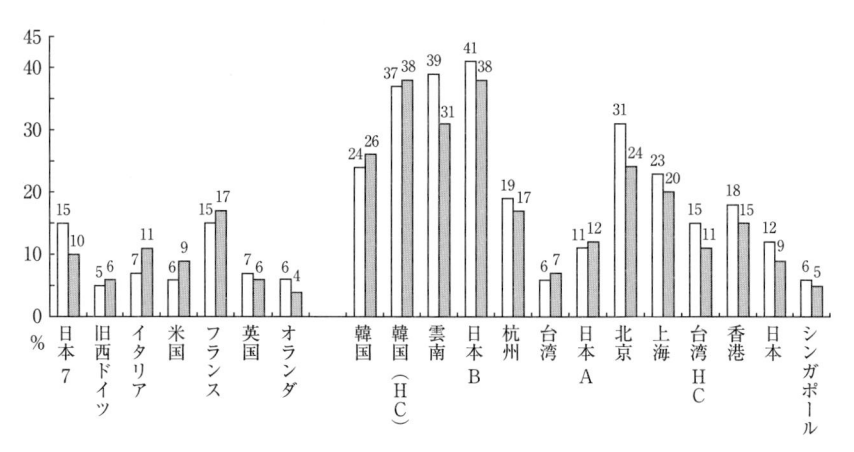

図 4.11 生活満足度「不満足」の回答割合 (□:男性, ■:女性)
7ヶ国国際比較調査 (1987-1993), 東アジア調査 (2002-2005).

顕著であり，これらは，医療と文化調査の結果 (H) でも同じ傾向が確認された．
　生活不満足の割合は，特に欧米と東アジアで相違が大きいということはなく，また男女差も女性で高いというような一定の傾向は示していない．男性と女性の両方とも昆明が最も高く (それぞれ 38.5% と 31.0%)，シンガポールが最も

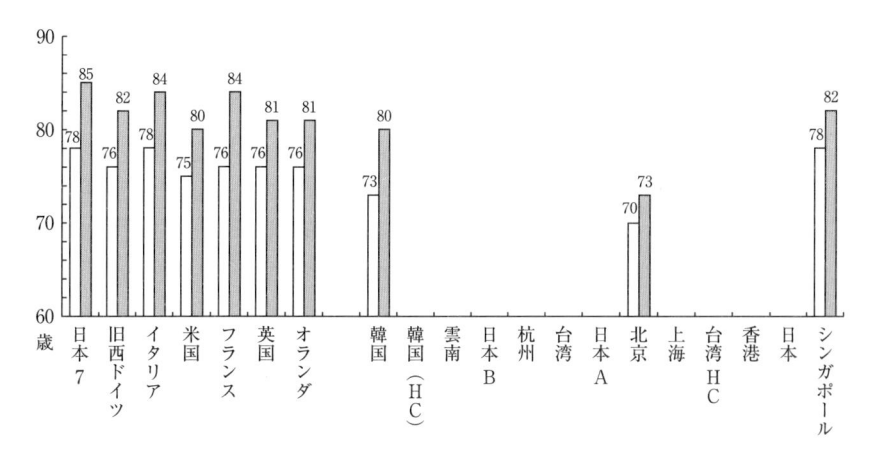

図 4.12 0歳平均余命の国別分布（□：男性，■：女性．WHO2002 報告より）

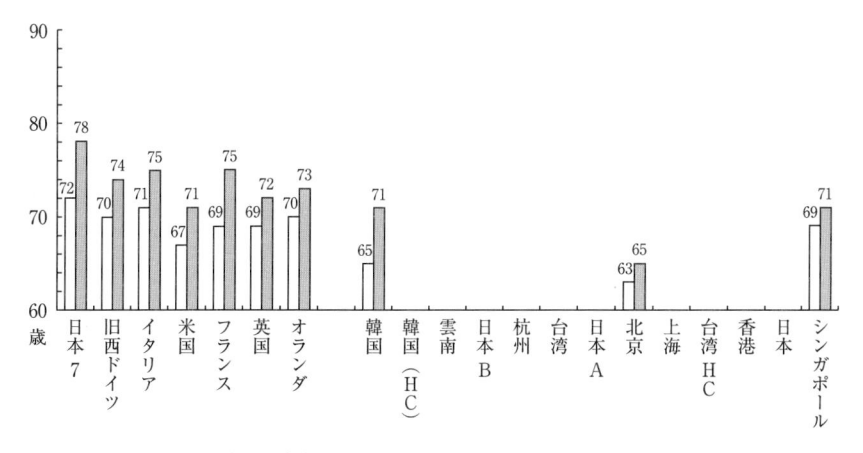

図 4.13 0歳健康平均余命の国別分布（□：男性，■：女性．WHO2002 報告より）

低かった（6.0％と4.6％）（図4.11）．しかし，韓国，台湾については二つの調査結果でやや異なっていた．先の自覚的健康度や健康満足度が二つの調査で同じような傾向を示していたことを考えると，生活満足度は，他の質問の影響や，他の調査の条件の差異に敏感であり，安定した結果が必ずしも得られないのかもしれない．この解釈についてはさらに検討していく必要があろう．

次に，平均余命や死亡率といった，死亡状況の指標と比べてみよう．年次も異なる一部の国のものであるが，0歳平均余命（図4.12），0歳健康平均余命（図

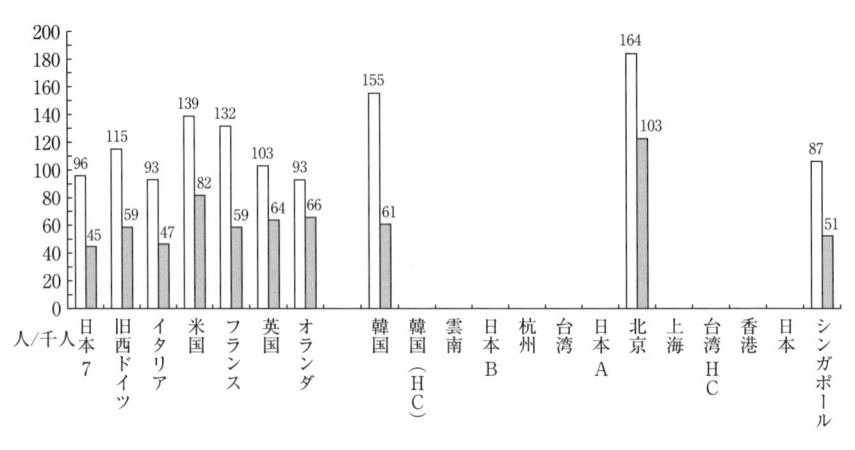

図 4.14 死亡率の国別分布 (□:男性, ■:女性. WHO2002 報告より)

4.13), 死亡率 (図 4.14) を図示した (データは WHO2002 報告). 特に顕著な相違は性差である. われわれの調査データでは, 女性の健康度は男性よりむしろ低い傾向にあったが, 現実には, 女性の死亡率は男性のそれより低い. 自覚的健康度は臨床結果, 死亡率, および病的状態を予測するという報告もあるが (Fayers & Sprangers, 2002), それは限定された国のデータ解析からの考察で, われわれのように国際比較の文脈で, 男女差などを含め, それとは異なる様相がわかるようになるのではないであろうか.

d. 文化・社会的要因との関連

自覚症状, 健康満足度, 生活満足度と社会文化要因とのかかわり方を, 社会階層意識, 不安感, 対人的信頼感, 互酬性の規範, 性別, 年齢, 学歴について, 関連性を検討した結果を述べよう.

このような分析を行うとき, 先の健康指標間での関連を検討したときと同様に, 各指標の関連性を先と同様に数量化 III 類によりパターン分類を行い, その関連性を視覚的に把握しておくと, 分析の見通しをつけるのに役立つ. ここでは図は省略するが, 国・地域別に行ったパターン分類では, 国・地域での項目間の関連性 (大まかな構造) はほぼ同様であるとみてとれた.

次に, 健康感とそれに関連する社会文化要因との関連をロジスティック回帰分析により分析した. ここでは健康感に関する指標は個別に結果変数として用

4.2 医療・保健における調査データ解析―東アジアの人々の健康―　157

(a) 自覚症状

(b) 健康満足度（不満のオッズ比）

(c) 生活満足度（不満のオッズ比）

図 4.15　健康感とそれに関連する社会文化要因のロジスティック回帰分析結果（オッズ比と 95% 信頼区間）

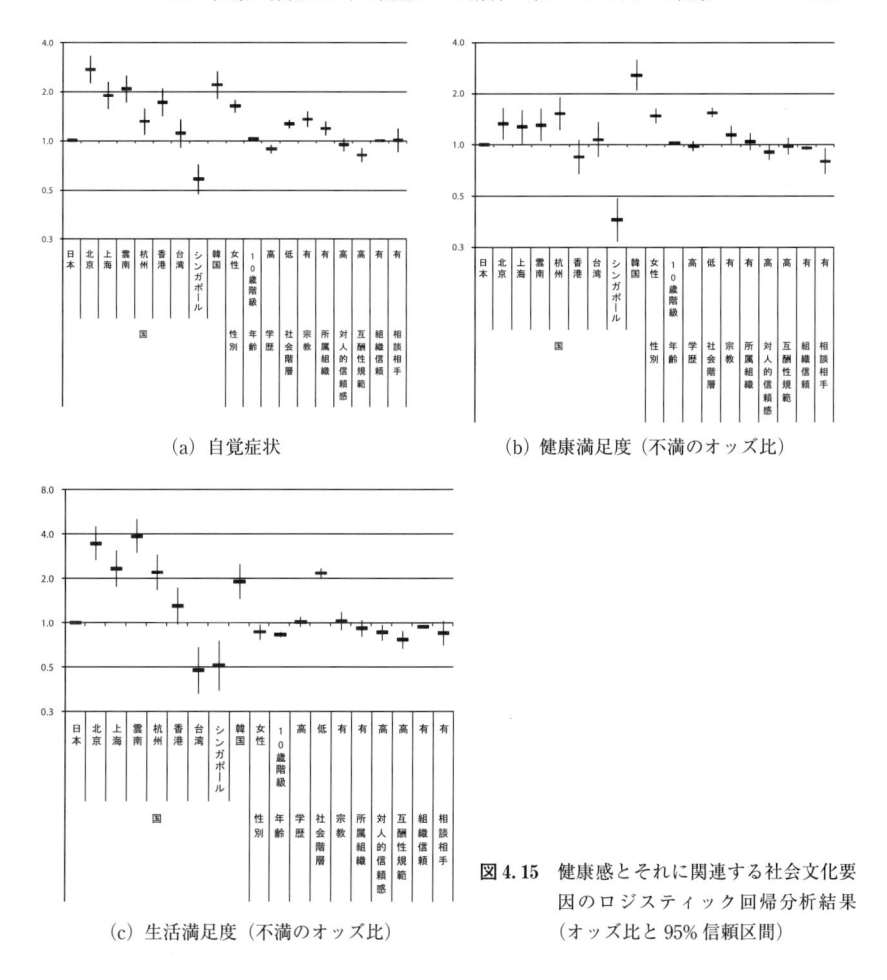

い，それぞれの結果変数について，説明変数として上記の社会生活要因を用いて関連性を分析した．その結果を図 4.15(a)～(c) に示す．

　全体的には，国・地域や性別を問わず，社会階層意識が低いことと自覚的健康度の悪さが関連していた．一方，互酬性の規範の低さは自覚的健康度の低さと関連し，信頼感の他の項目とも関連しており，対人信頼感が低いと生活不満が大きい傾向があることが示された．相談相手に関しては，「相談相手」がいないと健康不満度が高いという関連を示した．宗教をもっているのは，自覚的健康度が低く，健康不満も高いという傾向がみられた．年齢は高齢ほど自覚症

状個数が多く，健康不満が高い傾向がみられたものの，生活不満ではむしろ若いほうで不満が高い傾向が認められた．

これらの社会生活要因との関係は健康不満の多い人が，他の面でも不満をもち，その結果，社会階層意識も低かったり，人間関係にも不信感を抱いたりするというように，因果関係の方向については断定できない．

さらに，分析データは，いずれも自己評価に基づくものであり，両者はともに人々の生命（life）あるいは幸福感（well-being）といったものの否定的な要因を，異なった側面で表現している可能性もある．一時点での調査結果では解釈の限界があり，これらの点に関してはさらに検討を積み重ねていく必要があるが，少なくとも国際比較調査から国・地域における関連の違いを検討することは意味があり，現実の社会での現象理解には役立とう．ここで行った国際比較でみられるように，オランダ，フランス，旧西ドイツ，シンガポールでは信頼感と自覚症状の訴えとが関連していたのに対し，米国，韓国，上海，日本，杭州では男女とも不安感との関連が強かったことなど，健康問題をとらえていくうえで国や地域により対策のあり方が一律ではいかない可能性を示唆していよう．

当該の三つの健康指標との関連で，ソーシャルキャピタルのいくつかの側面が，東アジアの国でも関連していることが示唆された．

本論で述べた研究が妥当なものであるかについて，他の調査結果でも同じような傾向がみられているかを検討することが重要である．そこで，海外での他の調査結果と比較してみよう．

Marmot（2005）は健康不平等の社会的な決定要因を調べ，健康での社会的不公平を減少させることは重要な課題であると論評したが，アジアの国と欧米諸国で健康と幸福の社会的な決定要因を評価することは意義があろう．

筆者らは，東アジアの国々のデータに関してもソーシャルネットワークとしての参加しているボランティア組織の個数，ソーシャルキャピタルとしての対人的信頼感（interpersonal trust），互酬性の規範（互恵性または返報性ともいう．norms of reciprocity）などとの関連の検討を試みた．ところが，構造的ソーシャルキャピタルに関する調査結果では，むしろ，組織に所属しているほうが自覚的健康度が低いという関連がみられた．ソーシャルネットワークとして，組織

のメンバーになる意欲という側面に関しては，この調査では尋ねていない．自発的に参加したいという気持ちや，参加した内容の質なども考慮すべき点であろう．特に，参加組織が一つであろうとそれに深くかかわっていることは，浅く10の組織にかかわっていることよりも「生きがい」という観点からは重要かもしれない．

他方，対人的信頼感，互酬性の規範，組織への信頼感などの認知的側面とも関連がみられた．また，相談相手などソーシャルサポートの指標は，健康不満にかなり関連していた．

では，ソーシャルキャピタルを関連づけるメカニズムはどうであろうか．社会的に孤立した個人が，医療や情報，精神的サポート（Berkman & Syme, 1979）などのリソースへのアクセスが限定され，それによりリスクが増加することは考えられてきた．関連性としては，個人レベルでのデータに基づく研究の結果では，収入と，ソーシャルキャピタルと健康（Poortinga, 2006；Veenstra, 2000；Lynch, 2000）との関係が示されている．なお，本論での分析では，収入の代わりに社会階級意識を経済水準の代替として用いた．

一般に主観的健康度については，女性が高いという傾向が指摘されている．Ladwig（2000）は，ドイツでの健康診断調査結果を分析し，自覚症状の性差を検討し，男性と比べて女性で症状の訴えが多いことを確認した．そして，そのジェンダー・ギャップを，女性の社会階級の低さ，低収入で説明される可能性を示唆している．われわれの研究では，自覚的健康度や健康不満は女性が高く，生活不満はむしろ男性で高いという傾向がみられている．洋の東西を問わず，女性は男性に比べて健康不満足を訴える割合と自覚症状の訴えが多かった．男女の間では，ストレスに対して対処の方法や生理的反応の違いのほか，ストレッサー（ストレスの要因）の評価に違いがあり，同じストレスを受けても女性のほうが苦痛を訴えやすいという傾向が，ここにも現れているのかもしれない．しかし一方で，死亡率や平均余命という観点から見れば女性は男性に比べて死亡率は低く，長生きである．短絡的にとらえれば女性は自覚症状を抱えながら長生きしているということになるが，おそらく女性は「他者に訴える」という自己開示でストレスを軽減しており，男性とは別の行動様式や特徴を表しているのであろうか．この点に関してはさらなる検討が必要であろう．

日本はシンガポールや台湾と同様,「東アジア」の国・地域や欧米諸国の中でもその訴えが男女とも低かった.これはこれらの国が他国と比べてストレスの少ない社会であるのか,自己開示しないだけであるのかなど,さらに検討を要するところである.

日本では,1971年以来,国際比較調査の比較研究が林ら（Hayashi & Kuroda, 1997）によって行われ,それは吉野らの「東アジア価値観国際比較調査（吉野編, 2007）」,「環太平洋（アジア・太平洋）価値観国際比較調査（Yoshino, 2009）」に引き継がれてきている.また,健康面に特化し,「医療と文化調査（Yamaoka, 2007）」,「生命観と文化調査（山岡・吉野, 2008, 2009）」として国際比較調査も実施されてきた.

これらの国際比較調査の焦点は国民の社会的価値観,考え方,態度などの比較であり,科学技術,政治,リーダーシップ,社会的価値観,人間関係,宗教態度,クオリティ・オブ・ライフ,健康などに関する項目間の関連が検討されてきた.また,民族のアイデンティティは地域の特性,態度,価値観,生活レベル,行動形態などの多様な特性に関連する.日系米国人の多文化的な心理・態度に基づいた,社会的な態度と価値観に関する比較研究（Yamaoka, 2006）は,文化的な特性を理解するために有益な手段であると考えられよう.

以上,成人の健康へのソーシャルキャピタルの影響について,社会参加としてのソーシャルネットワーク,および対人的信頼感という観点からソーシャルキャピタルをとらえ検討した結果を述べた.ソーシャルキャピタルを健康に関連づけるメカニズムは,国や地域で異なっているかもしれない.分けても,健康に伴うソーシャルキャピタルと文化の相互作用を考えるのは興味深いであろう.

本章で焦点を当てたのは,あくまで集団レベルでの諸要因の関連であるが,さらに個人レベルでの健康とその関連要因の検討が,適切な健康評価方法とともに健康政策には必要とされよう.

参 考 文 献

Allison, P. D. (1999). Logistic Regression Using the SAS System: Theory and Application. Cary, NC: SAS Institute.

Baum, F. E., & Ziersch, A. M. (2003). Social capital. *Journal of Epidemiology and Community Health*, **57**(5), 320-323.
Berkman, L. F., & Syme, S. L. (1979). Social networks, host resistance, and mortality : A nine-year follow-up study of Alameda County residents. *American Journal of Epidemiology*, **109**(2), 186-204.
Bjornskov, C. (2003). The Happy Few : Cross-country Evidence on Social Capital and Life Satisfaction. *Kyklos*, **56**(1), 3-16.
Cornfield, J. (1962). Joint dependence of risk of coronary heart disease on serum cholesterol and systolic blood pressure : A discriminant function analysis. *Federation Proceedings*. **21**, 58-61.
デュボス, ルネ著, 田多井吉之介訳 (1977, 1985) 健康という幻想:医学の生物学的変化. 紀伊國屋書店.
榎本博明 (1997). 自己開示の心理学的研究. 北大路書房.
Fayers, P. M., & Sprangers, M. A. (2002). Understanding self-rated health. *Lancet*, **359**(9302), 187-188.
Hayashi, C. (1996). Cultural link analysis (CLA) for comparative quantitative social research and its applications. Hayashi, C., & Scheuch, E. (eds.). Quantitative Social Research in Germany and Japan. pp. 209-229. Opladen : Leske+Budrich.
Hayashi, C. (1998). The quantitative study of national character : Interchronological and international perspectives. *International Journal of Comparative Sociology*, **39**, 91-114.
林 知己夫 (2001a). 日本人の国民性研究. 南窓社.
林 知己夫 (2001b). データの科学 (シリーズ〈データの科学〉1). 朝倉書店.
林 知己夫ほか (1992). 第五 日本人の国民性. 出光書店.
Hayashi, C., Suzuki T., & Sasaki M. (1992). Data Analysis for Comparative Social Research : International Perspectives. Amsterdam : North-Holland.
Hayashi, C., & Kuroda, Y. (1997). Japanese Culture in Comparative Perspective. pp. 1-15. London : Praeger.
林 知己夫ほか (1998). 国民性七か国比較. 出光書店.
Helliwell, J. F., & Putnam, R. D. (2004). The social context of well-being. *Philosophical Transactions of the Royal Society of London Series B-Biologic*, **359**(1449), 1435-1446.
医療人類学研究会編 (1992, 1996) 文化現象としての医療. メディア出版.
James, A. D., & Smith, T. W. (2002). General Social Survey (s), year (s). (Machine-readable data file). Principal Investigator, James A. Davis ; Director and Co-Principal Investigator, Tom W. Smith ; Co-Principal Investigator, Peter V. Marsden, NORC ed. Chicago : National Opinion Research Center, producer ; Storrs, C. T. : The Roper Center for Public Opinion Research, University of Connecticut, distributor.
Kawachi, I. (1999). Social capital and community effects on population and individual health. *Annals of the New York Academy of Sciences*, **896**, 120-130.
Kawachi, I., & Kennedy, B. P. (1997). Health and social cohesion : Why care about income inequality? *British Medical Journal*, **314**(7086), 1037-1040.
Kawachi, I., Kennedy, B. P., Lochner, K., & Prothrow-Stith, D. (1997). Social capital, income inequality, and mortality. *American Journal of Public Health*, **87**(9), 1491-1498.
Kawachi, I., Kennedy, B. P., Glass, R. (1999). *American Journal of Public Health*, **89**(8), 1187-1193.
Kawachi, I., & Berkman, L. F. (2000). Social cohesion, social capital, and health. Berkman, L. F. &

Kawachi. I. (eds.). Social Epidemiology, pp. 174-190. New York: Oxford University Press.
Kawachi, I., Kim, D., Coutts, A., & Subramanian, S.V. (2004). Commentary: Reconciling the three accounts of social capital. *International Journal of Epidemiology*, **33**, 682-690.
Ladwig, K. H., Marten-Mittag, B., Formanek, B., & Dammann, G. (2000). Gender differences of symptom reporting and medical health care utilization in the German population. *European Journal of Epidemiology*, **16**, 511-518.
Lindström, M. (2005). Ethnic differences in social participation and social capital in Malmö, Sweden: a population-based study. *Soc. Sci. Med.*, **60**, 1527-1546.
Lynch, J. W., Smith, G. D., Kaplan, G. A., & House, J. S. (2000). Income inequality and mortality: importance to health of individual income, psychosocial environment, or material conditions. *British Medical Journal*, **320**, 1200-1204.
Macintyre, S., Hunt, K., & Sweeting, H. (2000). Gender differences in health: are things really as simple as they seem? Berkman, L. F., & Kawachi. I. (eds.). Social Epidemiology. pp. 161-171. New York: Oxford University Press.
Marmot, M. (2005). Social determinants of health inequalities. *Lancet*, **365**(9464), 1099-1104.
Mitchell, A. D., & Bossert, T. J. (2006). Measureing dimensions of social capital: Evidence from surveys in poor communities in Nicaragua. *Social Science and Medicine*, **64**, 50-63.
Muntaner, C., & Lynch, J. (2002) Social capital, class gender and race conflict, and population health: an essay review of Bowling Alon's implications for social epidemiology. *International Journal of Epidemiology*, **31**, 261-267.
ニスベット, リチャード・E.著, 村本由紀子訳(2004). 木を見る西洋人森を見る東洋人. ダイヤモンド社.
大木 昌 (2002). 病と癒しの文化史：東南アジアの医療と世界観. 山川出版社.
大貫恵美子 (1985). 日本人の病気観：象徴人類学的考察. 岩波書店.
ペイヤー, リン著, 円山・張訳 (1999). 医療と文化. 世界思想社.
Poortinga, W. (2006). Social capital: An individual or collective resource for health? *Social Science and Medicine*, **62**(2), 292-302.
Putnam, R. D. P. (1993). Making Democracy Work. NJ: Princeton University Press.
Rojas, Y., & Carlson, P. (2006). The stratification of social capital and its consequences for self-rated health in Taganrog, Russia. *Social Science & Medicine*, **62**(11), 2732-2741.
Rose, G. (1992). The Strategy of Preventive Medicine. Guildford: Oxford University Press.
鹿野政直 (2001). 健康観にみる近代. 朝日選書.
Subramanian, S. V., Kim, D. J., Kawachi, I. (2002). Social trust and self-rated health in US communities: a multilevel analysis. *Journal of urban health: bulletin of the New York Academy of Medicine*, **79**(4 Suppl 1), S21-34.
Subramanian, S. V., et al. (2005). Covariation in the socioeconomic determinants of self rated health and happiness: a multivariate Multilevel analysis of individuals and communities in the USA. *J. Epidemiol Community Health*, **59**, 664-669.
瀧澤利行 (1998). 健康文化論. 大修館書店.
丹後俊郎・山岡和枝・高木晴良 (1996). ロジスティック回帰分析―SASを利用した統計解析の実際―. 朝倉書店.
上杉正幸 (2000). 健康不安の社会学：健康社会のパラドックス. 世界思想社.
臼田 寛ほか (2000). WHO憲章の健康定義が改正に至らなかった経緯健康の定義. 日本公衛誌, **47**

(12), 1013-1017.

Veenstra, G. (2000). Social capital, SES and health : an individual-level analysis. *Social Science & Medicine*, **50**, 619-629.

Veenstra, G. (2005). Location, location, location : contextual and compositional health effects of social capital in British Columbia, Canada. *Social Science and Medicine*, **60**, 2059-2071.

Yamaoka, K. (2006). The multicultural psychology of Japanese Americans. Jackson, Y. (ed.), Encyclopedia of Multicultural Psychology. pp. 275-281. Thousand Oaks, CA : Sage.

山岡和枝（2007）．平成18-20年度文部科学省科学研究費補助金　基礎研究（B）（2）「医療と文化の連関に関する統計科学的研究―生命観の国際比較―：米国CATI調査」国立保健医療科学院技術評価部研究レポート No. TAB-07-001.

Yamaoka, K. (2008). Social capital and health and well-being in East Asia : a population-based study. *Social Science & Medicine*, **66**(4), 885-899.

山岡和枝・李相侖（2004）．国際比較調査データの安定性についての検証―2003年度韓国・台湾における「健康と文化調査」および「東アジア価値観国際比較調査」データの比較―．行動計量学，**31**, 125-135.

山岡和枝・吉野諒三編（2008）．医療と文化の連関に関する統計科学的研究：生命観の国際比較：2006年米国CATI調査．統計数理研究所．

山岡和枝・吉野諒三編（2009）．医療と文化の連関に関する統計科学的研究：生命観の国際比較：2007年ドイツCATI調査．統計数理研究所．

Yip, W., Subramanian, S. V., Mitchell, A. D., Lee, D. T. S., Wang, J., & Kawachi, I. (2007). Does social capital enhance health and well-being? Evidence from rural China. *Social Science & Medicine*, **64**, 35-49.

Yoshino, R. (2004). The East Asia Value Survey-Japan 2002 Survey. The research Committee of Cross-Natiooonal Comparative Survey. The Institute of Statistical Mathematics, Research Report, General Series No. 91.

吉野諒三（2005）．東アジア価値観国際比較調査―文化多様体解析（CULMAN）に基づく計量的文明論構築へ向けて―．行動計量学，**32**(2), 133-146.

Yoshino, R. (2005a). East Asia Value Survey : For the Development of Behaviormetric Study of Civilization on the Cultural Manifold Analysis (CULMAN). *Japanese Journal of Behaiviormetrics* (in Japanese), **32**, 133-146.

Yoshino, R. (2005b). Trust and National Character―Japanese sense of trust, Cross-national and longitudinal surveys―. *Comparative Sociology*, **4**(3-4), 417-450.

Yoshino, R. (2006). The East Asia Value Survey (2002-2005) : Data Analysis on peoples' Sense of Trust. The Institute of Statistical Mathematics March 2006.

Yoshino, R. (2009). The Asia & Pacific Values Survey. India 2008 survey. The research committee of cross-national comparative survey. The Institute of Statistical Mathematics March 2009.

吉野諒三編（2007）．東アジアの国民性比較　データの科学．勉誠出版．

Yoshino, R., & Hayashi, C. (2002). An overview of cultural link analysis of national character. *Behaviormetrika*, **29**(2), 125-141.

(Note.) Many survey reports have been published in the Institute of Statistical Mathematics (ISM) home page :

http://www.ism.ac.jp/~yoshino/index.htm

5

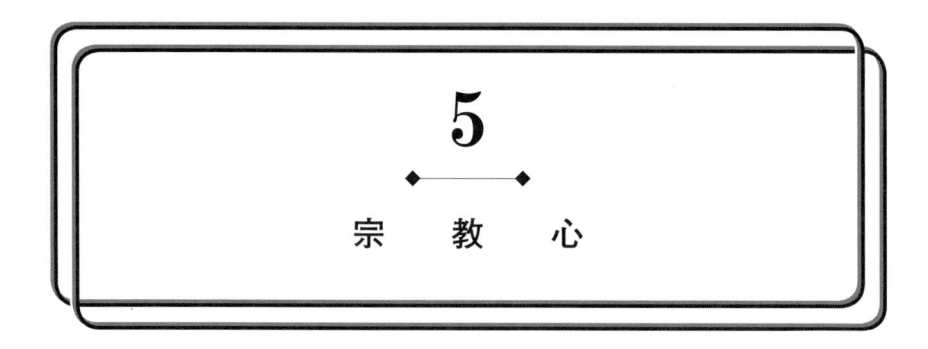

宗 教 心

5.1 数量化法と日本人の国民性

5.1.1 数量化理論

　数量化理論は1950年頃から林 知己夫によって発表されてきた多次元データ分析についての一連の方法であるが，分析の手法だけではなく，データをいかに獲得しそこからいかに情報を余すところなく見出すかというデータの哲学を含んでいる（林，1974, 1993a, b）．数量データについての解析法だけが進んでいた当時に，質的なデータや，数量として調査されたものも数量データの意味そのものを考え直して，目的に合った数量を与えなおすという考え方に基づいている．数量は絶対的な意味をもつものではなく，何らかの目的に応じた「ものさし」に当てはめたものという考えである．社会調査における質問に対する回答のようなカテゴリカルなデータや，数量として計測されたものについての再数量化をも含む．数量化Ⅰ類からⅢ類などとして知られているのはその初期に開発されたカテゴリカルデータに対する分析法である．開発時にはこれらは「外的基準のある場合その1―外的基準が数量で与えられている場合―」，「外的基準のある場合その2―外的基準が分類で与えられている場合―」，「外的基準のない場合」などの名称で，その内容がよく示されていた．

　社会調査においてこれらの三つの方法は，それぞれ有効に使われる．最もその価値を発揮しているのは，「外的基準のない場合（数量化Ⅲ類）」である．複数の項目への回答パターンを，項目と対象（回答者）と同時に整理し，それらの内在的な相関構造を見出して，分類しようというもので，パターン分類の

数量化ともいわれる．ベンゼクリ（J. P. Benzécri）(1973) によるコレスポンデンス・アナリシス（Correspondence Analysis）は「対応分析」とも呼ばれるが（大隅ほか，1994），これとほとんど同じ考えによる．人々の考え方を項目間の回答の結びつきかたとしてとらえることは，考え方の構造，「考え方の筋道」，すなわち集団としての文化をとらえることになる．

「外的基準がある場合」を扱うのは，項目間相互の関連を，潜在変数を通してではなく，それに対する何らかの明示できる基準に基づいて分析する立場である．予測式を作成することが目的で使われるだけでなく，それによって項目間の相互関連の様子を知ることにもなる．

ここでは，まず，数量化 I 類から III 類までの方法とともに，使い方を社会調査データへの適用を例に示すこととしよう．

5.1.2　数量化 I 類

数量化 I 類は，カテゴリカルデータに対する重回帰分析にあたる．外的基準（目的変数）は量的データ，説明項目群が複数のアイテム・カテゴリー型のデータの場合の方法である．アイテムとは項目（質問），カテゴリーはそれぞれの質問における回答選択肢である．方法の趣旨を簡単にいえば，複数のアイテム・カテゴリーに数量を与え，その数量の合計によって，外的基準（目的とする数量データ）の値を予測できるようにしようとするのである．カテゴリーに数量を与えることにより，相関係数や偏相関係数が算出され，それらのアイテムがどれだけ外的基準の値を説明するのか，などを知ることができる．

各アイテム・カテゴリーに与えるべき数量を未知数として，各対象（人）の該当するカテゴリー（回答した回答肢）の数量を足し上げた値（個人得点）と外的基準の値とが一致するように，これがすべての人に対してなるべく成立するように，すなわち個人得点と外的基準値との相関係数の値が最大になる条件を数式で表すと，連立方程式となり，簡単に解くことができる．

これは，マトリックス表示では $AX = B$ となる．ここで，X は各カテゴリーに与えるべき未知数を要素とするベクトル，連立方程式の係数マトリックス A はすべての項目（質問）相互間のクロス集計表であり，定数項ベクトル B は外的基準の値を各項目カテゴリー別に合計した数値を要素とする．

数量化Ⅰ類の解析では，対象（回答者）は各アイテム（項目，質問）で必ずどれか一つのカテゴリー（選択肢，分類）に反応（回答，該当）していることを前提としている．そのため，クロス集計表は，アイテムごとに，行（列）の合計が一定で，一つの行（列）の数値は，自動的に定まってしまう．したがって，連立方程式は，係数マトリックスのランク落ちを避け，アイテム・カテゴリーの総数から「アイテム数−1」を引いた数の大きさのマトリックスを解く．自動的に決まる部分は，それぞれのアイテム内でのカテゴリー数量の平均がゼロになるなどの制約を与えて埋める．これは分析ソフトの中で自動的に行われるものが多く，あまり心配はない（駒沢ほか，1998）が，各アイテム・カテゴリーをダミー変数として一般的な回帰分析で計算する場合は注意が必要である．

　カテゴリーに与えられた数量を，アイテムごとにまとめて解釈することを考え，無回答などの反応に対しては，それもカテゴリーの一つとしてたてておくか，そのアイテム内の別のカテゴリーにまとめておく，などの準備処理が必要である．まとめる場合には，アイテムとカテゴリーの内容を考え，どのカテゴリーに統合するのがよいか検討しなくてはならない．また，ランク落ちやそれに近い現象は，取り上げる説明要因間で相関が非常に高い場合にも起きるが，そうした情報の重複した項目は整理しておく．

　さて，このように目的変数の数値を予測する説明要因としての項目を選び，適切なカテゴリーにまとめて，分析に入る（アイテムが一つの場合は，数量化の計算をするまでもなく，カテゴリー別に外的基準の値を集計した数値によって決まってしまう）．分析の結果，カテゴリーに与えられた数量（ランク落ちで除外した部分も埋めたもの）について，各対象が反応したところの数量を足し上げたものが目的変数の予測値である．予測の当てはまりのよさは，目的変数の実際のデータの値と予測値との相関係数の値を計算する．データの値と予測値の差を直接に計算してみることも大切である．何らかの要因との関係で食い違い方に傾向が出ることもあるので，そうした場合には，考え直す必要がある．

　カテゴリーに与えられた数量は，それらを足し上げたものが目的変数の予測値になるので，それらの実際の値の大小とそれらに対応する予測値の大小の関係に矛盾がないか検討したい．もし，大小の順序が逆であるとすると，それ

は他の要因との相互関係によって逆転した値になっていることが考えられる．そうした場合も分析に取り上げる要因やカテゴリーの統合などを検討してやり直す必要が出てくる．矛盾のない値となるまで試行錯誤を繰り返すのである．

分析結果は，まず，各アイテム内のカテゴリー数量の範囲を比較する．範囲が大きいアイテムは，それが目的変数の予測値に大きく影響している（目的変数に効いている）ということを示す．しかし反応数が少ないカテゴリーがあると，特異な傾向が顕著に出てしまうので，効き方を判断する尺度として偏相関係数を計算することも必要である．

また，これらの結果から，アイテムの順序を効いている順に並べ，それらを一つずつ順次繰り込むときの重相関係数の上がり方をみて，なるべく少ないアイテムでできるだけよい予測を得るという，最も予測効率のよいアイテムを選択することも，実用のために有効な方法である．

数量化Ⅰ類による分析例

数量化Ⅰ類の方法は，第二次世界大戦後の占領下で行われた日本人の読み書き能力調査の分析で，読み書き能力に何が関与しているのかという問題の中から開発されたものである（林，1986）．その後，動物の生息数と環境要因の関係，選挙予測などに適用されている（林・髙倉，1958）．年齢を諸質問の回答から予測するという試みもある（林文・山岡，2002）．中高生とその親のペアに対する調査（日米）から，親子の回答の一致数を外的基準とし属性項目要因で予測する試みでは，相関係数が低く，予測の役割をなさないことがわかったが，属性項目要因に与えられた数量は親子回答一致数との関連において多少の傾向を見ることは可能である．しかし，本書で扱う国際比較調査では，外的基準が数量で測られることは少なく，その数量を説明要因で説明する数量化Ⅰ類の方法ではとらえにくいものと考えられる．

5.1.3 数量化Ⅱ類

外的基準が分類（カテゴリー）で与えられている場合の数量化である．数量化Ⅰ類と同様，アイテム（質問）の組に対して，カテゴリー（選択肢）に与えた数量により，外的基準である分類データを予測，説明できるように，その数量を求めるものである．外的基準たる分類に対する全体の予測の当てはまりの

よさは相関比により，また，各アイテムがどれだけ効いているかは偏相関係数などにより判断する．ちなみに，説明変数が量的データの場合の分析法としては，外的基準の分類が2群の場合は判別分析，3群以上の場合は正準判別分析が知られている．

数量化II類は，各アイテムのカテゴリーに与えるべき数量を未知変数として，各対象（回答者）の該当するカテゴリー（回答した回答選択肢）の数値を足し上げた数値（個人得点）の大きさによって区分し，外的基準の分類と一致するように，これがより多くの回答者の回答に対して成立するよう，すなわち相関比が最大になる条件を表す数式で成り立っている．解くべき計算式は，固有値解法問題となる．外的基準が3分類以上の場合の固有方程式は，マトリックス表示すると $AX = \lambda BX$ である．ここで，X は各カテゴリーに与えるべき未知数を要素とするベクトル，マトリックス A は項目（質問）相互間のクロス集計表に対応し，マトリックス B は外的基準の分類別と項目間のクロス集計表に対応する．

数量化I類の場合と同様，対象（回答者）は各アイテム（項目，質問）で，必ず一つのカテゴリー（選択肢）に反応（回答）していることを前提としている．クロス集計で各アイテムについて，いくつかのカテゴリーのうちの一つについての行あるいは列は自動的に定まるので，方程式の係数マトリックスのランク落ちを避けるため，アイテム・カテゴリーの総数からアイテム数を引いた数の大きさのマトリックスを解く．自動的に定まる部分は，それぞれのアイテム内でのカテゴリー数量の平均がゼロになるなどの制約を与えて埋めることになるが，分析ソフトの中で自動的に行われるものが多く，あまり心配はない．説明要因についての注意は数量化I類の場合と同様である．

説明アイテムのカテゴリーに与えられる数量は，〔分類数-1〕次元の解が得られる．1次元目の解による個人得点を用いると外的基準たる分類に対して最も相関比が高く，2次元目以下は順次相関比は小さくなる．しかし，現実の問題において，解釈上，必ずしも1次元目の解が最も意味があるというわけではない．たとえば1次元目で「D.K.」のみに特異な数量が与えられる場合，たしかに狭義の統計的には「D.K.」が外的基準たる分類に効いているのであるが，現実のデータ分析の目的に照らして有用なのは2次元目以降であるということ

もある．

　ここで，個人得点の正負の符号は，分類の本質的意味とは関係なく，便宜的に与えられるものであることに注意したい．個人得点は分類間の分散が大きくなるように与えられるので，符号の向きは任意であり，計算ソフトでは何らかの数学的な設定条件を加えて符号を決定している．したがって，分類別の個人得点の平均値の符号と数値の大小が分類カテゴリーとどう対応しているかを読み取り，それに対応して説明アイテムのカテゴリーに与えられた数量の符号を解釈するのである．

数量化 II 類による分析例

　「7ヶ国国際比較調査」のデータから，日本と米国とドイツ（1987年調査時は西ドイツ）の国分類を外的基準とし，病気や交通事故などに対する「不安感」を尋ねる合計五つの質問を説明アイテムとする例を取り上げる．

　各国のサンプル・サイズが異なり，日本2265，米国1563，ドイツ1000である．これらをそのまま集めて分析すると，外的基準グループの大きさの影響を受けた解が与えられるが，グループの大きさが人口比に対応するものではなく，グループとしての特徴を見出すため，大きさをほぼ揃える必要がある．ここでは，日本は1/2，米国は2/3にサンプリングして，ドイツの1000に近づけた．グループの分析対象数を揃える方法として，逆に，小さいグループの対象を重複（回答のコピーを作る）させ，大きいグループの大きさに揃える場合もある．

　分析の結果，個人得点の国別平均点を図示したのが図5.1である．「その他・DK」の回答は該当者が少ないため除外して，日本987人，米国1004人，ドイツ950人の分析である（「交通事故」を除き，「その他・DK」は日本人に多い回答だが，この分析では他のカテゴリーに与える影響がほとんどないことを確認して除外した）．相関比はあまり大きくなく，実際にこの「不安感」から対象個人の国別を予測するのは適切ではないが，各項目カテゴリーに与えられた値は国の特徴として読み取ることができる．第1次元目の値はプラス・マイナスが日本とドイツを分けることを示し，第2次元目はプラスの値で米国が分けられることを示している．

　各項目カテゴリーに与えられた数量（カテゴリー値）を，個人得点の国別平均値に対応して読む（図5.2）．第1次元目の値から，「交通事故」は，不安の

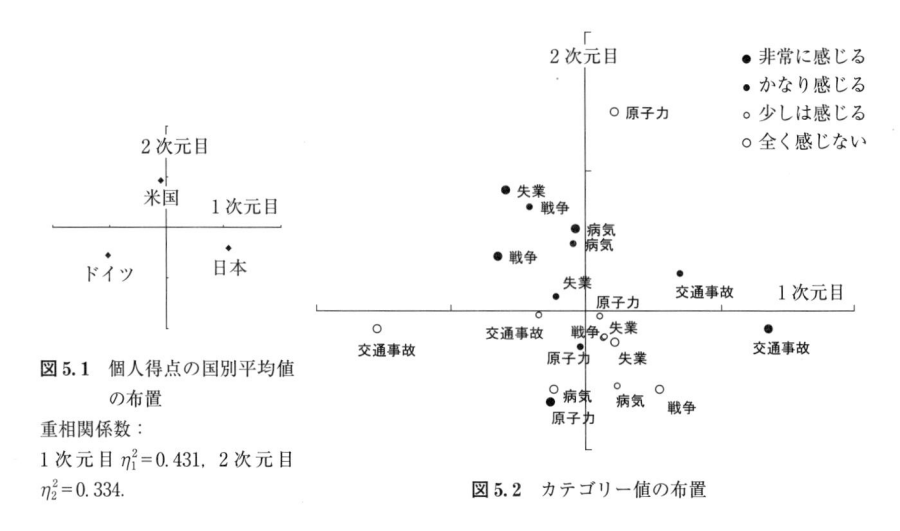

図 5.1 個人得点の国別平均値の布置

重相関係数：
1次元目 $\eta_1^2 = 0.431$, 2次元目 $\eta_2^2 = 0.334$.

図 5.2 カテゴリー値の布置

あるほうが日本人に多い回答という意味で日本的であり，それ以外の「重い病気」「失業」「戦争」「原子力施設の事故」はいずれも不安のないほうがどちらかというと日本的であることがわかる．また，第2次元目の値によると「原子力施設の事故」の不安がないのがアメリカ的であり，「重い病気」「失業」の不安，戦争の不安はあるほうがアメリカ的である．

ちなみに，後述の数量化III類の分析では，国別でも，3国合わせたデータでも，5項目すべての不安感「非常に感じる」「かなり感じる」「少しは感じる」「全く感じない」が1次元的な関係にあるが，国の分類を目的としたII類では，不安の項目によって，不安のあるほうがアメリカ的であったり，不安がないほうがアメリカ的であったりすることがわかる．

5.1.4 数量化III類

要因の値が質的データ（カテゴリカル・データ）で外的基準がない場合に適用される．数量化III類は，主成分分析の質的データに対する方法ということができるが，ダミー変数を用いた主成分分析とは異なる．主成分分析では，2変数間の関連を共分散あるいは相関係数でとらえるのに対して，数量化III類では「一致率」でとらえている．数量化法とは独立にJ. P. Benzécriによって開発され1973年に発表されたCorrespondence Analysis（対応分析）や双対

尺度法といわれる分析法は，数式的には数量化III類と同様である．

意識調査で得られた人々の複数の項目に対する回答を，行方向に回答者，列方向に回答選択肢を並べたマトリックス表現のパターンでみたとき，回答選択肢と回答者とに数量を与え，それぞれその順に並べ替えることにより，パターンを整理分類するので，パターン分類の数量化ともいわれる．集団としての考え方の筋道，回答構造が把握される．

数量化III類の適用される調査の回答形式として，複数カテゴリー選択型（複数回答）とアイテム・カテゴリー型（単一回答）がある．また，選択のありなしではなく，関連（かかわりの程度）が数量表現された型（たとえば，回答者がそれぞれのカテゴリーに関与した頻度で表すなど）がある．

a. 複数カテゴリー選択型

例として，複数のカテゴリー（選択肢）の中から好むものを複数選択する調査で，好みの構造を見出すことを考える．七つの選択カテゴリー（A～G）を示して，各人の好むものを選択してもらうとする．結果は選択の有無に応じて$\{1, 0\}$パターンとして示される（表5.1）．

この$\{1, 0\}$パターンを，回答者について順序を入れ替え，また，カテゴリーについて順序を入れ替え，'1'が左上から右下の対角線の周りに集まるようにすることができたとする．すると，回答肢選択パターンが似ている回答者どうしは近くに位置づけられ，また回答者たちに選択されたパターンが似ている選択カテゴリーどうしも近くに位置づけられる．

この行と列の入替えによる考え方は，1次元の近さ（類似性）を考えた場合である．数量化III類では，この近さが多次元で表現され，解くべき固有方程式の固有値によって各次元の回答者とカテゴリー間の関連の強さが示される．

表5.1 複数カテゴリー選択型データ

カテゴリー	A	B	C	D	E	F	G
対象(回答者) 1	1	0	1	0	1	0	1
2	0	1	1	1	0	0	0
3	1	0	0	1	0	1	0
⋮			⋮				

表 5.2 アイテム・カテゴリー型データ

質問	問1	問2	問3	…
対象（回答者） 1	2	1	1	
2	1	1	3	
3	1	2	1	
⋮		⋮		

表 5.3 アイテム・カテゴリー・データの書換え

質問 回答選択肢	問1		問2				問3			…
	1	2	1	2	3	4	1	2	3	
対象(回答者) 1	0	1	1	0	0	0	1	0	0	
2	1	0	1	0	0	0	0	0	1	
3	1	0	0	1	0	0	1	0	0	
⋮		⋮			⋮			⋮		

b. アイテム・カテゴリー型

これは，一般的な調査質問項目（アイテム）に対して回答選択肢（カテゴリー）を選択する回答に基づく．例を示したのが表 5.2 である．表中の数字は，項目ごとの選択した回答選択肢の番号である．複数カテゴリー選択型とは異なるようにみえるが，複数項目の回答選択肢を並べて書き直すと（表 5.3），表 5.1 と同様の形となる．

c. 近さの関係表現の場合 （関連表の数量化）

回答者（対象）と項目との間に，A, B のような {1, 0} 関係ではなく，近さの関係表現（類似性など）が数量で得られている場合がある．これはカテゴリカル・データに対する数量化法ではないともいえようが，目的に合った値を当て直すものであり，数量化法と同様に扱うことができる．たとえば，回答者の集団を対象とすると，集団と項目との関係が，それぞれの集団でその項目を選択した人の率が数量で得られる（表 5.4）．この関係データから，対象と項目の同時分類を行うことになる．

この型は，個人のローデータ（個人レベルの全員の回答データ）がなくても，集団ごとの集計による，集団と項目・カテゴリーの関連の在り方から，集団を分類することができる．個人レベルのローデータはなかなか入手できないことが多いが，集団レベルの集計データは公表されているものも多く，そのような

表 5.4 関連表（近さの関係表現データ）

項目	A	B	C	D	...
対象(集団)　1	p_{1A}	p_{1B}	p_{1C}		
2	p_{2A}	p_{2B}	p_{2C}		
3	p_{3A}	p_{3B}	p_{3C}		
⋮		⋮			

データの 2 次解析として，この型の数量化が適用できる．後述の「5.2.5 単純集計の比較」の項を参照されたい．

d. 数学的表現と解の解釈

a., b. の場合について，数学的な解析法の考えは次のようなものである．

対象とカテゴリーに与える数量を未知の変数として，回答パターンの近さ（類似性）を分散でとらえ，内分散を最小とするような式をたてる．これが固有方程式 $AX = \lambda FX$ に帰着する．これは，対象とカテゴリーの相関が高くなるように考えても同じである．

b. では各質問に用意された回答選択肢のどれかに必ず回答することが前提とされ，それぞれの回答者の回答総数は常に一定の数，すなわち質問数であるが，a. では各人の反応個数は異なる．そのため，a. の場合のカテゴリー間の距離の定義には，反応個数が関係する．

しかし，b. の型でも，回答選択肢の中に「その他」「D.K.」がある場合，これらもカテゴリーとして分析するか，あるいはこれらの回答をした人を分析対象から除外しなくてはならない．「その他」「D.K.」の回答は他の選択肢との関連が特殊なものとなっていることが多く，他の項目どうしの関連をゆがめたり，解釈があまり意味をもたないこともある．また，どれか一つの項目でも「その他」「D.K.」のある回答者のデータをすべての項目について除くと，分析対象数がかなり減少する場合もある．さらに，分析したいすべての項目で（その他や DK ではなく）主要な回答肢を選択した人に限定することは，論理の通った回答をする人だけを分析することになり，その意味でのバイアスがあろう．そこで，「その他」「D.K.」の回答の項目だけを省き，回答総数が人によって異なると考えることとなる．こうすると，a. の型，回答総数が一人一人異なる型と全く同じになる．市販の数量化 III 類のソフトの中には，a. の型に対応し

ないものもあるが，基本的には，個人別に回答総数が異なる a. の型を考えておくのがよい[注]．

こうして解くべき固有値問題のマトリックスは，それぞれの個人が選択した回答肢の個数も関与したカテゴリー間の距離に基づくものとなる．固有値は回答者と選択肢の間の重相関係数（重相関係数 $\eta_1^2, \eta_2^2, \cdots$）に相当する．

最大固有値に対応する固有ベクトルの要素が，各カテゴリー（回答者のほうから固有値を求めた場合は各回答者）に与える 1 次元目の値となる．これに対して，回答者に与える値は，それぞれの回答パターンに対応したカテゴリーの値を合計し，各人の回答総数で除して得られる．

2 次元目以上も同様に，同じ固有値計算において固有値の大きさが第 2 番目，第 3 番目，4 番目などの固有ベクトルの要素が，これに対応する．最大固有値に相当するベクトルを第 1 軸，第 2 番目に大きい固有値に相当する値を第 2 軸などということがある．

結果の解釈は，たとえば二つの次元の数値を平面に描いて，どのようなカテゴリーが近くに布置しているか，どのような回答者が近くに布置しているか，内容の検討をすることになる．

それぞれの固有値の大きさは，対応する軸におけるカテゴリーの値と回答者の値との相関係数に等しく，回答データの $\{1, 0\}$ パターン表示で，回答者もカテゴリーも第 1 軸の値によって順序を並べ替えたとき，'1' が対角線に最も集中するようになっている．第 2 軸以上では，1 軸上の並べ替えでは不十分な順序の入替えを，それとは直交する軸上の並べ替えで補足するものと解釈することもできる．一般的には，第 1 軸と第 2 軸を直交軸とした平面図表示により，関連の深いもの，似ているものの集まりがどのような内容であるか，それに相対するものがどのような内容であるかをみていく．場合によって，第 1 軸と第 3 軸の平面表示や，第 2 軸と第 3 軸の平面表示などを用いて，第 1 軸から第 3

注）b. の型については，Excel 統計が利用できる．SPSS では HOMALS という演算で分析でき，GUI 数量化法が追加できる．a. のような対象者によって反応数が異なる型について，SAS では CORRESPONDENSE として準備されている．SPSS の CORRESPONDENSE は意味が異なり，本書で述べる数量化 III 類の分析はできない．駒澤・橋口・石崎による『パソコン数量化分析』（1998，朝倉書店）は，林 知己夫による数量化の考えをよく表しており，単なる計算結果ではない出力形式がなされるが，扱うデータの形式として，数量化分析用のプレーンテキスト形に変換する必要があり，Excel, SPSS, SAS のような汎用的使い方はできない．

軸を3次元空間で検討することもある．第4軸以降は表示しにくいが，3軸までで読み取れたカテゴリーを除き，残りのカテゴリーの特徴をみていくとよい．いずれの場合も，固有値の大きさを考慮して，内容を解釈する必要がある．

また，回答者については，社会調査の分析では大量の個人であり，個人のプロットはあまり意味がなく，属性別などの分類でまとめた平均値をプロットすることが多い．回答者についての図の位置は，カテゴリーの図の位置と対応しているので，それと関連づけて解釈が与えられることになる．また，カテゴリーについての解釈の後，適切と思われる軸の組合せを取り上げ，それぞれの軸についてプロットした図から，回答者を近接するものどうし，いくつかの集団に分類し，カテゴリー布置の特徴に対応した解釈の上に，人のタイプ分けをすることもある．

回答パターンが1次元に並んでいる構造の簡単な例として，表5.5のような，ガットマンスケールをなす場合があげられる．'1'が完全に対角線上側を占めており，完全な1次元構造をなす．この場合に数量化III類の分析を行うと，最大固有値に対応するベクトルの値はAからGの順に並び，第2固有値に対応するベクトルはAとGが同じ端の値となり，BとF，CとE，Dの順に並ぶ．これを2次元の図に描くと図5.3(a)の・で示したようにU字型（2次元目の値が第1次元目の値の2次関数で表されるような形）になる．このように本来

表5.5 ガットマンスケールをなす1次元構造データの例

		選択カテゴリー					
		A	B	C	D	E	F
回答者	1	1	0	0	0	0	0
	2	1	1	0	0	0	0
	3	1	1	1	0	0	0
	4	1	1	1	1	0	0
	5	1	1	1	1	1	0
	6	1	1	1	1	1	1
	7	0	1	1	1	1	1
	8	0	0	1	1	1	1
	9	0	0	0	1	1	1
	10	0	0	0	0	1	1
	11	0	0	0	0	0	1

(a) 項目の布置　　　　(b) 回答者の布置

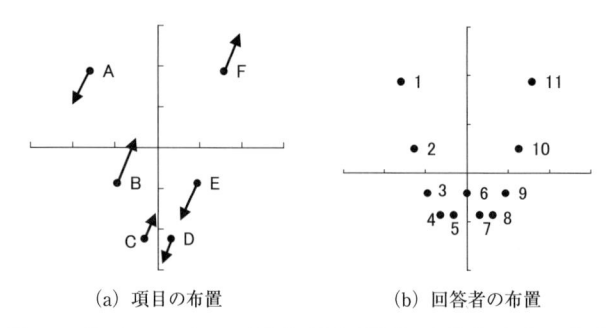

図 5.3 ガットマンスケールをなす項目と回答者の布置（1 次元 × 2 次元）
$\eta_1^2 = 0.255, \quad \eta_2^2 = 0.196.$

1 次元であるものが，計算によりこのような形態になることに注意しなければならない．U 字型に近い布置を示したならば，それらのカテゴリーが 1 次元の構造をもつことを示している．さらに第 3 軸までみると，本来 1 次元のデータは特定の形，つまり，第 3 次元目の値が第 1 次元目の値の 3 次関数で表されるような形に並ぶ布置を示す．これを図 5.3(a) では斜めの矢印で示した（右上方向の矢印がプラス，左下方向がマイナス）．このような特徴も知っておきたい．またこれに対応する個人得点の 2 次元布置は図 5.3(b) のとおりである．

現実のデータでガットマンスケールによって説明できる場合も多い．また，多次元のガットマンスケールは POSA（partial order of scalogram analysis, 部分尺度解析．林ほか，1976）で整理される．ガットマンスケールで説明した例として，「どうしても守りたい生き物」の調査データの例（林ほか，1994, 1995）を示そう．「パンダ」「クマ」「ヘビ」「ゾウリムシ」「天然痘ウィルス」の五つについて絶滅の危機にあるとしたら絶対に守りたいかどうかを尋ねたもので，すべてを守りたい人から順に後ろほど守らなくてよいものとされ，すべてを守らなくてよい回答までに 84% が収まる．すなわち，日本人の守りたい生き物としてこれらの五つの生物はほぼガットマンスケールをなすといえる．

また POSA の適用例として，法意識調査で厳しく罰する傾向を測るための 5 項目に対する回答から，厳罰傾向のパターンを説明した例がある（日本文化会議編，1973）．

もう一つの例として，数量化 II 類の例に用いた不安感の質問を取り上げる．

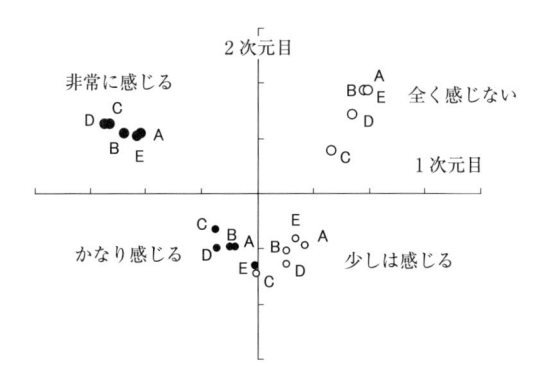

図 5.4 数量化 III 類による不安感の構造（日本，米国，ドイツ）
A「重い病気」の不安，B「交通事故」の不安，C「失業」の不安，D「戦争」の不安，E「原子力施設の事故」の不安，$\eta_1^2 = 0.511$，$\eta_2^2 = 0.364$.

国の分類を目的とした II 類では，国を分けるための各カテゴリーの数値が求められるので，不安の対象（病気や交通事故など）によって，不安のあるほうがアメリカ的であったり，不安がないほうがアメリカ的であったりする．しかし，外的規準がない数量化 III 類では，どの国においても不安感の構造は 1 次元構造を示すのである（図 5.4）．問題は，どちらの結果が正しいかではなく，目的が病気や交通事故など「個別の事項に対する解析」にあるのか，それともそれよりも回答者の「不安意識の深層構造の解明」にあるのか，を明確に意識すべきということであろう．

5.2 国際比較調査データの数量化 III 類による分析

5.2.1 調査企画と分析

意識調査の目的の一つは，対象集団におけるそれぞれの質問に対する回答（変数の値）の様子を知ることであるが，何らかの比較を念頭におくことによってはじめてその結果の意味がわかる．既存の調査結果との比較を念頭に調査が企画されることは Part I 第 1 章で述べられたとおりである．また，一つの調査によって社会や人々の状況をとらえるには，属性別の回答の比較や変数間の関

連，さらに複数の回答の関連を分析し，複雑な多次元の回答構造を把握する．

　さまざまなデータ分析法が用意されているが，意味ある分析結果を得るには，なによりも調査の質が最も重要であり，調査の対象，調査の方法や内容がしっかりしていなければ，いくら分析法を駆使してもつまらない，また信頼性のない結果しか得られない．ここでは林の数量化法の考え方に基づく調査と分析例をあげることとする．数量化法は質的データに対する分析法であるが，その背景となる数量化理論は，単なる分析法ではなく，調査の考え方をも含んだ総合的理論であることを理解しておきたい．

　意識調査で用いられる質問に対する回答は，変数の値を得ることと同じであり，さまざまなレベルの尺度で測られる．尺度のレベルについては第1章にも述べられているとおりであるが，大きく分ければ質的データと量的データがある．実際にはその区分は多少曖昧で，値そのものの性質というよりは，同じ対象であっても量的データとして扱う場合と，質的データとして扱う場合の違いともいえる．数量化理論は，質的データとして得られた値にいかに数量を与えるかという問題だけでなく，量的データとして得られた値に対しても，もう一度数量を与え直すことも含む．すなわち，調査によって得る値は調査という操作によって引き出された値であり，調査の対象そのものがアプリオリにもっている値というわけではない．調査によって導くべき目的に対して，最も効果的な値を与えるのが，数量化の考え方である．質的データの数量化だけでなく，量的データにも目的に合った効果的な値を与え直すという考え方によって構築されている．こうした意味で，数量化法は分析法としては，ダミー変数を用いた多変量解析で置き換えられるものもあるが，調査によって得られる値そのままを取り扱う多変量解析とは基本的な考え方を異にするものとされる．これも，数量化理論の哲学は，データの収集の現場から解析に至る一連のプロセスを念頭においた解析であり，数字の一人歩きによる誤謬を許さないからである．

　複数の質問の回答を量的データとして測るには，ある共通の尺度が必要であるが，さまざまな領域にわたる厳密な共通尺度をつくるのは難しい．通常は，ある領域に限定した内容の尺度にならざるを得ない．一定の尺度で測ることのできない広い領域や，用意された間隔の尺度には適さない内容を扱おうとすると，質的データとしてとらえることになる．特に異文化間比較のように，広い

領域における回答の関連を把握する調査では，そうした考えが必要となる．

　一方，ある領域についての意識をより深くとらえる場合には，いくつかの質問群を用いて，それらをできるだけ単純な構造として把握することも大切である．一つ一つの質問ではある状況設定や回答者の受け止め方による違いがさまざまあろうが，似ている質問群を用意してそれらへの回答を総合することになる．これは，総合あるいは分類や分解を目的として構成される調査として計画される場合である．古典的には因子分析などの手法を用いることを考えた調査がこれに当たり，選択肢が4段階，5段階などの回答を量的データとして扱うことが多い．

　質問回答が量的尺度である質問群の分析では，量的データと考えて，比較的簡単に利用できる主成分分析をしてみるのもよい．全体像として質問項目間の関連がみられるので，注目すべき項目や，分析から省いたほうがよい項目の候補を選ぶことができる．また，質問票設計の際には意図しなかった関連を見出すこともある．主成分分析は，数量化理論とは異なり，変数間の関係が直線的関係（1次関数の関係）にあることを前提としているが，量的データがすべてそうした前提にかなうものではないことに十分に留意すべきである．

　さて，量的データとして扱われることの多い回答選択肢，「1. 賛成」「2. まあ賛成」「3. どちらともいえない」「4. まあ反対」「5. 反対」のような段階の回答を求めた質問群の構造を考えよう．回答者がそれらの選択肢を表面上のみならず，心の尺度としても段階としてとらえて回答している場合には，数量化III類分析の結果，1次元目の解を横軸に，2次元目の解を縦軸にとった平面表示で，U字型に布置する．このように，回答者はその質問群について，回答選択肢1, 2, 3, 4, 5が程度を示す尺度としてとらえて回答したかどうかが確認できる．多くの場合はこのようなU字型となるが，場合によっては，1次元目と2次元目の解が逆になることもある．つまり，1次元目では中間回答が一方の極にあり，「賛成」と「反対」がもう一方の極にあって，2次元目で「賛成」から「反対」に順序づけられる．Uを横に倒した形であり，この場合は，回答「どちらともいえない」が「賛成と反対の中間」というよりも，賛成・反対という明確な回答に対立するものとしての中間回答としてとらえられる（林文・山岡, 2002）．

5.2.2 ハワイ日系人調査における活用例

1971年のハワイにおける日系人調査は，日本人の国民性研究を国際比較に拡大していく際に，たとえば日米の比較に，その間を結ぶ集団の調査として重要

表 5.6 近代-伝統の質問群の回答（日本人とハワイ日系人）

近代-伝統の質問群	ハワイ日系人調査 1971年（標本サイズ=434）		日本人の国民性調査 1973年（標本サイズ=3055）	
Q9 #4.10				
1 Would adopt	225	51.8	1091	35.7
2 Would not adopt	117	27.0	1248	40.9
3 Depends on	63	14.5	512	16.8
欠損値	29	6.7	204	6.7
Q15 #2.1				
1 Go ahead	239	55.1	1104	36.1
2 Follow custom	59	13.6	976	31.9
3 Depends on	122	28.1	883	28.9
欠損値	14	3.2	92	3.0
Q25 #2.5				
1 must follow nature	90	20.7	921	30.1
2 must make use of nature	297	68.4	1382	45.2
3 must conquer nature	26	6.0	495	16.2
欠損値	21	4.8	257	8.4
Q28 #7.4				
1 individual then country	137	31.6	908	29.7
2 country then individual	113	26.0	800	26.2
3 same thing	155	35.7	1141	37.3
欠損値	29	6.7	206	6.7
Q18 #8.1				
1 Agree	55	12.7	703	23.0
2 Depends on	43	9.9	445	14.6
3 Disagree	304	70.0	1545	50.6
欠損値	32	7.4	362	11.8
Q11 #4.5				
1 Agree	41	9.4	1330	43.5
2 Disagree	381	87.8	1165	38.1
3 Undecided	9	2.1	508	16.6
欠損値	3	0.7	52	1.7

である.その調査データの解析の中で,単純集計表に現れる回答分布の違いからはみえない,日本に住む日本人と日系人の間に感じられる何か違った印象が,数量化III類の適用により,「考え方の筋道」の違いとして見出され,文化比較における数量化III類の意義が示されたのである(林ほか,1973,p.333).

そこで取り上げられたのは,現代の日本人の考えの中で対比される,「古い-新しい」,あるいは「近代-伝統」を表す質問群である.同時期の「日本人の国民性調査(KS-V, 1973)」と比較した回答分布(表5.6)と数量化III類分析結果(図5.5)を示す.なお,質問項目中の#4.10などは,日本人の国民性などにおける調査項目のコードである.統計数理研究所の関連報告書やホームページ(吉野編,2007およびhttp://www.ism.ac.jp/~yoshino/)には,もとの質問の文章がみられる.

第1次元目と第2次元目の値を平面に示すと,図5.5(a), (b)のとおりである.日本において当時の状況を考え,一般的に,伝統的価値観,近代的価値観,中間的回答を表すと解釈ができるカテゴリーを,それぞれ○,●,△で示した.明らかに日本の国民性調査の結果は,これらの記号別にクラスターを形成しており,予想通り近代-伝統を対照させる意識構造を示している.この構造は1953年から1971年までほとんど変わらなかった.

一方,ハワイの日系人の回答分布は,日本と異なるとはいえ,大幅な違いはない.しかし,数量化III類分析により2次元布置をみると,○,●,△がかなり

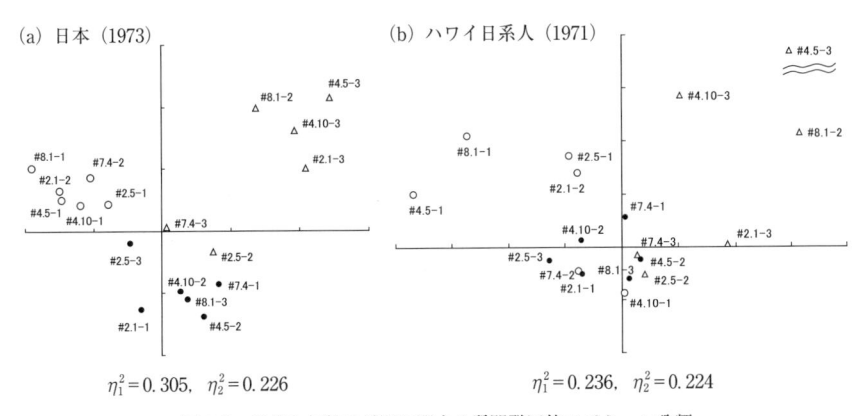

(a) 日本 (1973)　　　　　(b) ハワイ日系人 (1971)

$\eta_1^2 = 0.305, \quad \eta_2^2 = 0.226$　　　　$\eta_1^2 = 0.236, \quad \eta_2^2 = 0.224$

図5.5 近代と伝統の対照に関する質問群回答のパターン分類

混ざり合っている．つまり，少なくともこれらの質問群の回答においては，日本でみられる近代対伝統という考え方が成立していないことを示す．これこそ，文化の違いを示すものといえよう．

この時点以降，日本人の国民性調査においても，数量化III類による2次元布置が変化してきている．つまり，近代的価値観の回答が散らばり，たとえば，それまで近代的考えとされた「自然を征服する」という意見が伝統的価値観の中に入ってくるという変化があり，1973年まで見られた意識構造が崩れてきた．これは，近代的-伝統的という見方そのものの崩壊というより，何を近代的と考え，何を伝統的と考えるかは時代とともに変化していると考えられた．

日本人の特徴といわれる「義理人情」については，回答データ分析以前の解釈で，いわゆる義理人情的な考え方ととらえられる回答を選択した個数を，義理人情スケールとしている．これについて数量化III類で分析すると，図5.6に示したように，第1次元目で義理人情的な回答群とそれ以外が分かれ，その構造は日系人でも米国人一般でもほぼ同様である．その意味では，義理人情の

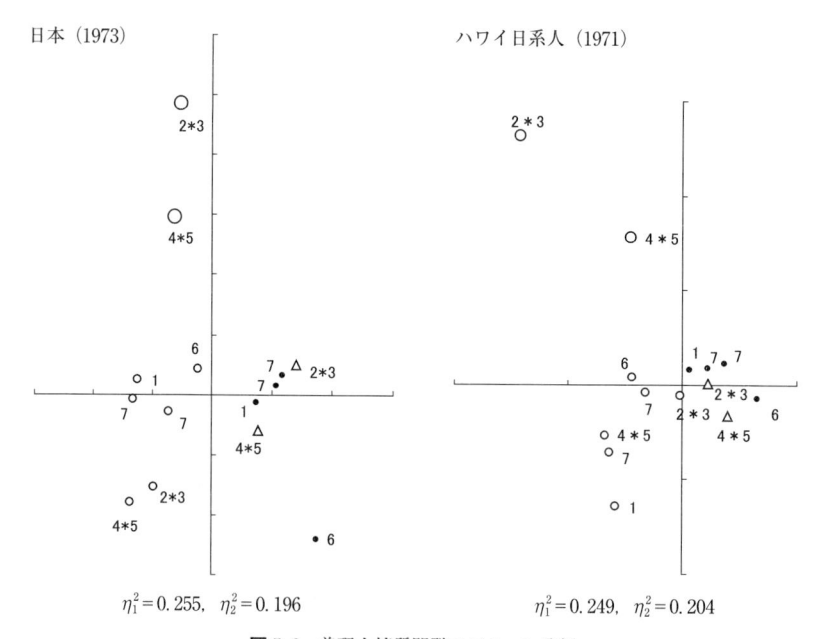

$\eta_1^2 = 0.255, \ \eta_2^2 = 0.196$　　　　$\eta_1^2 = 0.249, \ \eta_2^2 = 0.204$

図 5.6 義理人情質問群のパターン分類

構造は日本人だけの特徴ではないことがわかる（林文・山岡，2002, p.178〜）．しかし，それらを選択する比率はかなり異なっており，1970年代からの時系列調査をとおして，義理人情スケール値0の率は日本では10%程度であるのに対して，ハワイ日系人では30%前後，スケール値3以上の率は日本の20%程度に対してハワイ日系人では5%以下と大きく異なる．1990年前後の日米欧7ヶ国調査における日本以外の国の様子も，ハワイ日系人と同様である．ブラジル日系人の場合は，ハワイ日系人よりも日本に近い（林ほか，1998. p.379参照）．

5.2.3 QOL 尺度の例

"Quality of Life（QOL）" は，「生活の質」，「生命の質」などさまざまな日本語が当てられている．最近は省略語そのままの言葉（キュー・オー・エル）が市民権を得てきた一方で，QOLがよくなるといっても，その受けとり方はさまざまである．

主に患者自身によるQOLを測る尺度は1980年代から研究が進み，現在，多く用いられるものとして，包括的な健康関連QOL尺度のWHOQOL，SF-36など，疾患特異的尺度のEORTC QLQ-C30などがある．これらは，QOLを身体的健康面，精神面，環境面などの質問に対してそれぞれの程度を表す順序尺度で回答を得る方法がとられている．国内ではそれを日本語に翻訳したものや，日本的な内容を取り込んだものなども提案されている．

それに対して，1990年から，それらとは独立に日本独自のQOL尺度構成のための質問群の作成が試みられ，QOL20と称して提案されている（その試行錯誤の様子は，林・山岡，2002を参照）．これはQOLに関連しそうな多くの質問項目を取り上げ，その中から，回答者となる患者の負担を軽くするように質問数をなるべく少なくしようという点は，EORTC QLQ-C30やWHOQOL作成の場合と同様であるが，回答の取り方は，程度を表す段階の回答ではなく，より簡単に，両極の2選択肢，あるいはそれに中間を加えた3選択肢とした点が異なる．すなわち，それぞれの質問に対する回答を量的データとして扱い全体の構造を分析しようというのではなく，回答を質的データとして扱い全体を総合的な尺度として捉えようとする考えであり，数量化III類の方法が適用さ

れた.

　これらのQOL質問表を用いた日本とオランダの比較調査がある（山岡ほか，2004）．この研究は，日本とオランダの文化的等質性を検討課題とし，EORTC QLQ-C30およびQOL20のそれぞれの適用可能性と経時的変化と等質性を調べることが目的とされている．以下，両尺度の分析について，報告書から結果をまとめ考察する．分析されたデータは，日本人がん患者265人，オランダ人がん患者172人であり，がん腫と重症度には相違がある．

　QOL20は，QOLの定義を「いきがい」とし，食欲，睡眠，疼痛，苦痛などの身体的機能，医療環境，人間性に関する環境，精神的・心理的状態および，自己の病気に対する認識という五つの観点（スキーム）からとらえて構成しているが，全体の構造としては「病気の状態」と「病気に対する態度」という枠組であり，これらのプラスの要因とマイナスの要因が相互に関連してQOLを変化させる，という考えに基づいている．回答選択肢はそれぞれ，プラスとマイナスと中間の3段階であるが，この3段階をそのまま数値尺度とするのではなく，質的データとして取り扱う．

　一方，EORTC QLQ-C30の質問群は，全体的QOLを問う2問を含む30の質問で構成され，5段階スケールの回答をそのまま間隔尺度としてとらえて，因子分析を適用し下位尺度に分解して，それぞれの尺度得点を求めるものであり，すでに，ヨーロッパ諸国と北アメリカおよび英語圏の12ヵ国以上で信頼性，妥当性が確認されている．こうした考えに慣れた研究者には，QOL20の考え方は理解されにくく，下位尺度に分解することもできない役に立たない曖昧な尺度ととられる．

　QOL20質問群の回答は3選択肢，EORTC QLQ-C30は5選択肢であるが，それぞれ，数量化III類の分析を適用すると，ともに，質問群の回答選択肢に与えられた第1軸および第2軸のデータ分布がおおよそU字型となった．QOLのよいほうの回答は日本，オランダともにほぼU字の曲線状に集まって，それぞれの質問と回答が順序どおりに並べ，質問と段階回答が1次元尺度としてとらえられていることがわかる．しかし，QOLのよくないほうの回答は広がっており，特にオランダでは，必ずしも質問ごとの回答が1次元ではないことが示唆される（日本：図5.7(a)，オランダ：図5.7(b)）．

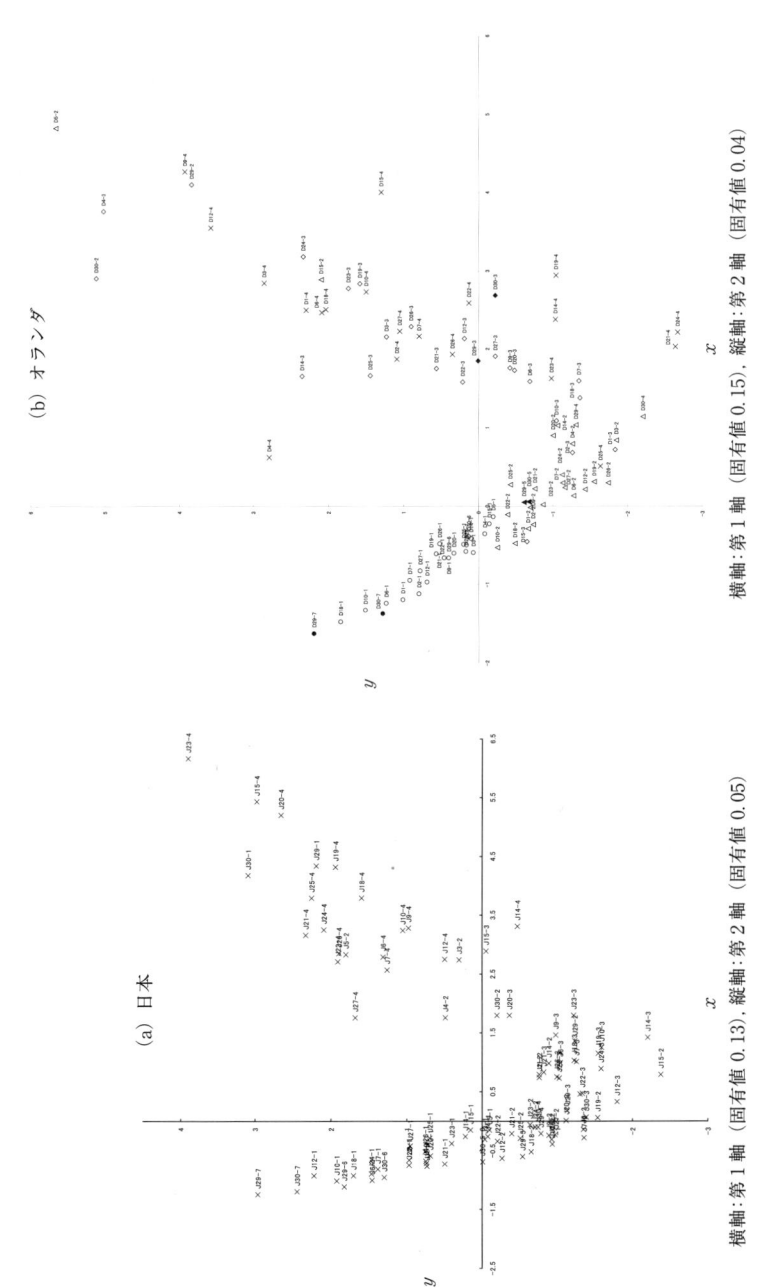

5.2 国際比較調査データの数量化 III 類による分析

図 5.7 数量化 III 類によるパターン分類
(a) 日本　横軸：第 1 軸（固有値 0.13），縦軸：第 2 軸（固有値 0.05）
(b) オランダ　横軸：第 1 軸（固有値 0.15），縦軸：第 2 軸（固有値 0.04）

EORTC QLQ-C30の質問群について，因子分析を適用すると，日本・オランダともにEORTC QLQ-C30によって計測される尺度として期待される下位尺度とは多少異なっていたが，一致するところもあり，それらについては，共通の尺度となりうる．日本でもオランダでも尺度としてそれぞれの国内で個人レベルの比較が可能であると解釈された．一方，QOL20の質問群は，回答選択肢を量的データとしては扱わず，因子分析を適用した分析は行わない．仮に因子分析を適用しても下位因子抽出はできず，QOL20が下位尺度に分解できないことは欠点とされる．しかし，EORTC QLQ-C30で下位尺度に分解して測ること，QOL20でプラス要因とマイナス要因の関連として測ることとは，臨床の実践でそれぞれ別の意味が見出され，それに応じた意義をもつことなのである．

国際比較の場合，一つ一つの質問に対する回答を，見かけ上は量的尺度で測定できるようであっても，その尺度がそれぞれの文化の回答者によってとらえ方が異なることが予想される．したがって，それによって数字上は一見厳密に分類されたとしても，異なる国の間で同じ意味ととらえることは危険である．見かけ上の量的尺度によるデータの数字の独り歩きではなく，それをあえて質的データに落とし数量化III類を適用し，結果として得られる一見粗い構造こそ，むしろ，異なる文化間の比較で，統計的に安定した，信頼性のある意味をもつというのが，われわれが長年にわたる調査データ解析の経験で蓄積してきた数量化理論の考え方である．

5.2.4 質問群の尺度化

数量化III類によって1次元構造をなすことが示された，限定された領域の質問回答群は，前節のQOL尺度の例で示したように，それぞれの回答選択肢に与えられた値を合計した個人得点が尺度として扱われ，比較的強い意味をもつ尺度となる．

1次元構造をなさない場合にも，質問群に対する数量化III類分析で回答選択肢に与えられる値が，何らかの意味ある内容を表すと解釈される場合，それに対応する次元の個人得点は，その意味を表す尺度となるということができる．解釈される内容によっては，第1次元目の値だけが用いられるのではなく，複

数次元の値の組合せを用いるのが適切なこともある．

1987年から1993年の日米欧7ヶ国の国際比較調査では，日常生活の広い領域に及ぶ内容の調査票が用いられた．その中でも，いくつかの領域に分けてみると，数量化III類の分析によって，それぞれの領域内の構造は，どの国でもほぼ似た構造をなすことが示された（林ほか，1998, p.262～）．実際には9領域（不安感，先祖・家族・宗教，科学文明観，健康観と生活満足，金に対する態度，経済に対する態度・これからの見通し，信頼感，家庭に対する近代-伝統，政治的主義主張）である．不安感の構造については，前述のとおりである．これらの領域に属する質問は，調査票の中でまとまった質問群として列挙されているとは限らない．尺度化することだけが目的ではなく，さまざまな見方から作成された調査票であるので，調査票全体に各領域に属する内容の質問が適切な形で配置されている．

これら9領域のうち，政治的主義主張の領域を除く8領域については，数量化III類による1次元目の値を7カ国間で共通の尺度としてとらえ，それに相当する個人得点を各国ごとに3区分（明るい-中間-暗い，などの意味となる）している．政治的主義主張の領域のみ，1次元目と2次元目の値の組合せによる3区分である．こうして，それら9領域における個人の位置づけが得られることとなる．そのうえで，各国で9領域の間の構造を数量化III類によってとらえ，その構造の比較がなされた．その結果，非常に大きな違いはないが，国によっては多少特徴的な領域間の関連が見出された．

領域を限ると，各国とも同じような「領域内関連」を示し，これは人々の考え方の筋道が，国を越えて共通であることを表す．しかし，他方で「領域間の関連」における違いは，各国の社会文化の特徴を示している（林ほか，1998, pp.268-289）．

5.2.5 単純集計の比較

国際比較においても，単純集計の結果の比較が最も基本的であるが，まず，さまざまな質問項目への回答についての結果を総合的に概観して，集団の違いと質問回答の違いの関連を大まかにつかんでおくことが，詳細な分析にあたっての指針となる．

数量化III類のデータの型 c (5.1.4 項 c.) はこうした分析に適用される．国（集団）と各質問回答選択肢の間の関係が各国（集団）の回答選択率で表されているのは，まさにこの型である．この考えによって国と各質問回答肢とを同時分類することができる．国の分類のほうからみると，さまざまな質問に対して総合的に似た回答選択率のパターンを示す国どうしは近くに，異なる回答選択率のパターンを示す国々は遠くに位置づけられ，分類される．もちろん，取り上げる質問によって，分類が違ってくるのであるが，そのこと自体が情報となる．

たとえば，日米欧7ヶ国調査とハワイ日系人調査，およびブラジル日系人調査のすべての対象国や地域の解析では，次のような国々の回答パターンの類似性についての距離関係が見出されている．まず，大きくは日本対欧米の分類であり，次に欧米圏でも米国・英国・ドイツ・オランダの人々とイタリア・フランス人の分類がある．また，ハワイ日系人は米国人一般とほぼ同じ位置だがわずかに日本寄りにあり，ブラジル日系人はイタリア・フランス人と日本人との中間にある．ブラジルはイタリア・フランスと同様にラテン系の国であることから，ブラジル日系人の位置づけは納得できよう．こうした結果が，意識調査の回答選択率の比較によって明らかに示されるのである（林ほか，1998，第II部第1章）．

また，別の実際の調査として，質問文の翻訳の問題についての例を示す．ハワイで英語を勉強する日本人学生集団を二つに分け，また日本における日本人学生集団も二つに分け，スプリット・ハーフ方式で日本語の質問票で回答してもらったグループと英語の質問票で回答してもらったグループの回答分布を比較した．その結果，第1次元目では用いた調査票が日本語調査票か英語調査票か，第2次元目ではハワイにいる学生集団か日本にいる学生集団か，によって分かれる布置を示した．調査票の言語によって回答の内容も，Yes/No を比較的明確にいう，個人主義的になることを示している．これもそのこと自体が国際比較の重要な点であると同時に，さまざまな内容の分析をする際の事前情報として知っておくことが重要であろう（林・鈴木，1997）．

5.3 宗教・非科学的なものに対する意識

5.3.1 「お化け」調査―本音と建前―

社会調査において，回答が本音ではなく建前ではないかという問題がよく指摘される．たとえば日本における初期の調査では，世間ではこうであろうという正解を回答しようとする傾向がみられた．同様の傾向は，1980年代の中国でもあり，上海周辺地域の集合調査（Chu, et al., 1995）では当時の共産党の厳しい指導の影響を強く受けていることが，その後の改革開放政策下の調査（飽戸，1998）との比較から推察されている．

一方で，こうした建前の回答に対して，本音を引き出すことを考えた調査と分析法が研究されている．調査は1976〜1978年に東京と米沢で行われた．これは，人々の意識や意見の基盤にあると考えられる基底意識構造を探る調査で，多次元尺度解析法の実践への適用研究のための調査でもある．問題意識として，質問紙による調査でとらえられるのは建前の回答であり，いかに本音を引き出すことができるのか，本音の意味はなにかを問うことであった．また，本音は基底的な日常的な意識にあり，社会に対するさまざまな意識や意見に影響を与えているのではないかという考えでもあった．

このような問題意識のもとに，宗教的な感覚，占いや迷信など言い伝えに対する感じ方，健康や死についての感覚など，いわば合理的な思考による意見や意識ではないと考えられることを質問項目とした．その中の一つは，当時世間で話題になっていたネッシーや超能力などと，日本の伝統的なお化けやカッパや鬼や怨霊などで，調査計画を立案した林知己夫により「怪力乱神」あるいは「お化け」と総称されたものに対する感じ方を問うのである．そのような「お化け」が，あると思うか・ないと思うかだけでなく，楽しい・あってほしい，などの反応語をあげ，それらを列挙して，回答者がそれぞれのお化けに対する気持ちにぴったりする言葉を選ぶという方式である．反応語（回答選択肢）8種は，存在の次元，期待の次元，情緒の次元に整理されるが，調査では意図してそれらの反応語の順序も整理した形ではなく，8種を同等に提示して問うたところに意味があるのである（表5.7）．なお調査は訪問面接調査で，この質

表5.7 「お化け」に対する感じ方

お化け（妖怪，怪力乱神，超自然）(12種)	新しいもの	雪男，ネッシー，空飛ぶ円盤・宇宙人，過去や未来に行けるタイムマシン，超能力・念力
	古いもの	幽霊・亡霊，カッパ，妖怪，人のたたり，人をのろい殺すなどの怨霊，龍，鬼
反応語（8種）	存在の次元	いる・ある，いない・ない・ばかばかしい
	期待の次元	いてほしい・あってほしい，いてほしくない・あってほしくない
	情緒の次元	こわい・おそろしい，こわくない・おそろしくない，たのしい・おもしろい，つまらない

問では回答選択肢リストを提示している．
　この調査の分析は「ノンメトリック多次元尺度解析についての統計的接近」（統計数理研究所研究リポート44）に詳しく報告されている．結果として得られた主な知見は，反応語の中で「いない・ない・ばかばかしい」「つまらない」以外の何らかの心のかかわりをもっている者は，高齢層よりも若い層に，米沢よりも東京に多いことであった．学歴別でも，「怨霊」「人のたたり」を除き，UFOなどの新しい時代のものだけでなく，学歴の高い層に心のかかわりを示すものが多い．科学的でないものに対する否定的反応は，むしろ，いわば伝統的とされる層に多いのである．
　「お化け」に対する反応語から心のかかわりを示すものを総合した選択率を表5.8に示す．
　同じ調査で，言い伝えや迷信についての質問もある．「仏滅の日の結婚式」「友引の日の葬式」「命名するときの字画数」「病院の四号室」「葬式から帰って塩をまくのを忘れたこと」に対して，「たいへん気になる」の回答は年齢の高いほうが多いが，「少し気になる」を含めると年齢差がほとんどない．「悪い方角への移転」「三隣亡の日に家を建てる」は全く気にならない人が若い層に多く，これらは，言い伝えの崩れている例であろう．しかし，いくつかの習慣的な言い伝えについて，「たいへん気になる」のではないが「少し気になる」という気持ちが若い層にもかなりあり，「少し気になる」によって否定しきれない本音としてとらえられたとされた．
　「お化け」に対して否定せず，何らかの心のかかわりをもった反応を示した

表 5.8 年齢層別・学歴別「お化け」に対する心のかかわり（%）
(1978 年東京，個別面接聴取，回収率 74%)

	全体 499	20-39歳 216	40-59歳 199	60歳以上 84	小学卒 40	中学卒 117	高校卒 196	大学卒 139
超能力・念力	61	74	55	44	48	57	65	63
タイムマシン	60	78	53	27	33	54	62	69
UFO・宇宙人	56	73	51	20	18	47	64	62
ネッシー	53	73	47	17	23	42	60	63
雪男	45	61	38	20	15	33	53	53
カツパ	43	52	39	27	30	33	45	50
龍	41	51	38	20	23	41	42	46
鬼	36	44	34	21	18	38	34	44
妖怪	34	44	30	18	20	30	38	37
幽霊・亡霊	52	65	46	32	28	50	56	56
怨霊	58	65	54	52	60	58	61	55
人のたたり	66	74	62	56	65	64	67	68

注）表中の数字は，心のかかわりを示す回答選択肢「ある」「あってほしい」「たのしい」「こわい」「いてほしくない」のいずれかを選択した率．

り，言い伝えや迷信に対しても「少し気になる」といったりするのが基底意識の本音ということができるであろう．社会の諸々の事柄における判断などにも非合理的な考えとして影響を与えるのではないか．その考え方を生かした調査で，原子力に対する意識やがんの告知に対する意識について，他の質問とともに，合理-非合理の尺度として応用されている（北田ほか，1999；本書 3.3 節参照）．

また，一つの考え方として，「お化け」に対する年齢層別の反応の様子と，言い伝えに対する反応を比較すると，「お化け」に対する反応は，必ずしも高齢層で本音が回答されていない可能性もある．調査によって本音を引き出すことは難しく，その傾向は調査の回答を試験の解答のように受け止めがちな層に多いということもできる．「お化け」に対する否定的反応は，本音で否定する人々に加えて，古い考え，非科学的といわれそうな考えを，本音を抑えて否定する人々の回答でもある．つまり，一般に，回答に社会的望ましさ social desirability が効いてくることの一面である．

5.3.2 「お化け」に対する感情の国際比較

こうした本音に近い基底意識を浮かび上がらせようとする超自然に対する心のかかわりを問う質問は，2004 年以降の「東アジア価値観国際比較調査」，「環太平洋（アジア・太平洋）価値観国際比較調査」でも採用している．それらの調査では，「お化け」12 種は，1978 年の回答分析を参考に，ほぼ 4 分類にまとめ，「超能力や念力」「UFO や宇宙人」「龍や鬼」「幽霊，亡霊，のろい」とし，8 種の反応語はそのまま用いた．この環太平洋諸国・地域の調査結果をみると，そうした「お化け」4 分類へ回答の中で，「超能力や念力」「UFO や宇宙人」に対して心のかかわりを示す反応語の選択率は国・地域による差異が小さいが，「龍や鬼」「幽霊，亡霊，のろい」については国・地域差が大きく，伝統文化との関連があることが示唆された．「幽霊，亡霊，のろい」は北京・上海の低さが特徴的であり，信仰の少なさと同調しているようである．では，北京・上海もこうした科学的ではないものや宗教に対するかかわりがどれも低いのかというと，「UFO・宇宙人」に対しては心のかかわりを示す回答が 57% で，他の国・地域と同程度である．これらは多少の例外を除いて，高年齢の方の反応率がかなり低く，信仰や「宗教的な心を大切と思う」率が高年齢のほうが高いのとは，逆である．

また，「神や仏」「死後の世界」「霊」が存在するかどうかを問う質問では，回答選択肢として「ある」「ない」だけでなく「あるかもしれない」を加えてある．これは「ある」とは思わないが「ない」とは言い切れないという気持ちを心のかかわりとしてとらえる，という考えによる．表 5.9 に示したのは，「ある」と「あるかもしれない」の回答を加えたものである．

つまり，政治と宗教の関係が複雑な中国においても，完全に科学的に判明していないもの，いわば何らかの不思議なものをすべて合理的に否定しきれないという意味で，何かあることを示している．

「お化け」調査は，本音を引き出すことを考えた調査であったが，本音といえども，時代の影響を受けてそれぞれの回答が変化することが，2004 年の調査やこれまでの調査を通して読み取れる．しかし，そうした質問は，社会意識などの意見とは別に，その根底にある考え方の合理-非合理としてとらえることができる．時代や国・地域を越えた比較を目指すのではなく，時代，国・地

5.3 宗教・非科学的なものに対する意識

表 5.9 環太平洋の宗教, 超自然に対する心のかかわり

	日本	韓国	北京	上海	香港	台湾	シンガポール	オーストラリア	米国
調査年	2004年	2006年	2005年	2005年	2006年	2006年	2007年	2007年	2006年
標本サイズ	1139	1030	1053	1062	849	603	1032	700	901
信仰あり	28	54	14	28	38	65	79	54	80
宗教的な心大切	72	78	39	33	64	78	74	53	76
信仰あり又は心大切	73	81	44	43	71	85	86	66	86
神や仏	81	54	43	56	77	90	92	78	92
死後の世界	64	51	30	38	65	81	80	73	83
霊	76	60	40	44	71	86	86	84	92
超能力・念力	57	58	50	43	55	66	62	59	48
UFO・宇宙人	53	45	58	50	47	59	43	52	42
龍・鬼	47	34	25	31	55	71	47	21	23
幽霊・亡霊・のろい	62	42	25	29	55	71	69	57	46

注)「神や仏」「死後の世界」「霊」は回答選択肢「ある」あるいは「あるかもしれない」の選択率.「超能力・念力」以下は「ある」「あってほしい」「たのしい」「こわい」「いてほしくない」の選択率.

域の文化の中でそれぞれの合理-非合理を表すと考えることに意味がある.

5.3.3 合理-非合理の考え方と不思議なものに対する感情

日本における 1970 年代の調査によって「お化け」に対する反応が, 一般社会意識を問う調査の回答とは違って, 本音が出やすく, そうした調査項目によって, 合理-非合理という基底的なものをとらえる方法が提案された. 一見ばかばかしい不思議なものへの感情を問う項目が, 環太平洋の国際比較調査によって, 日本以外でも意味があることが示されたといえよう.

表 5.9 をさらに詳細に, 各国年齢別にみたものを表 5.10 に示す. 明らかに 50 歳以上に比べて 50 歳未満のほうがいずれも, 心のかかわりを示す率が高い. 信仰ありの年齢分布とちょうど逆の関係にある. 信仰について,「お化け」と比較することは, 宗教の意味について, 論議のあるところであろうが, 何らかの人間の力の及ばないものに対する, 人間本来の意識が, 何らかの形であらわれているとみることができるのではないだろうか.

表 5.10 各国・地域の宗教，超自然に対する心のかかわりの年齢比較（%）

		日本	韓国	北京	上海	香港	台湾	シンガポール	オーストラリア	米国
信仰あり	20-49歳	19	50	16	25	35	61	77	56	77
	50歳-	35	63	11	31	46	75	84	55	84
信仰なし心大切	20-49歳	46	29	32	19	36	23	8	12	7
	50歳-	44	22	26	12	26	14	5	12	7
神や仏	20-49歳	82	54	52	57	82	90	92	76	90
	50歳-	81	54	28	53	67	88	93	79	93
死後の世界	20-49歳	75	53	39	39	74	83	81	77	83
	50歳-	56	46	15	35	47	75	80	66	82
霊魂	20-49歳	83	62	49	48	78	88	86	85	92
	50歳-	70	56	26	39	56	81	86	80	91
超能力・念力	20-49歳	71	63	56	46	62	71	67	63	52
	50歳-	48	47	41	40	41	52	48	52	42
UFO・宇宙人	20-49歳	69	51	64	52	56	66	48	54	41
	50歳-	42	33	47	47	30	38	32	49	42
龍・鬼	20-49歳	61	37	30	33	63	76	49	25	24
	50歳-	37	25	16	27	40	57	41	15	21
幽霊・たたり	20-49歳	77	46	28	32	62	75	71	64	49
	50歳-	52	33	18	26	41	58	64	47	37

注）「神や仏」「死後の世界」「霊」は回答選択肢「ある」あるいは「あるかもしれない」の選択率．
「超能力・念力」以下は「ある」「あってほしい」「たのしい」「こわい」「いてほしくない」の選択率．

これは，一見興味本位にみえる調査から，人間の本質を見出す例であった．

5.4 宗教と宗教的な心

　日本人の国民性調査は，1953年から5年ごとの継続調査であるが，その第2次（1958年）調査から宗教に関して一環して質問されてきている．その中で，「信仰を持っているか」という質問だけでなく「いままでの宗教にはかかわりなく，宗教的な心というものを大切だと思いますか」という質問がなされている．信仰をもつものは3割程度であり，宗教的な心が大切だという回答は7割ある．これと同じ調査は，1971年のハワイ日系人調査から国際比較の視点として用

5.4 宗教と宗教的な心

いられてきた．その結果，信仰をもつ率の高いハワイ日系人や米国，ヨーロッパでは，信仰をもたないが宗教的な心が大切という人の率が日本ほど高くないことが示されてきた．また，信仰をもつ人の中でも宗教的な心が大切でないという人が，日本ではほとんど考えられないのであるが，そうした考えがある程度存在することも示された．日本人の国民性調査の第6次（1978年）までは，宗教的な心の質問は，信仰をもたない人に対してのみなされ，つまり調査企画者が，信仰をもっていれば宗教的な心が大切と思うのは当然と考えていたのであるが，それが日本の特徴であることが国際比較によって実証されたということになる．国際比較調査を進める中で，日本人の国民性調査でも，宗教的な心の質問を信仰をもっている人にも尋ねることとなったが，最新の2008年調査においても，この傾向は同じである（林文，2006；中村ほか，2009）．また，信仰をもたない人の中の宗教的な心が大切という回答の率は，これまで調査された日米欧7ヶ国調査，東アジア価値観調査，環太平洋価値観調査においても，日本において最も高いのである．さらに日系人については，ハワイ日系人の場合は，信仰の高さは日本よりかなり高く，米国に近いが，信仰をもたない人の中で宗教的な心が大切とする率が米国より高いのは日本的ということができる．

しかし，1990年以降の日本人の国民性調査などによると，信仰をもつ人の減少がみられ，また，「宗教的な心が大切」という考えも若い年齢から少なくなってきている．では，全く宗教的なものが否定される時代になったのであろうかというと，そうともいえない面がみえる．表5.10に示した諸項目は，東アジア価値観調査や環太平洋価値観調査において，高年齢層のほうが感心が高いとはいえない国がいくつもある．このことは，若い層が，宗教的な心という言葉ではしっくりしないかもしれないが，何か合理的な思考とは違う何かの存在を気にしているということがわかる．日本人の国民性調査でも，近年まで「宗教的な心」という言葉でそれとなくわかった気持ちになっていたことに対して，別の言葉を必要としているのかもしれない．

そこでもう一度「宗教的な心」の日本における特殊性について，科学文明観との比較の中で考えてみたい．科学文明観については，一般的な科学の問題に対しては肯定的な回答を示しているが，心の問題，社会・経済の問題は科学が

5. 宗　教　心

発展しても解決できないという考え方が日本の一つの特色である（林・林文, 1995）．このことと，「宗教的な心」という日本の特徴的とされる考え方とが，いずれも「心の中」は何ものにも触れられない大切なものだという基底意識を

表5.11　科学文明観の国際比較

		イタリア 1988年	フランス 1987年	ドイツ 1987年	オランダ 1992年	英国 1993年	米国 1987年	日本 1988年
A	全くその通り そう思う	15.5 36.8	26.8 37.9	9.1 25.3	11.1 20.9	12.4 37.3	18.6 39.2	2.5 11.3
B	全くその通り そう思う	13.5 38.8	15.5 33.8	7.3 36.7	7.7 27.5	9.5 33.3	12.2 34.7	2.7 12.4
D	多分実現する	34.3	28.4	17.1	24.3	33.7	32.2	33.4
E	多分実現する	62.2	68.3	36.5	44.0	63.5	61.9	65.1
F	多分実現する	24.6	23.4	16.8	26.8	11.7	25.0	28.7
G	多分実現する	12.1	23.4	35.6	20.7	32.7	41.3	19.3

	韓国 2006年	台湾 2006年	北京 2005年	上海 2005年	香港 2005年	シンガポール 2007年	オーストラリア 2007年	米国 2006年	日本 2004年
A 全くその通りそう思う	3.7 24.9	4.5 37.5	4.4 36.1	8.3 28.5	3.1 31.8	9.8 54.9	18.7 46.6	16.8 46.5	1.5 9.5
B 全くその通りそう思う	4.6 38.4	6.0 47.4	9.3 46.2	9.5 39.7	3.7 36.3	8.6 52.4	7.3 33.6	9.4 38.5	0.9 10.3
C 全くその通りそう思う	3.0 41.4	4.0 42.3	6.5 42.4	8.9 37.7	3.1 44.2	4.7 41.1	3.3 28.0	5.5 19.3	1.6 23.8

注）A：人の心の中まで解明できる（回答選択肢　「全くその通りだと思う」「そう思う」「そうは思わない」「決してそうは思わない」）
　　B：社会的経済的問題が解決される（回答選択肢Aと同じ）
　　C：火星での生活可能になる（回答選択肢Aと同じ）
　　D：放射能廃棄物の安全な処理方法が解明される（回答選択肢　「多分実現する」「実現する可能性は低い」「実現しない」）
　　E：癌の治療法の解明は実現するか（回答選択肢Dと同じ）
　　F：アルツハイマーの治療法の解明は実現するか（回答選択肢Dと同じ）
　　G：宇宙ステーションでの生活は可能になるか（回答選択肢Dと同じ）

表しているのではないかと推察される（表5.11）.

　国際比較によって,それぞれの質問文で明らかにしようとした内容について,国・地域の文化の同異が得られるが,それだけでなく,思いがけないつながりが読み取れてくることがある．たとえば,宗教に関する調査といえば宗教という枠組で質問票を構成するのが常道であるが,枠を超えた質問構成によって,新たな発見がある．このことは林　知己夫によって繰り返し主張されたことである．また,調査研究において,いうまでもないが,どのような質問をするかが最も重要である．ここに,1958年の国民性調査から「宗教的な心は大切か」という質問がなされてきたことは,宗教心の国際比較においても非常に大きな意味があるといえよう．

参　考　文　献

飽戸　弘（1998）．浦東地区開発計画に伴う価値意識の変化に関する研究―日本・中国の国民性比較のための基礎研究―（平成7年度～平成9年度文部省科学研究費補助金国際学術研究研究成果報告書）．

Chu, Godwin, et al. (1998). Comparative analysis of Chinese and Japanese cultural values. *Behaviormetrika*, **22**(1), 1-35.

林　知己夫（1974）．数量化の方法．東洋経済新報社．

林　知己夫（1986）．数量化理論のできるまで．オペレーションズ・リサーチ（日本オペレーションズ・リサーチ学会），**31**(12)．

林　知己夫（1993a）．数量化―理論と方法．朝倉書店．

林　知己夫（1993b）．行動計量学序説．朝倉書店．

林　知己夫・高倉節子（1958）．態度数量化の一方法（II）．統計数理研究所彙報, **6**(1)．

林　知己夫ほか（1973）．比較日本人論　日本とハワイの調査から（中公新書）．中史公論社．

林　知己夫ほか（1976）．多次元尺度解析法．サイエンス社．

林　知己夫ほか（1979）．ノンパラメトリック多次元尺度解析についての統計的接近．統計数理研究所研究リポート44．

林　知己夫・林　文（1995）．国民性の国際比較．統計数理, **43**(1), 27-80．

林　知己夫・鈴木達三（1997）．社会調査と数量化．岩波書店．

林　知己夫ほか（1998）．国民性七か国比較．出光書店．

林　文（2006）．宗教と素朴な宗教的感情．行動計量学, **33**(1), 13-24．

林　文ほか（1994）．日本人の自然観についての予備的考察．*INSS Journal*（原子力安全システム研究所），**1**．

林　文ほか（1995）．日本人の自然観（2）．森林野生動物研究会誌, **21**, 44-52．

林　文・山岡和枝（2002）．調査の実際．朝倉書店．

北田淳子・林　知己夫（1999）．日本人の原子力発電に対する態度―時系列から見た変化・不変化―．*INSS Journal*, No. 6, 2-23．

駒澤　勉ほか（1998）．パソコン数量化分析．朝倉書店．
中村　隆ほか(2009)．国民性の研究　第12次全国調査―2008年全国調査―．統計数理研究所研究リポート 99．
日本文化会議編（1973）．日本人の法意識（調査分析）．至誠堂．
大隅　昇ほか（1994）．記述的多変量解析法．日科技連出版社．
山岡和枝ほか（2004）．保健医療のアウトカム評価に関する国際共同研究：多文化間におけるスコアの変換．平成16年度ファイザー財団研究報告書（研究代表者　山岡和枝）
山本勝造ほか（1993）．ブラジル日系人の意識調査―1991～1992―．統計数理研究所研究リポート 74．
吉野諒三編（2007）．東アジア国民性比較　データの科学．勉誠出版．

結びにかえて
―信頼の世紀に―

　われわれの調査研究は，故林知己夫を中心として，戦後から今日へとつながる発展をみてきた．数年前には，15巻にも及ぶ全集が発刊されている（林知己夫著作集刊行委員会，2004）．この中に戦後日本の統計学の一つの哲学的発展が理解されるべく，知恵が詰まっている．現実社会の課題解決のために考案された統計手法がどのように開発されたかが，しみじみと了解されてくる．

　晩年，最も身近で仕事を続けてきたつもりの筆者ではあるが，林が学術論文を離れたところでは，学術論文での慎重な表現とは打って変わり，ここまで自由に強い思想を明言していたのかと思う記事にも邂逅し，感慨が深い．林は学術討論では，欧米流の仮説・検定の手法は現実社会の複雑な現象を解くには幼稚として，「理論」や「仮説」という言葉は表には出さず，データを虚心坦懐に眺め，現象を理解し，問題解決につなぐことが肝要と唱えていた．

　この「虚心坦懐」を，偏見のない白紙でものごとを判断することなどできないといって批判していた方々もあった．しかし，これは誤解である．虚心坦懐とは，雑念を消し去ることではなく，むしろ雑念が浮かんでは消え，浮かんでは消える，その自他の相互作用の様子を冷静に眺め，やがて心が定まっていくこと（禅定）である．

　林の1996年の仕事「日本人の心とガン告知」を，数年ほど前に手にした．重大な業績を数年間も看過してしまったことを遺憾に思っている．医療では同じ病気の患者でも，同じ治療法を適用すればよいというものではない．各人のパーソナリティや，家族との絆や医師・看護士との関係をはじめとする社会的環境をも考慮した，人間社会の関係系の中でことを考えていかなければならない．この認識が本書第3章の研究の動機であった．

林の生涯の仕事を顧みる中で，この医療問題，原子力安全性に関する意識の解析（林・守川，1994），マスコミ関係者との選挙投票行動の研究において，上記のような広く深い視点からの仕事が推進されていたのが了解できる．われわれの今後の調査研究は，この視点をもち，調査を飛躍的に変革していき，計量的文明論を展開すべきと考えている．

　新世紀を迎え，伝統的な産業社会から高度情報化社会へと移りつつある世界において，従来の人間関係や人々のあり方にも急激な変化がみられる．この中で，近い将来，欧州共同体や南北アメリカとともに，東アジアが世界の極となる可能性も示唆され，われわれは国際比較研究の対象として，アジア人の視点からの東アジアや，アジア・太平洋に着目するようになった．

　この研究を推進する枠組が，「文化の多様体」(Yoshino & Hayashi, 2002；吉野，2005；Yoshino, et al., 2009）であり，たとえば調査項目や尺度のカバーする「範囲」とその「深さ」との相補性を明らかにしようとするものである．

　この考えは世界の政策立案にも適用できるであろう．たとえば，グローバルな規則は各国・地域の多様な差違を考慮し緩やかな大義名分とし，局所的なものは具体的，詳細な規定にして現実の実効性を考えることなどである．文化や価値観の相互理解がなくては，平和の創出と維持，経済協力による繁栄は望めない．

　1960〜70年代，「近代化」は「欧米化」の押しつけであると非西欧諸国が批判し，1990年代に「グローバリゼーション」は「アメリカナイゼーション」であると諸国が批判し，さらにハーバード大学のハンチントンが新しい時代を「文明の衝突」という言葉で予測したときも，世界に大きな波紋を呼び，各方面から反発が起きた．

　これに関して，最後に，インケルス（Alex Inkeles）が1998年3月に統計数理研究所の公開講演で述べたメタファーをここで紹介することにより，われわれの未来への展望としよう．

　　南米アマゾンの上流に，二つの大河が出合うところがあり，一方は半透明な褐色の水，もう一方は濁った泥の水が注ぎこんでいる．面白いことに，合流してもすぐには二つの河の水は混合せず，あたかも河の真中にガラス

の壁があるかのように，河の片方は半透明な褐色の流れ，反対側は濁流が続いている．しかし，やがて数マイルほど下ったところで両方が融合し始め，一つの流れとなっていく．異なる文化や文明の出合いも，この流れと同様，はじめはなかなか融合せず対立するようなこともあろうが，やがては自然に融合し，新たな時代の流れを創り出していくのではないであろうか． (筆者訳)

インケルス自身は，これをグローバリゼーションの文脈の中で述べ，やがて"one world"(Inkeles, 1998) が出現すると唱えたのであったが，文明を数千年，数万年のオーダーでみて，筆者は，これを多様な文明の出会いと派生のプロセス，ときに異なる文明が融合し，ときにそこからまた新たな異なる文明がさまざまに派生していく，文明のダイナミズムを示すものと読みとった (Yoshino, 2009 ; Yoshino & Fujita, 2009 ; Yoshino, et al., 2009).

これをどうとらえるかは，米国のイラク占領政策の初期と，失敗を繰り返して変更を重ねてきた過程が解答を示唆しているように，筆者には思える．

吉 野 諒 三

参 考 文 献

林　知己夫著作集刊行委員会 (2004). 林　知己夫著作集，全15巻．勉誠出版．

林　知己夫・守川伸一 (1994). 国民性とコミュニケーション（原子力発電に対する態度構造と発電側の対応のあり方）．*INSS Journal*, No. 1, 93-135.

Inkeles, A. (1988). One World Emerging?　Westview Press.

吉野諒三 (2001). 心を測る―個と集団の意識の科学―（シリズ〈データの科学〉4）．朝倉書店．

吉野諒三 (2005). 東アジア価値観国際比較調査―文化多様体解析に基づく計量的文明論の構築に向けて．行動計量学，**32**(2), 133-146.

Yoshino, R. (2009). Reconstruction of trust on a cultural manifold : sense of trust in longitudinal and cross-national surveys of national character. *Behaviormetrika*, **36**(2), 115-147.

Yoshino, R., & Fujita, T. (2009). Social values on international relationships in the Asia-Pacific region. *Behaviormetrika*, **36**(2), 149-166.

Yoshino, R., & Hayashi, C. (2002). An overview of cultural link analysis of national character. *Behaviormetrika*, **29**(2), 125-142.

Yoshino, R., Nikaido, K., & Fujita, T. (2009). Cultural manifold analysis (CULMAN) of national character. *Behaviormetrika*, **36**(2), 89-113.

索　引

欧　文

Asiabarometer（東京大学東洋文化研究所）　44

CATI　41, 52
CATMOD　135
CESSDA　45
CLA　16, 24
Couper, M.　53
CULMAN　28, 30, 118

EORTC QLQ-C30　183, 184
Erlangen Programm　31
ESOMAR　55
ESS　4, 43

global temporal atlas　25
global thematic atlas　27
GSS　4, 43
Guttman, L.　24

Hall, R. K.　5
Human Development Index　38

IFDO　44
Ishino, I.　6
Inglehart, R.　43
ISR　43, 53
ISSP　43

Kish法　73

Lievesley, D.　37
LOGISTIC　135

national character　19

POSA　176
POSR　6

QC　7
QOL　183
QOL20　183
QOL尺度　183

RDD　41, 52
RDD CATI　149
religion　103
religiosity　101

SASのプロシージャ　135
spiritual　101
spirituality　101
SPSS　135

U字型　175

WAPOR　55
WHOの健康の定義　101, 147
WVS　31, 43

Zentralarchiv（ZA）　43, 44

あ 行

アイテム・カテゴリー型　165
アジア・太平洋共同体　33
アジア・太平洋多様体　35
アニミズム　102
奄美調査報告　6
アンケート調査　14

いきがい　184
意識構造の国際比較　24
1次元構造　175, 177
位置の効価　47
一般社会調査　43
　　米国の——　4
一般的回答傾向　22, 108
一般的信頼感(個人への信頼感)　140
イラク戦争　6
医療と文化調査　142, 160
医療文化人類学　139
インケルス, A.　11, 199
因子分析　179
インターネット調査　53
インフォームド・コンセント　42, 121

ウェイト　89
ウェイト補正　74
ウェブ調査　53

エリア・サンプリング　55, 73

欧州社会調査(ESS)　4
沖縄の返還　6
オッズ比　132
オバケ調査　106, 189
オバケ調査の国際比較　98
親孝行　116
恩返し　116

か 行

海外の標本抽出面接調査　76
回帰分布の一致度　144
回収率　71
階層構造　28
外的基準　164, 165
回答カテゴリーにおける大小，強弱の順番　51
回答カテゴリーの再カテゴリー化　61
回答分布の一致度　144
科学的世論調査　4
科学文明観　114, 195
学力の国際比較調査(OECD)　39
ガットマンスケール　175, 176
亀田豊治朗　4
カルマン(CULMAN)　28, 30, 118
考え方の筋道　62, 63, 165, 181
感情(非合理)的反応項目　113
環太平洋(アジア・太平洋)価値観国際比較調査　160
がんの告知　118
関連表の数量化　172

偽造回答データの検出　89
基底意識構造　189, 192
キリスト教　114
義理人情　10, 13, 182
義理人情スケール　182
近代(西洋)医学　101, 115
近代化　199
近代-伝統　181

空間の局所チャート　26
空間の連鎖　24
空間比較の地図帳　26
クォータ法(割当法)　55, 75, 81
苦悩(distress)の尺度　110
グローバリゼーション　11, 199

計量的文明論　17

欠測値 147
健康指標 158
健康定義 147
言語の差 81
原子力に対する意識調査 124
現地積み上げ法 74

構造的次元 140
幸福感 11, 158
項目間クロス・テーブル分析 59
交絡因子 132
公理的測定理論 31
合理的反応項目 113
合理派 119
合理-非合理 124, 193
　　――の尺度 191
国際比較可能性 37
国際比較調査研究の先史 16
告白 122
国民性 5, 19
心のかかわり 189
心の問題 115
互酬性の規範 140, 145, 158
個人得点 165, 169
個人の権利 116
個人の自由 116
個人レベル 140
コレスポンデンス・アナリシス 165, 170

さ　行

最新効果 47
サンプル・サイズ 70, 169

自覚的健康観 148
自覚的健康度 156
時間の局所チャート 24
時間の連鎖 24
時系列的比較の地図帳 25
思考パターン 100
自己開示(性) 22, 109, 110, 123, 139, 160
市場調査 14

実証的証拠に基づいた政策立案 100
質的データ 178
質問項目の連鎖 24
質問文翻訳 82
死亡率 156
社会意識に関する世論調査(内閣府政府広報室) 10
社会疫学 139
社会的支援 122
社会的支援ネットワーク 111
社会的な決定要因 158
社会的望ましさ 119, 123, 191
社会文化要因 156
尺度水準 64
宗 103
自由回答 65
宗教心 12, 101
　　――は大切 12
宗教団体への警戒 12
宗教的な心 194
宗教離れ 12, 125
集団に対するアプローチ 139
集団レベル 140
主観的健康度 159
儒教 114
儒教文化圏 116
主成分分析 170, 179
順番の効価 47
初出効果 47
信頼感 5
信頼, 規範, ネットワーク 140
森林に対する素朴な感情 105

数量化 23
数量化Ⅲ類 62, 144, 150
　　林の―― 98
スコア検定 133
ストレス 138
ストレス学説 138
スピリチュアリティ(霊性) 125
スプリット・ハーフ方式 188

生活時間調査(NHK) 10
生活の質 183
生活満足感 11
性差 111
正準判別分析 168
青少年の意識の国際比較 23
生命観と文化調査 160
生命の質 183
世界価値観国際比較調査 43
世界価値観調査 34, 141
接続 28
選挙予測 9
線形性 131
全国世論調査の現況(内閣総理大臣官房広報室) 42

総当たり法 134
相関係数 149
相関比 168
臓器移植 122
相対尺度法 170
層別抽出(確率比例) 55
相補性原理 32
粗(無調整)オッズ比 136
属性 47
ソーシャルキャピタル 139, 140
素朴な宗教感情 101

た 行

対応分析 170
対人的信頼感 145, 158
対数オッズ 132
代替医療 101
他項ロジスティック回帰分析 135
多次元尺度解析 189
多次元データ解析 23
多重リスクファクター 127
多重ロジット分析 127
多段抽出(法) 15, 54
多変量解析 63
多変量調整オッズ比 137

ダミー変数 130
単純無作為標本抽出 14
単純ランダム・サンプリング 4
男女共同参画社会に関する国際比較調査（内閣府) 38
男女の生まれ変わり 13

逐次選択 134
中間回答傾向 22
　　日本人の── 20
中間的回答肢 51
調査員自体の属性 69
調査項目のカルテ 42
調査の科学 23
調査の質 178
調査モード 52
超自然・オバケ関心尺度 119
調整されたオッズ比 132

ディ・ブリーフィング 57
適合度 132, 133
データ・クリーニング 48, 58
データ形式 132
データの科学 17, 23
データの尺度水準 63
デミング, W. E. 7
伝統と近代 10
電話調査 52

統計数理 23
統計的無作為標本抽出法(ランダム・サンプリング) 3, 54
同時分類 188
東洋医学 115
トルコの国字改革 5
トレンド検定 137

な 行

7ヶ国意識の国際比較調査 142, 169

二段抽出法 15, 54

索　　引

日系人社会　21
日系人調査　21, 180
日本語観センサス（国立国語研究所）　81
日本語のローマ字化　3, 4
日本人の国民性調査　2, 4, 9, 181, 194
日本人の中間回答傾向　20
日本人の読み書き能力調査　2, 4
日本世論調査協会　55
人間開発指数　38
人情課長　119
認知的次元　140

年齢調整オッズ比　137

ノンメトリック多次元尺度解析　190

は　行

ハイリスク者に対するアプローチ　139
バースデイ法　73
パターン解析　88
パターン分類の数量化　164, 171
バック・トランスレーション　48
パッシン, H.　5
パットナム, R. D. P.　140
林の数量化Ⅲ類　98
ハワイ日系人調査　17, 180
判別分析　168

東アジア価値観国際比較調査　138, 142
東アジア共同体　33
東アジア多様体　33
非合理派　119
非自己開示性　110
非標本抽出誤差　15
病気の症状　108, 122
標本抽出誤差　14, 16
標本抽出調査　14
標本抽出理論　4
品質管理（QC）　7

不安感の構造　177

フェイス・シート　47
普遍的価値　116
プライバシーの保護　48
ブラジル日系人調査　17
フラミンガム研究　127
ブリーフィング　57
文化多様体解析（CULMAN）　28, 30
文化的等質性　184
文化の多様性　199
文化変容　11
文脈効果　47

平均余命　156
米国の一般社会調査　4
変数減少法　134
変数選択　134
変数増加法　134
変数増減法　134
ベンゼクリ, J. P.　165

母集団　13
補正　89
ボランティア組織　140
本音と建前　189
翻訳の一致性　143

ま　行

ミシガン大学社会調査研究所（ISR）による調査　43, 53
水野坦　6
美濃部亮吉　7
民俗学研究　7

迷信尺度　119

モデルの評価　132

や　行

柳田國男　106

有意性　132
有意性検定　133
有意味性　31
郵送調査　40
郵送法　52
尤度比検定　133
ユニバース　13
ユネスコ　37
ユーロ・バロメーター　4, 61

妖怪談義　106
予備調査(プリテスト)　56
よろん(世論調査協会報)　55

ら・わ 行

ライト・ハンド・メソッド　72
ランダム・ウォーク　72
ランダム・ルート・サンプリング　55, 72

領域間関連　187
領域内関連　187
量的データ　178

霊的な, 魂の　101
連鎖的調査分析(CLA)　16
連鎖的比較研究法　139
連鎖的方法論(CLA)　24

ロジスティック回帰分析　127
ロジスティック回帰モデル　128, 137
ロジスティック関数　129
ロジット分析　129
ローデータ　172

割当法(クォータ法)　55, 75, 81
ワルド検定　133

著者略歴

吉野諒三(よしのりょうぞう)
1955年　神奈川県に生まれる
1980年　東京大学文学部心理学科卒業
1988年　カリフォルニア大学アーヴァイン校認知科学グループ博士課程修了
現　在　大学共同利用機関法人情報・システム研究機構統計数理研究所
　　　　教授（Ph. D. in Psychology）

林　文(はやしふみ)
1943年　東京都に生まれる
1966年　日本女子大学家政学部家政理学科卒業
現　在　東洋英和女学院大学人間科学部教授

山岡和枝(やまおかかずえ)
1952年　東京都に生まれる
1975年　横浜市立大学文理学部卒業
現　在　国立保健医療科学院技術評価部室長（医学博士）

シリーズ〈行動計量の科学〉5
国際比較データの解析
―意識調査の実践と活用―

定価はカバーに表示

2010年7月10日　初版第1刷

著　者	吉　野　諒　三
	林　　　　　文
	山　岡　和　枝
発行者	朝　倉　邦　造
発行所	株式会社　朝倉書店

東京都新宿区新小川町6-29
郵便番号　162-8707
電　話　03（3260）0141
ＦＡＸ　03（3260）0180
http://www.asakura.co.jp

〈検印省略〉

Ⓒ 2010〈無断複写・転載を禁ず〉

印刷・製本　東国文化

ISBN 978-4-254-12825-3　　C 3341　　Printed in Korea

多摩大 岡太彬訓・早大 守口 剛著
シリーズ〈行動計量の科学〉2
マーケティングのデータ分析
12822-2 C3341　　　　　A5判 168頁 本体2600円

マーケティングデータの分析において重要な10の分析目的を掲げ，方法論と数理，応用例をまとめる。統計の知識をマーケティングに活用するための最初の一冊〔内容〕ポジショニング分析(因子分析)／選択行動(多項ロジットモデル)／他

東京外国語大 市川雅教著
シリーズ〈行動計量の科学〉7
因　子　分　析
12827-7 C3341　　　　　A5判 184頁 本体2900円

伝統的方法論を中心としつつ，解析ソフトの利用も意識した最新の知見を集約。数理的な導出過程を詳しく示すことで明快な理解を目指す。〔内容〕因子分析モデル／母数の推定／推定量の標本分布と因子数の選択／因子の回転／因子得点／他

慶大 安道知寛著
統計ライブラリー
ベイズ統計モデリング
12793-5 C3341　　　　　A5判 200頁 本体3300円

ベイズ的アプローチによる統計的モデリングの手法と様々なモデル評価基準を紹介。〔内容〕ベイズ分析入門／ベイズ推定(漸近的方法；数値計算)／ベイズ情報量規準／数値計算に基づくベイズ情報量規準の構築／ベイズ予測情報量規準／他

統数研 土屋隆裕著
統計ライブラリー
概説 標 本 調 査 法
12791-1 C3341　　　　　A5判 264頁 本体3900円

標本調査理論の最新成果をふまえ体系的に理解。付録にR例〔内容〕基礎／線形推定量／単純無作為抽出法／確率比例抽出法／比推定量／層化抽出法／回帰推定量／集落抽出法／多段抽出法／二相抽出法／関連の話題／クロス表／回帰分析

北大 佐藤義治著
シリーズ〈多変量データの統計科学〉2
多変量データの分類
　　　―判別分析・クラスター分析―
12802-4 C3341　　　　　A5判 192頁 本体3400円

代表的なデータ分類手法である判別分析とクラスター分析の数理を詳説，具体例へ適用。〔内容〕判別分析(判別規則，多変量正規母集団，質的データ，非線形判別)／クラスター分析(階層的・非階層的，ファジィ，多変量正規混合モデル)他

前広大 藤越康祝著
シリーズ〈多変量データの統計科学〉6
経時データ解析の数理
12806-2 C3341　　　　　A5判 224頁 本体3800円

臨床試験データや成長データなどの経時データ(repeated measures data)を解析する各種モデルとその推測理論を詳述。〔内容〕概論／線形回帰／混合効果分散分析／多重比較／成長曲線／ランダム係数／線形混合／離散経時／付録／他

早大 豊田秀樹編著
統計ライブラリー
マルコフ連鎖モンテカルロ法
12697-6 C3341　　　　　A5判 280頁 本体4200円

ベイズ統計の発展で重要性高まるMCMC法を応用例を多数示しつつ徹底解説。Rソース付〔内容〕MCMC法入門／母数推定／モデルの妥当性／SEMによるベイズ推定／MCMC法の応用／BRugs／ベイズ推定の古典的枠組み

早大 豊田秀樹著
統計ライブラリー
共分散構造分析[理論編]
　　　―構造方程式モデリング―
12696-9 C3341　　　　　A5判 304頁 本体4800円

理論編では，共分散構造を拡張し，高次積率構造の理論とその適用法を詳述。構造方程式モデリングの新しい地平。〔内容〕単回帰モデル／2変数モデル―積率構造分析―／因子分析・独立成分分析／適合度関数／同時方程式／一般モデル／他

早大 豊田秀樹編著
統計ライブラリー
共分散構造分析[実践編]
　　　―構造方程式モデリング―
12699-0 C3341　　　　　A5判 304頁 本体4500円

実践編では，実際に共分散構造分析を用いたデータ解析に携わる読者に向けて，最新・有用・実行可能な実践的技術を全21章で紹介する。プログラム付〔内容〕マルチレベルモデル／アイテムパーセリング／探索的SEM／メタ分析／他

早大 豊田秀樹編著
統計ライブラリー
項目反応理論[理論編]
　　　―テストの数理―
12669-3 C3341　　　　　A5判 232頁 本体4200円

医師国家試験など日本でも急速に利用が進んでいるテスト運用法の数理をわかりやすく詳細に解説〔内容〕ロジスティックモデル(最尤推定他)／多値反応モデル(名義反応他)／仮定をゆるめたモデル(マルチグループ他)／拡張モデル／ソフトウェア

慶大 小暮厚之著
シリーズ〈統計科学のプラクティス〉1
Rによる統計データ分析入門
12811-6 C3341　　A 5 判 180頁 本体2900円

データ科学に必要な確率と統計の基本的な考え方をRを用いながら学ぶ教科書。〔内容〕データ／2変数のデータ／確率／確率変数と確率分布モデル／ランダムサンプリング／仮説検定／回帰分析／重回帰分析／ロジット回帰モデル

東北大 照井伸彦著
シリーズ〈統計科学のプラクティス〉2
Rによるベイズ統計分析
12812-3 C3341　　A 5 判 180頁 本体2900円

事前情報を構造化しながら積極的にモデルへ組み入れる階層ベイズモデルまでを平易に解説〔内容〕確率とベイズの定理／尤度関数、事前分布、事後分布／統計モデルとベイズの測／確率モデルのベイズ推測／事後分布の評価／線形回帰モデル／他

東北大 照井伸彦・目白大 ウィラワン・ドニ・ダハナ・阪大 伴 正隆著
シリーズ〈統計科学のプラクティス〉3
マーケティングの統計分析
12813-0 C3341　　A 5 判 200頁 本体3200円

実際に使われる統計モデルを包括的に紹介、かつRによる分析例を掲げた教科書。〔内容〕マネジメントと意思決定モデル／市場機会と市場の分析／競争ポジショニング戦略／基本マーケティング戦略／消費者行動モデル／製品の採用と普及／他

前国立保健医療科学院 丹後俊郎・ベックタエコ著
医学統計学シリーズ8
統計解析の英語表現
—学会発表，論文作成へ向けて—
12758-4 C3341　　A 5 判 200頁 本体3400円

発表・投稿に必要な統計解析に関連した英語表現の事例を、専門学術誌に掲載された代表的な論文から選び、その表現を真似ることから説き起こす。適切な評価を得られるためには、この視点で簡潔に適宜引用しながら解説を施したものである。

元統数研 林知己夫編

社会調査ハンドブック
12150-6 C3041　　A 5 判 776頁 本体26000円

マーケティング、選挙、世論、インターネット。社会調査のニーズはますます高まっている。本書は理論・方法から各種の具体例まで、社会調査のすべてを集大成。調査の「現場」に豊富な経験をもつ執筆者陣が、ユーザーに向けて実用的に解説。〔内容〕社会調査の目的／対象の決定／データ獲得法／各種の調査法／調査のデザイン／質問・質問票の作り方／調査の実施／データの質の検討／分析に入る前に／分析／データの共同利用／報告書／実際の調査例／付録：基礎データの獲得法／他

前中大 杉山高一・前広大 藤越康祝・
前筑波大 杉浦成昭・東北大 国友直人編

統計データ科学事典
12165-0 C3541　　B 5 判 788頁 本体27000円

統計学の全領域を33章約300項目に整理、見開き形式で解説する総合的事典。〔内容〕確率分布／推測／検定／回帰分析／多変量解析／時系列解析／実験計画法／漸近展開／モデル選択／多重比較／離散データ解析／極値統計／欠測値／数量化／探索的データ解析／計算機統計学／経時データ解析／高次元データ解析／空間データ解析／ファイナンス統計／経済統計／経済時系列／医学統計／テストの統計／生存時間分析／DNAデータ解析／標本調査法／中学・高校の確率・統計／他

日大 蓑谷千凰彦著

統計分布ハンドブック（増補版）
12178-0 C3041　　A 5 判 864頁 本体23000円

様々な確率分布の特性・数学的意味・展開等を豊富なグラフとともに詳説した名著を大幅に増補。各分布の最新知見を補うほか、新たにゴンペルツ分布・多変量t分布・デーガム分布システムの3章を追加。〔内容〕数学の基礎／統計学の基礎／極限定理と展開／確率分布（安定分布、一様分布、F分布、カイ2乗分布、ガンマ分布、極値分布、誤差分布、ジョンソン分布システム、正規分布、t分布、バー分布システム、パレート分布、ピアソン分布システム、ワイブル分布他）

シリーズ〈行動計量の科学〉

日本行動計量学会〔編集〕 全10巻・A5判各巻200頁前後

　日本行動計量学会が発足して35年が経過し，行動計量学は実証面・理論面ともに大きな進歩を遂げている．しかし，学問的成果の社会への還元という観点からみた場合，必ずしも十分とは言いがたい状況にあり，世の中には不確かな調査やその分析結果の報告がしばしば見受けられる．行動計量学に統計理論は不可欠であるが，問題構造の把握や適切な調査法の選択など，自然，人文，社会の諸分野に特有の事情にも配慮する必要がある．

　本企画は，データの諸科学に携わる研究者・実務家に向けて，行動計量学の最新の成果を実証・理論の両面からまとめることを目指すもので，すべての巻の執筆にそれぞれ日本行動計量学会の第一人者があたる，意欲的な試みである．

シリーズ〈行動計量の科学〉刊行委員会
柳井晴夫（委員長），岡太彬訓，繁桝算男，森本栄一，吉野諒三

❖❖❖

1. 行動計量学への招待
   　柳井晴夫 編

2. マーケティングのデータ分析 －分析手法と適用事例－
   　岡太彬訓・守口　剛 著　　　　168頁　2600円

3. 医療サービスの計量分析
   　久保武士・清木　康 著

4. 学習評価の新潮流　　　　　　　　［続　刊］
   　植野真臣・荘島宏二郎 著

5. 国際比較データの解析 －意識調査の実践と活用－
   　吉野諒三・林　文・山岡和枝 著　　224頁

6. 意思決定の処方
   　竹村和久・藤井　聡 著

7. 因子分析　　　　　　　　　　　184頁　2900円
   　市川雅教 著

8. 項目反応理論
   　村木英治 著

9. 非計量多変量データ分析
   　足立浩平・村上　隆 著

10. カテゴリカルデータ解析
    　星野崇宏 著

上記価格（税別）は2010年6月現在